コミュニケーション・ダイナミクス ③

メディア・コンテンツ産業の
コミュニケーション研究

同業者間の情報共有のために

樺島榮一郎 [編著]

ミネルヴァ書房

メディア・コンテンツ産業のコミュニケーション研究
――同業者間の情報共有のために――
【目　次】

序　章　メディア・コンテンツ産業の情報共有とは……………樺島榮一郎　1
　　　　　──分析のフレームワークと概要

　1　概念の整理　2
　2　既存研究の整理　8
　3　ギョーカイの必然性　15
　4　本書の意義　18
　5　本書の構成　19

第1章　トキワ荘にみるマンガ産業の勃興と生産者の適応
　　　　……………………………………………………………玉川博章　25

　1　トキワ荘──マンガ黎明期の象徴　25
　2　トキワ荘の概要と問題意識　26
　3　トキワ荘の時代背景──マンガ産業革命の時代　29
　4　マンガ家共同体におけるコミュニケーション　34
　5　トキワ荘のネットワーク──凝集と発展的解消　41
　6　ポストトキワ荘におけるマンガ生産の産業化　50
　7　変革期における過程としてのトキワ荘　57

第2章　日本におけるPCノベルゲームの産業構造
　　　　……………………………………小山友介・七邊信重・中村仁　63

　1　ゲーム産業内でのPCパッケージゲームの特徴と位置付け　63
　2　ノベルゲーム制作への参入ルートと業界的地位　64
　3　ノベルゲームとは　66
　4　ノベルゲームの歴史　71
　5　ノベルゲーム開発の行われ方　73
　6　ノベルゲーム「業界」の意識と構造　79

目　次

第3章　日本の映画産業黎明期にみる「ギョーカイ意識」の成立
………………………………………………………………樺島榮一郎　85

1　先行研究　85
2　研究手法　86
3　第一期，日本における映画導入期，常設映画館設立以前
　　──1897〜1902 年　88
4　第二期，常設映画館の設立，4 社時代──1903〜1910 年　95
5　第三期，日活への統合と映画会社の乱立──1911〜1920 年　116
6　日本の映画黎明期の例から何が言えるのか　144

第4章　音楽の生産と人的ネットワーク………………………木本玲一　151

1　音楽を成り立たせるもの　151
2　レコード産業による音楽の生産　154
3　A&R と組織内の人的ネットワーク　155
4　A&R と組織外の人的ネットワーク　157
5　アーティストと人的ネットワーク　160
6　人的ネットワークとネットメディア　164
7　ネットメディアの可能性　166
8　人的ネットワークの意味　169

第5章　二層性のなかの記者クラブ……………………………森　暢平　173

1　ギョーカイと業界／本音と建て前　173
2　記者たちのシェルター　176
3　新聞社にとっての両義性　184
4　記者の文化と新聞社　195

第6章　テレビ業界における「ギョーカイ」の形成とゆくえ
　　　　　　　　　　　　　　　　　　　　　　　　　　阿部勘一　205

　　1　本章の目的　205
　　2　「文化産業論」からみた「ギョーカイ」の組織文化的特徴　206
　　3　テレビ業界における「ギョーカイ」の生成と発達　211
　　4　「ギョーカイ」の変容とゆくえ　234
　　5　テレビ「ギョーカイ」およびテレビ「ギョーカイ」論の今後　240

第7章　インフォーマル組織「ギョーカイ」のレゾンデートル…井出智明　253
　　　　──広告産業の視点から

　　1　メディア・広告産業「業界」の確立──ギョーカイ形成の系譜①　253
　　2　ギョーカイの顕在化──ギョーカイ形成の系譜②　260
　　3　インフォーマル組織ギョーカイの無形資産性　268
　　4　ギョーカイの構造転換　283
　　5　ギョーカイのこれから　290

終　章　インターネットの時代に「ギョーカイ」は成立するのか
　　　　　　　　　　　　　　　　　　　　　　　　　　樺島榮一郎　301

　　1　補助線としての囚人のジレンマ・ゲーム　301
　　2　アクセルロッドの知見と「ギョーカイ」　305
　　3　今後の「ギョーカイ」のあり方を考える　308
　　4　今後の「ギョーカイ」　315

索　引　319

序　章

メディア・コンテンツ産業の情報共有とは
　　　　——分析のフレームワークと概要——

樺島榮一郎

　本書は，日本のメディア・コンテンツ産業の業務に従事する人々が感じる，技能・技術や規範などの共有感や，業務に関連した個人的なつながり，所属企業などの公式な組織に限定されないメンバーシップ意識などを研究対象とし，その起源や，必然性，現状やその変化の方向性などを論じるものである。

　このような共有感やつながり，メンバーシップ意識は，メディア・コンテンツ産業に限らず，さまざまな産業で見られるものである。さらに視野を広げれば，産業だけに限られるものではなく，筆者が関わっている学術の世界や，趣味の世界などにも見られる。しかし，コンテンツ自体の中でよく言及されることもあって，メディア・コンテンツ産業の，このようなつながりや感覚は，比較的強く，独特のものであるというイメージが日本では広く共有されているように見える。このようなメディア・コンテンツ産業におけるつながりや感覚，さらにはそのイメージは，1980年代の「ギョーカイ」という言葉の成立と流布とともに，より明確に知られるようになった。近年，このような「ギョーカイ」のあり方や「ギョーカイ意識」は，例えば記者クラブやテレビに対する批判に見られるように，談合的体質や内輪の論理，関係者との癒着・なれ合いなどとして批判的に論じられることも多い。そのような批判的見解の前提として状況を正確に把握するためにも，本書は，経済学や社会学といった社会科学の視座から，「ギョーカイ」や「ギョーカイ意識」が存在する必然性，実際のあり方やその起源，そして変化の方向性などを明らかにするものである。

1　概念の整理

メディア・コンテンツ産業

　本書でいうメディア・コンテンツ産業とは，著作物の大量複製を行い多数の消費者に販売することを目的とした産業と定義する。これに伴い，複製に権利を認める著作権制度を前提にした人工的な産業であること，多数の消費者に多様なコンテンツを絶え間なく送り届ける大規模で常時接続的な流通が必須となることが，メディア・コンテンツ産業の共通の特徴として導き出される。これを筆者は大衆消費著作物産業と呼んでいる（樺島 2009）。メディアとコンテンツを組み合わせた，メディア・コンテンツ産業という語を使うのも，流通を担うメディアと，メディアの内容であるコンテンツを一体としてとらえるという意識からである。

　一方で，この分野の産業を整理する他の概念もいくつか存在する。

　メディア研究や社会学の分野では以前から，ホルクハイマーとアドルノの「文化産業」という概念が用いられてきた。ホルクハイマーとアドルノは，文化産業の定義を明確にしているわけではないが，主に映画とラジオを念頭に，支配者が被支配者を欺く装置であること，画一的で創造性がないことなど，あらゆる面を批判している（Horkheimer and Adorno 1947 = 2007 : 249-347）。従来の知識階層のプライドや大衆向けメディアへの違和感，フランクフルト学派に共通するマルクス主義の影響などが見られるが，本書で用いるメディア・コンテンツ産業の概念と比較すると，範囲が狭く，ある種の価値を含んでいるところが異なると言えよう。

　また，1990年代後半からは「創造産業」という概念が用いられるようになっている。これは，1997年にイギリス労働党のブレア政権が「創造産業」を定義し，育成・支援政策の対象としたことにより，広く知られるようになった。イギリスの創造産業は，広告，建築，美術品およびアンティーク市場，工藝，デザイン，デザイナーファッション，映画，相互作用を伴う娯楽用ソフトウェ

ア，音楽，パフォーミング・アーツ，出版，ソフトとコンピュータ・サービス，テレビとラジオを含み，非常に幅広い（Department for Culture Media and Sport 2008：6）。現在，日本の経済産業省が行っているクール・ジャパン政策の対象も，ファッション，食，コンテンツ，地域産品，住まい，観光などを含み，イギリスの創造産業と同様，非常に幅広いものとなっている（クール・ジャパン官民有識者会議 2011）。これらと比較すると，本書のメディア・コンテンツ産業の概念は狭く，著作権制度に基づく，大規模な流通を伴う範囲に限定されることとなる。

　これらの他には，アメリカの地理学者，リチャード・フロリダによる，クリエイティブ・クラスの概念がある。フロリダは，職種に着目し，科学者，技術者，大学教授，詩人，小説家，芸術家，エンタテイナー，俳優，デザイナー，建築家，ノンフィクション作家，編集者，文化人，シンクタンク研究員，アナリスト，オピニオンリーダー，ソフトウェアのプログラマーないし技術者，映画製作者などの職種についている人々を「スーパー・クリエイティブ・コア」，ハイテク，金融，法律，医療，企業経営などの職種についている人々を「クリエイティブ・プロフェッショナル」とし，それらを総称するものをクリエイティブ・クラスとしている（Florida 2002＝2008：85-87）。そして，クリエイティブ・クラスは，今後のアメリカ（と同様の先進国）経済で重要な役割を果たすとし，そのような人々が集まる地域は，寛容性と開放性が高いことなどを明らかにしている（Florida 2002＝2008）。フロリダの視点は，幅広い産業を対象としており，本書のメディア・コンテンツ産業から事象をとらえる観点とは異なるものであるが，メディア・コンテンツ産業のほとんどの職種が，クリエイティブ・クラスに属することは明らかである。クリエイティブ・クラスの概念と比較すれば，本書の定義は，より狭義かつ明確なもので，大規模な著作物の流通が伴う産業，すなわち新聞，テレビ，映画，音楽，出版などのマスメディア，マスコミ，メディア産業という語で表される業種に，後年出現した，ゲームやインターネットなどを付け加えたものということができよう。

　本書の定義から見るメディア・コンテンツ産業の特徴は，規模の経済が働く

流通と，作家性ゆえに低費用での制作を志向する場合もあるコンテンツの制作（コンテンツ制作費用の下限挑戦説），流通と制作の中間に位置し業務をコントロールする管理業務の，費用構造が異なる3つのレイヤー（層）により成り立っていることにある。時間の経過とともに，このレイヤーの結合が変化していくこと，すなわち，メディアの成立直後にコンテンツを他の芸能などから借りてくる第一段階を経て，垂直統合の第二段階，制作と管理と流通が分離する第三段階（インディーズ段階）に至る（樺島 2009）という一定の傾向がメディアに関わらず見られる。これを筆者は，メディア・コンテンツ産業の段階発展理論と呼んでいる。

　この理論の観点から「ギョーカイ」や「ギョーカイ意識」を見れば，以下のようになろう。そのメディアの特性に合ったコンテンツを試行錯誤しながら探索すると同時に，ビジネスモデルやそれに合った組織を徐々に構築していく第一段階では，「ギョーカイ」や「ギョーカイ意識」も，まだその生成過程にあり，明確な形や範囲を感じにくく，相対的に弱い。そのため，業界全体というよりも個人的つながりが主で，小規模で局所的である。また，地域によって分断されていることも多い。こういった現象は本書でいえば，第1章のマンガ，第3章の映画，第6章のテレビの前半部分に見られる。

　第二段階では，ビジネスモデルが完成し，それに伴い業界内の秩序，主要な企業（メジャー企業）の順位や得意分野などが定まると同時に，定期採用などにより他業種の経験のない新人が，完成されたビジネスモデルを前提として，教育とOJTにより職能を身につける。ここでの「ギョーカイ意識」とは，確立した企業組織をベースとした業界内の秩序や仕事に対する知識，ある種の作法など，明確に形がある，相対的に強固なものとなる。後述するように，ギョーカイという言葉が成立したと思われる1980年代前半は各メディアでメジャー化が進展，完成して，それをメタ的に見られるほどの時間の経過と安定があった時代だったから起こりえたと言えよう。本書では，第5章の新聞や第6章のテレビ後半部分，第4章の音楽の前半部分がこの段階に相当すると言えよう。

　第三段階では，コンテンツの制作が，多様化・小規模化・個人化し，さまざ

まなジャンルに細分化する。また，アマチュアとプロの区別があいまいになる。このような状況では，特定のメディア業界全体を対象とした意識や知識，人間関係などを把握することは不可能であり，各自が，自らの業務に関係した部分での関係がギョーカイ意識の中心となる。これは，本書で言えば，第2章のゲーム，第4章の音楽の後半部分がこの状況に相当すると言えよう。また，第7章の広告が，これらの三段階を包括的に見ているとも理解できる。

「ギョーカイ」

　ここまで，「ギョーカイ」という言葉を使ってきたが，この言葉が使われるようになったのは，1980年代半ば頃である。読売新聞のデータベースで「ギョーカイ」という語を検索すると，初出は，1987年1月1日朝刊の「オジサン　オバサン　ワッカルーウ？　学生男女の微妙な会話」と題された記事である。「女『OLするのもなじまないし。どっかギョーカイにコネある人知らない？』男『それ，マジに聞いてんの？　ギョーカイにコネあったら，こっちが入りたいぐらいだぜ』女『いえてるう。マスコミはミーハーのあこがれの的だもんね。気のきいた子はみんなふだんからテレビ局なんか出入りしちゃって，しっかりギョーカイ人してるんだから，アッタマイイーッ』」（読売新聞 1987a）とあり，若者言葉であること，ギョーカイ＝マスコミと認識されていること，当時の若者のあこがれの職業であること，コネがあったら入社と考えられていること，などが読み取れる。朝日新聞，AERA，週刊朝日の記事が検索できるデータベースでは，初出は1988年1月31日の朝日新聞夕刊である。この記事は，ウィークエンド経済という連載に対する読者の意見をまとめたもので，このなかに「テレビで"ギョーカイ物"のドラマがはやったが，そんなまねをする必要はない」と書かれている部分がそれである。

　全国紙にこのような記事が掲載されるようになった背景には，記事にも書かれているとおり，この頃，主にテレビで，テレビやラジオ，レコード会社，広告代理店に関するドラマが数多く制作されたことによるが，その始まりは，1986年8月公開の映画『そろばんずく』であったように思える。当時，一世

を風靡していたアイドルグループおニャン子クラブの映画『おニャン子ザ・ムービー　危機イッパツ！』の同時上映作品として，フジテレビとニッポン放送により製作された(1)。この映画は，とんねるずの主演により，電通と博報堂をモデルにした広告代理店のテレビCM営業マンの仕事ぶりをコメディとして描いている。まだまだ一般になじみの薄かった広告代理店の業務，それに関わるテレビ局や芸能事務所などの様子を知らしめることとなった。

　翌1987年の民放テレビは，「ギョーカイ」ドラマ一色となった。1～3月にはTBSが，自社を舞台にした『パパはニュースキャスター』を金曜21時に放送し，4～6月には，火曜20時にアイドル中山美穂を本人役として，その周辺状況も含めてそのまま出演させる『ママはアイドル！』を放送している。フジテレビも，同年4～5月に自社および関連グループ会社を実名でそのまま舞台とし，実在の関係者も脇役として出演する『アナウンサーぶっつん物語』を月曜21時に放送，以後，87年中は同時間帯では，フジテレビの映像製作チームを取り上げた『男が泣かない夜はない』（5～8月），ニッポン放送の営業社員を主人公にした『ラジオびんびん物語』（8～9月），フジ系列のレコード会社ポニーキャニオンを舞台にした『ギョーカイ君が行く！』（10～11月），フジテレビの番組企画をテーマとした『荒野のテレビマン』（11～12月）と，一連の「ギョーカイ」ドラマを放送した。87年前半の『パパはニュースキャスター』や『アナウンサーぶっつん物語』の成功を受けて，同年後半には日本テレビが水曜19時に，新入女性社員のCM制作会社での成長を描いた『恋はハイホー』（87年10月～88年1月）を放送，TBSは水曜21時にレコードデビューする新人女性歌手を主人公とした『あなたもスターになりますか』（87年10～12月）を，テレビ朝日は『制作2部　青春ドラマ班』（10～12月）を日曜20時に放送した（読売新聞 1987b）。1987年にはギョーカイ・ドラマが一大ブームとなったことが確認できる。

　現在，視聴することのできるいくつかのドラマをあらためて見てみると，ストーリーは，恋愛や人間関係が中心となり，そこにマスコミ業界の仕事の様子がちりばめられているという印象で，それほど通常のドラマと構成が大きく変

わるわけではない。しかし、リアリティを狙って実際の制作現場や撮影風景などが織り込まれ、「○○ちゃん」という呼び方など、いわゆる「ギョーカイ」用語が使われている。テレビドラマの影響力は、テレビや広告、音楽などのマスコミにおけるギョーカイのイメージを広く一般に印象付けたのである。

　民放テレビ以外の「ギョーカイ」イメージ流布の系譜としては、マンガや映画、テレビ番組などの企画制作グループ、ホイチョイ・プロダクション(2)の手がけた、マンガや映画がある。ホイチョイ・プロダクションは、1981 年に小学館の青年向けマンガ雑誌『ビッグコミック・スピリッツ』で連載が始まった 4 コマ・マンガ、「気まぐれコンセプト」の作者としてデビューを果たした。このマンガは、広告代理店社員の業務や恋愛などを、クライアントやライバル代理店などとの関係を絡めてコミカルに描くもので、一般の人にはまだ知られていなかった広告代理店という企業の存在と、その業務やノリと言ってもよい独特の雰囲気を日本社会、特に若者層に知らしめるきっかけとなった。その後、映画『私をスキーに連れてって』(1987 年 8 月)、『彼女が水着にきがえたら』(1989 年 6 月)、『波の数だけ抱きしめて』(1991 年 8 月) という一連の映画を作成する。いずれも、新卒で働き始めて数年、もしくは大学生の若者の、華やかでスタイリッシュかつ都会的な遊びと恋愛の物語で、バブル期の若者の風俗に大きな影響を与えたとされる。このような主題ゆえに、「気まぐれコンセプト」と異なり、映画の中でメディア・コンテンツ業界が大きく取り上げられているわけではないが、ライバルが広告代理店勤務であったり(『波の数だけ抱きしめて』)、映画の中で使われるさまざまな製品がストーリー上で重要な役割を果たしスタイリッシュに描かれたりすることなど、映画自体が広告的に作られているということ、登場人物はそのような製品に特権的に触れる立場にあることなど、「ギョーカイ」的な要素が見え隠れする。例えば『私をスキーに連れてって』の中で、市販されていないスキー用品を使用する主人公に対し、「矢野さんって、こっちのギョーカイの方なんですか？」と問いかけるセリフがあるが、この場合の「ギョーカイ」はマスコミ業界ではなく、一般の人が知りたがる、欲しがるような情報を知っていたり、商品が手に入る特権的な立場というニュ

アンスを伴うものとして，スキー用品に対して使われており，その後の「ギョーカイ」という言葉の拡散を予兆している。

　新聞のデータベースを見れば，「ギョーカイ」の語を，メディア・コンテンツ業界以外に用いる例は1988年に現れ，徐々に増加していく。1988年に用いられたのは，ハンググライダーやスカイダイビングなどを紹介する記事で，「ルールをきちんと守れば，決して危険ではない―とこのギョーカイの人はいう。」（読売新聞 1988）と記されている。1992年には，寄稿されたものだが「短歌ギョーカイの不思議　＜非現代＞の歌壇ムラ」（読売新聞 1992）という記事が掲載されており，短歌界への批判的表現としてギョーカイの語が，内輪の論理と閉鎖性というニュアンスを伴い用いられている。

　このようにメディア・コンテンツ業界，特にテレビや広告業界が自らを指す言葉だった「ギョーカイ」という言葉は拡散し，マスコミ業界だけを指すのではなく，さまざまな業種や場合によっては趣味なども含めて，インフォーマル，内輪の論理，閉鎖性，会社や組織を超えた関係者のつながりや共通認識などのニュアンスを伴って使われるようになっていったのである。

　本書では，上記のような日本での経緯を踏まえ，「ギョーカイ」を，業務を行う人が所属組織や業界団体に限定されることなく，業務に関連していると感じる人間関係および会社などの組織の範囲と定義し，「ギョーカイ意識」を，組織に限定されない，共通の業務にかかわる関係者の非公式なつながり，および，つながり意識と定義しておく。すなわち，「ギョーカイ」とは主観による非公式な業務関連範囲，「ギョーカイ意識」とは主観による非公式な業務上のつながりと言えよう。

2　既存研究の整理

　「ギョーカイ」や「ギョーカイ意識」が，特定の業種に囚われるものではなく，公式の組織に限定されない主観的な非公式のネットワークだとすれば，その範囲は非常に広い。ここでは，経営学，社会学，地理学，経済学の分野にお

ける関連する先行研究の一部を簡潔に整理する。

　経営学では業界ごとのケーススタディ的な研究が広く行われてきた。このなかで特にメディア・コンテンツ業界の人のつながりについて焦点を当てた研究に，山下勝・山田仁一郎『プロデューサーのキャリア連帯――映画産業における創造的個人の組織化戦略』(山下・山田 2010) がある。映画産業に長期間携わるプロデューサーが，どのような人間関係により映画製作を行ってきたかを丹念なインタビューによって把握した研究である。それによれば，プロデューサーは，特定の監督との個人的で強い連帯を長期間にわたって持ち，映画製作を行うのだという。「ギョーカイ」という広い範囲ではなく，その中のコアな人間関係に焦点を当てたものと言えようが，やはり組織ではなく，個人的つながりが重視されている（なかには特定の監督との映画製作を続けるために映画会社を退社する人もいる）のは，メディア・コンテンツ産業の仕事のあり方の一例としてなかなか興味深い。

　社会学やメディア論の分野では，先述のようにフランクフルト学派のホルクハイマーとアドルノの「文化産業」論（1節参照）を嚆矢に，多くのメディア・コンテンツ産業に関する理論が形成されてきた。

　その中で，芸術（Art）における独特の習慣や人間関係に言及したものとして，アメリカの社会学者，ハワード・ベッカーによる共同作業論がある。ベッカーは，芸術作品は，芸術家のみならず，それを支える専門職の人々すべてによる共同作業により作られ，芸術の周囲にはそれらの人々によって形成される界（World）が存在するとした。そしてその界では，制作を容易にするために，それまで蓄積された習慣や定義を共有し芸術の生産が行われるとした（Becker 1974, 1976）。

　またアメリカの社会学者，リチャード・ピーターソンは，カントリー・ミュージックを中心としたポピュラー音楽の研究などを 30 年以上にわたって行い，「文化の生産」に関わるさまざまな概念を提出している。音楽を理解するためにはアーティスト（実演家）とオーディエンス（聴衆）の関係だけを見るのではなく，それを取り巻く音楽以外の産業などの，より広い要素との関係を見るべ

きであるというのがピーターソンの主張であった。例えば，初期の研究では，日用品の広告を獲得しやすいカントリー音楽専門のラジオ局が，カントリーのジャンルをあいまいに拡張しながら全米で増加し，それらの局にオンエアされやすい曲が作られることにより，カントリー音楽が変質したことを明らかにしている（Peterson 1978）。その後の研究でピーターソンは，技術，法と規制，産業構造，組織構造，職業的キャリア，市場，という6つの様相が文化の生産に関わっていると概念の整理を行っている（Peterson 1985）。

　イギリスの社会学者，キース・ニーガスは，ポピュラー音楽の生産を理解するために，形式的な組織上の定義から離れ，音楽生産に関わる人々がおかれた文化的文脈や，より広い社会関係に注目して彼らの考え方や価値観，実践を吟味する「生産の文化」というアプローチを打ち出し，ブルデューの文化仲介者の概念を援用して音楽産業関係者の特徴を以下のように整理している。すなわち，①仕事と余暇／生産と消費の区別がないこと，音楽を見たり聴いたりすると同時にその生産に従事すること，②個人的嗜好と職業的判断が密接に関連すること，③アーティスト，管理者，聴衆の区分があいまいで重複していたりすること，を挙げている（Negus 1996 = 2004 : 102-104）。第6章にも，ニーガスとピーターソンの概念に関する，より詳しい言及があるので，必要があれば参照されたい。

　社会学やメディア論の分野では，コンテンツ制作のネットワークに言及する参与観察的もしくは歴史的事例研究も少なくない。

　生明は，ベッカーやニーガス，ピーターソンの概念を分析に用いつつ，大正時代から1990年代までの日本の音楽産業におけるレコード制作（正確に言えば原盤制作）を行う組織の変化を追っている（生明 2004）。生明の関心は，制作を担う会社組織や役職などといった公的な組織や地位から見た役割の変化にあるが，1960年代以降のレコード制作に，芸能プロダクションや音楽出版社，新興レコード会社などの既存のレコード会社以外の組織が参入した部分などに，非公式な人脈によるつながりが機能していたことを読み取ることができる。

　また，アメリカの人類学者のイアン・コンドリーは，日本文化とグローバリ

ゼーションの相互関係性を主題として，日本のヒップホップの＜現場＞を対象に豊富な参与観察を行っている。＜現場＞とは，主にクラブであり，レコーディングスタジオであり，パフォーマンスが行われる空間，人々のエネルギーの集中する場や何かが生産される場所である（Condry 2006 = 2009：11, 150-152）。コンドリーは，主にアーティストの立場から参与観察を行っているが，本書の視点から見れば，アーティスト間のつながりや，そのつながりを生かしてアーティストがマネージメントに転身する様子などが明らかにされ，ネットワークの重要さ，ある種の時間，空間を共有することの重要さを見ることができる（Condry 2006 = 2009）。

　都市や地域研究の分野では，古くは地域集積という観点，近年は創造性を高める環境という観点から，人々のインフォーマルなネットワークや，そのネットワーク内での独特の価値観や文化についての研究が行われてきた。この分野の研究で以下に取り上げるものは，企業などの組織ではなく，地域を拠り所とした帰属意識やネットワークのあり方，人材の流動性の高さや業務の融通などを描写するが，その様子は，拠り所を地域ではなく職種やビジネスモデルを同じくする業界とおきかえて考えると，日本のギョーカイのあり方と似通った部分を発見することができる。つまり，ギョーカイのあり方は日本のメディア・コンテンツ産業特有のものではなく，それらが必要とされる状況では，その業種や地域に関わらず出現するものであると考えられる。アナリー・サクセニアンのICT産業の特定のセグメントのように，業種や職種が拠り所になっていると見ることが可能な研究もあり，地域が拠り所とされるのは，地理学という学問分野ゆえであるとも考えられるが，本書の主旨から参考になるのは以下のような文献である。

　まず，アナリー・サクセニアンのシリコンバレーに関する研究がある。サクセニアンは，アメリカのICT産業の集積地で，同じように1960〜70年代に興隆するものの80年代に日本の台頭により衰退したシリコンバレーとボストン近郊のルート128を比較している。ルート128では，大企業が善とされ，失敗を許さず，官僚的で，なるべく企業内部で研究開発や製造を行おうという文化

があった。それに対してシリコンバレーでは，大企業からのスピンオフや起業により新しい企業を設立することが推奨され，失敗を許容し，特定の企業に対してではなく地域に対する帰属意識や地域における非公式なネットワークが形成されることにより，流動性が高く柔軟に変化に対応することが可能であった。このため，90年代には復活を遂げたと分析している（Saxenian 1996 = 2009）。

また，前出のフロリダのクリエイティブ・クラスの研究も，都市や地域研究の分野に属するものである。フロリダは，水平な労働市場，流動性の高さ，カジュアルな職場，不規則な時間などをクリエイティブ・クラスに特徴的な働き方として指摘しているが，本書の主題である「ギョーカイ」意識や行動様式などとかなり重なる部分があることは，「ギョーカイ」的なものが，日本のメディア・コンテンツ業界のみに限定されるものではなく，フロリダ流に言えば「意義ある新しい形態をつくり出す」（Florida 2002 = 2008：85）こと，すなわちクリエイティブな業務に伴う必然である可能性をうかがわせる。

増淵敏之は，地理学の観点から，日本の音楽産業の現状と，その集積が存在する東京，大阪・京都，福岡，札幌，仙台，沖縄の各都市において，どのように音楽の産業化が進んだのかという歴史および地理的な現状を丁寧に整理している（増淵 2010）。特に，テレビ局との関係を反映し地理的に近接した地域に本社を置くメジャー・レコード会社（増淵 2010：135）や，下北沢などのインディーズ集積地（増淵 2010：132）がある東京，大学生が多く京都大学西部講堂で音楽に関連した活動が伝統的に行われてきた京都（増淵 2010：154）など，各都市の集積の要因や機能を主に資料によるデータに基づき明らかにしている部分は興味深い。また，福岡におけるバンドの系譜（増淵 2010：175）やライブハウスでの自主企画の台頭によるネットワークの形成とインディーズレーベルへの発展（増淵 2010：177），仙台で急成長しているエドワード・エンターテインメント・グループは，創立者が元メジャーレーベルの仙台担当であり，そこで培った人的ネットワークによりアーティストを発掘していること（増淵 2010：217）など，非公式な人間関係によるネットワークが各都市で重要な役割を果たしてきたと読み取れる部分が多くある。そもそも，地理的に近接しているこ

とは，直接会う必然が高いことを意味していよう。増淵は，音楽産業は都市型産業だと指摘している（増淵 2010：186）が，これは音楽に限らず，他のメディア・コンテンツ産業に共通する性質であり，都市に集積していることが，人間関係のネットワーク形成を大きく促進するものであることを示唆する。

経済学では，組織や制度についての研究を行う新制度派と言われる分野が[3]，本書の主題と関連するだろう。新制度派経済学は，ロナルド・H・コースが提出した取引費用の概念から始まっている。取引費用とは「価格メカニズムを利用するための費用」(Coase 1988＝1992：44)，すなわち売買の価格以外にかかる費用で，商品や価格，取引相手を見つけ出すための探索の費用，交渉の意思を伝えて交渉を行い契約を結ぶための費用，契約の実施を監視する費用などである。コースがこの概念を用いた初期の論文に「企業の本質」(Coase 1988＝1992：39-64) がある。経済学では財（もちろん，人材やサービスも含めたものである）は市場で取引されるものとして考えられてきたが，そもそもなぜ組織内部でさまざまな財の移動を行う企業が存在するのかという問題を論じたものである。ここで，コースは，前出の取引費用と，企業を組織し運営するための組織化費用という概念を提出し，組織化費用が取引費用より低くなる場合には，市場で取引を行わずに組織内部でさまざまな資源の配分を行う，これこそが企業という組織が存在し，内部で資源配分が行われる理由であるとした。つまり，市場を通さない，組織内での資源のやり取りは，市場を通じてその資源を入手するよりも安価な場合におこるということである。「ギョーカイ」のような非公式なネットワークを通じての仕事のやり取りや人材の移動も，このような観点から理解できると言えよう。

その他，かなり大規模な産業論の立場から書かれながらも，その後，広く産業組織論や制度論，地域研究などに影響を与えた，ピオリとセーブルの『第二の産業分水嶺』(Piore, Sabel 1984＝1993) も，本書の参考となるものであろう。この著作は，1970 年代の先進諸国における経済社会の不安定は，19 世紀初頭から徐々に成立した大量生産体制（これを第一の産業分水嶺としている）が，通貨の変動相場制やオイルショックといった不確実性の増大，市場の飽和や新興国

の台頭などにより揺らいでいることと表裏一体の現象であり，今後は，一部の地域に見られた多品種少量生産のクラフト的生産の要素を持つ柔軟な専門化体制（これを第二の産業分水嶺とする）に可能性がある，と論ずるものであるが，そのなかで，主に製造業についてではあるが，柔軟な専門化体制の特徴を詳細に論じている。それによれば，柔軟さとは，「生産要素の再配置によって生産過程を絶えず改造していくという能力」(Piore, Sabel 1984 = 1993：343) であり，専門化とは，再配置のパターンと目的が限定されていることである。そして，その限定の要因のひとつは「『自分たちの』業界はこれこれの製品を作るのだという感覚である」(Piore, Sabel 1984 = 1993：343) という。このような柔軟な専門化のシステムは，生産の再編成を容易かつ頻繁に行うために，また関与している人が業界に愛着を持てるようにするために，再編後も何らかの形で仕事が確保され続けることが必要であり，これを維持するために，外部の人間の，業務によってつながったコミュニティへの参加は制限されるとしている (Piore, Sabel 1984 = 1993：343-345)。また，リヨンの絹工業やゾーリンゲンの刃物業などの，クラフト的なヨーロッパの産業集積地（ピオリとセーブルの言い方では地域産業共同体）では，需要の多様性に対応するために下請けの編成パターンが絶えず手直しされ，「どの労働者も下請け業者に，また，どの下請け業者も企業主に上昇しえたが，同様に，どの企業主も労働者に転落する可能性が」(Piore, Sabel 1984 = 1993：42-43) あるという高流動性が見られた。このような環境においては，商取引は口約束によって行われ，「一緒に仕事をしようとするパートナーの性格について，経験によって培われた判断力で吟味する能力 (intuitus personae) が成功するための必要条件として考えられていた」(Piore, Sabel 1984 = 1993：43) という。ヨーロッパの製造業であっても，まさに「ギョーカイ」的と言えるような特性が見られるのは興味深い。

　その他にも，第1章では，経済地理学の観点からの半澤の日本のアニメ産業の集積に関する研究（半澤 2001），都市社会学の分野での石渡による渋谷におけるクラブの集積とその空間的意味づけについての研究（石渡 2006），佐藤郁哉の現代演劇（佐藤 1999）や日本の学術出版を対象とした研究（佐藤ほか 2011），

第4章では，ピエール・ブルデューによる社会関係資本やジェームス・コールマンの社会資本（social capital）に関する簡潔な言及がある。また，第6章では，梅棹忠夫のテレビ業界アマチュア論に関する詳細な言及がある。

3　ギョーカイの必然性

このように先行研究を見ると，日本の「ギョーカイ」的なあり方が，それほど特殊なものではないと感じられる。すなわち，要因が揃えば，「ギョーカイ」および「ギョーカイ」的なあり方は，必然的に出現してくるのであり，そういったネットワークや意識がさまざまな分野や地域に存在しているということは，出現することに合理性がある証拠と言えよう。

メディア・コンテンツ産業において，組織に限定されない非公式なつながりや共通認識などが重視されるのは，メディア・コンテンツ産業の業務の本質が，一品一品新しく創造された情報を制作し（究極の多品種少量生産である），それを販売し，必要があれば他のメディアや，広告，ライブといったその他の業務と組み合わせて収益を得る，創造的な知識・情報産業であることに起因している。メディア・コンテンツ産業には，以下のような特徴があるため，組織を超えた関係や意識，そこでの所属意識や共通の文化が重要になるのである。

第一に，一品一品異なった，作家性のある新しい情報を生み出すために，新しい才能を持つ人の探索や，制作に関係する人の組み合わせの変化が頻繁に必要とされることが挙げられる。文化を生み出すためには，異質なものとの出会いと，その背景としての多様性が重要になる。それを積極的に実現するためには，自らが属する組織以外にも広くネットワークを広げておく必要がある。本書においては，音楽における新しいアーティストの探索，映画における引き抜きやプロデューサーと俳優の出会いなどに，その例を見ることができよう。さらに本書では，テレビや映画の黎明期や新規参入時について言及しているが，意図せざるものではあったのだろうが，さまざまな業種の出身者が集められたことが，結果として新しい潮流や活力を生んだことも否定できない。

第二に，需要の変化が速い環境に対応し，必要に応じて調整を行うために，また需要予測がきわめて困難で不確実性が高い環境へ対応するために，人材の増減や入れ替えが頻繁に起こるが，この増減や，必要な職種の確保などを短時間に，取引費用をかけずに行うためには非公式なネットワークが必要となり，それが組織を超えた結びつきにつながることを指摘できよう。メディア・コンテンツ産業では，通常の製造業や接客サービス業とは異なり，情報制作の過程をルーティーン化することは難しく，制作にかかわる人を組織で固定化しても業務に関連する知識（経験）の蓄積や生産性の向上が大きくは望めない。また，仕事量の振幅が大きく，計画的に仕事を割り振るのが困難であることも多い。このため，急遽，人が必要になった場合に会社組織に属していないフリーの人々に参加してもらうことも多い。このような例は，本書では，マンガやゲームの業界に見られる。また，このようなきっかけが，上記第一のような，新しい性質のコンテンツを生み出す契機となる場合もある。こうした流動性の高さゆえに，会社組織を超えて，広く人に関する評判を知っていることも重要になり，それがリスクと取引費用の低減に寄与する。また，芸術的な側面を持ち，その制作ノウハウは，そのベースとなる趣向やセンスなどを含めて個人に属するため，結果としての組織よりも個人を評価することとなる（これは，フリーランスの成立しやすさにつながる）。人材が必要になる場合は，不定期でしかも新聞や求人会社などにより広く募集を行うほどの時間がないことがほとんどであることから，人の評判に関する情報が重要になるのである。制作に関連するさまざまな人材を短期間で探し当てるためには，組織に限定されない人的なネットワークが必要となる。特に，それまで知られていない人を知っていることは，新しい情報が常に求められるメディア・コンテンツ産業では重要であり，どのような人的ネットワークを持っているかが個人の差別化の重要な要因となる。

　第四に，上記の第三の特徴と表裏一体だが，働く人の立場から見れば，流動性の高い環境において次の仕事を紹介してくれるのは，フリーの場合はもちろんのこと，社員であっても必ずしも所属企業ではない場合もあり，企業よりも自らの非公式なネットワークや自らの業務に関連した範囲に自然と意識が向く

ことが挙げられよう。そして，業務においては，映画会社だけでなく原作を出版した出版社やテレビ局などとグループを組んで映画などの制作を行う製作委員会方式や，テレビドラマやCMなどで楽曲を使用してもらいレコードの売上増を狙うタイアップ，異業種のクライアントとメディア，制作会社などを結びつける広告代理店に見られるように，さまざまなメディアを横断しながら協力する業務があることから，メディアを超えたネットワークが広がることになる。

　第五に，作品ごとに完結する短期のプロジェクト的な仕事のあり方ゆえに，ギョーカイ意識や用語の存在が合理的になるとも考えられる。ギョーカイ意識により，会社所属やフリーといった，所属の垣根を越えて同じ仕事をする仲間であるという意識を持つことや，「○○ちゃん」という呼び方や，砕けた会話も，ヒエラルキーをあからさまに感じさせずに短時間でメンバーが仲良くなるために寄与する。先に記したようにメディア・コンテンツ産業での制作は，才能による部分が多く，長期間業務に携わってきて会社での地位が高い人が必ずしも良い作品を作るわけではなく，若くて正規の地位でない人が重要な役割を果たす場合も多い（例えば，放送における放送作家など）。そのため，ヒエラルキーやラインの役割は相対的に低く，良い作品を作るためには，より自由な雰囲気である方が重要であることが，暗黙のうちに，参加者に共有されているゆえの，ギョーカイのコミュニケーションのあり方と理解することができる。

　第六に，情報の確認，アップデートを頻繁に行う必要があることである。制作に関連した技術的情報や，人の移動と人の評判に関する情報は，他の産業でも見られるものであるが，流動性が高く，個人で実行することができるちょっとしたノウハウも差別化の要因となるメディア・コンテンツ産業では常にアップデートされる必要があり，他の産業より頻繁に周囲の情報を確認することが重要になる。また，情報の信ぴょう性の確認といった情報交換は，情報の生産を行うゆえに発生する特有のものである。情報という，通常の物質よりも自由度が高いものを制作しているがゆえに，関係者の協力によって，ある種のブームを作り出したり，事実と異なる情報を流布させる可能性すらある。物質とは

異なり変化が容易な情報を扱うがゆえに，情報交換の価値は他の産業より高いのである。本書においては，音楽の売り出しや，新聞の記者クラブなどの例がこれに当てはまるだろう。

4　本書の意義

「ギョーカイ」という言葉やそのあり方がメディア・コンテンツ産業から発生したのは偶然ではない。まさにメディア・コンテンツ産業における仕事の特性ゆえに，「ギョーカイ」や「ギョーカイ」意識は発生したのである。本書は，これまであまり知られることがなかったメディア分野における「ギョーカイ」のあり様を詳細に明らかにする。これは，メディア・コンテンツ産業の研究に寄与するとともに，各分野の事例としても有益であろう。

　もうひとつの本研究の意義は，「ギョーカイ」という業務のあり方を通して，日本のメディア・コンテンツ産業のこれまでの業務や組織，人的ネットワークなどのあり方を知ることは，今後の日本の創造的な知識・情報産業のあり方，さらに広く言えば，先進各国におけるあらゆる産業や，企業組織，業務分担，働き方などを考えるうえで，重要な手がかりとなる，という点である。ICT化により，テキスト，音楽や動画の制作などのメディア・コンテンツ産業に関わるもののみならず，製造業などでも個人レベルの小規模な事業者が増加し，特に先進国では主流になっていくこともありえる。今後は，さまざまな分野において，個人や中小企業による多品種少量生産とその組み合わせによって，柔軟に変化に対応するという「ギョーカイ」化が見られるようになろう。日本社会という環境のなかで成立した「ギョーカイ」のあり様は，これからの日本の働き方の大きなヒントとなりえるのである。新興国が成長し製造業を担う世界的な状況から今後の日本の産業を考えると，創造的な知識・情報産業を柱のひとつとせざるを得ないことは明らかである。それだけにとどまらず，自動車や家電といった消費者向けの製造業やサービス業でも，競争力の源泉として，ICTの新しい活用法やデザインなど，創造的な知識・情報の付加が不可欠と

なる。しかし，2000年代以降の日本は，この部分の必要性を自らで強く認識しながらも，世界市場のなかで期待ほどの成果を上げることができず，それが日本経済の不調の一因としてあることは明らかである。文化や思想，遊びの要素を持った，新しい情報の生産に特化してきた日本におけるメディア・コンテンツ産業の組織のあり方や働き方には，新しい日本の可能性が示されているのである。

5　本書の構成

本書では，1章ずつ，各メディアごとに非公式な人的ネットワークのあり方やその起源を明らかにしている。比較的独立して書かれているので，それぞれのメディアの状況に興味がある読者は，該当の章だけを読んでもいいだろう。以下で，各章の概要を簡潔に記しておく。

第1章「トキワ荘にみるマンガ産業の勃興と生産者の適応」は，出版について，特に日本のマンガ産業の黎明期の1953～62年に存在した作者の非公式なネットワークとその変質を明らかにするものである。トキワ荘は，東京都豊島区にあったアパートで，ここに手塚治虫，寺田ヒロオ，石森（石ノ森）章太郎，藤子不二雄，赤塚不二夫などが居住し，技術の向上や仕事量の調整のために，お互いの仕事を手伝ったり，作品を講評したり，共作をしたりした時期があった。しかし，1959年以降に次々と週刊マンガ誌が誕生したことによってアシスタントによる分業が必須となり，この新しい体制を取り入れたマンガ家は次々に手狭なトキワ荘を離れ，少なくとも同じアパートに居住することに基づくネットワークは終焉を迎えた。新しい環境の出現とそれによるネットワークの変遷が丁寧に記述されている貴重な研究であり，この事例から多くの示唆を得ることが可能であろう。

第2章「日本におけるPCノベルゲームの産業構造」は，PCパッケージゲームの多くを占めるノベルゲームの開発に関する研究である。この種のゲームは，家庭用ゲーム機向けのゲーム開発と比べると開発が容易で費用も安いため，

個人的なつながりから形成される5～6名の小規模なグループで制作を行い，必要に応じて音声や音楽，プログラムなどの部分を個人に外注し，販売管理や流通はそのサービスを提供する企業に委託するというビジネスを行っている状況が描き出される。明確な境界を伴う硬い組織ではなく，プラットフォームとしてのサービスを提供する企業の利用を前提に，ネットワークを必要に応じて活用して少人数で作家性の高いコンテンツを制作するあり方には，そもそもギョーカイ的な要素が必然的に伴うものであり，また今後のさまざまなコンテンツ制作の例としても先駆的であろう。

　第3章「日本の映画産業黎明期にみる『ギョーカイ意識』の成立」は，1897年の日本最初の映画の輸入・興行から，現在まで続くメジャー映画会社である松竹が設立される1920年までの期間を対象に，非公式な人的ネットワークや仲間意識が成立した時期を明らかにするものである。手法としては，日本で最初の包括的な日本映画史にして，人物についての詳細な記述のある田中純一郎の『日本映画発達史Ⅰ』（田中1957）を参照し，該当期間に掲載された350人の人物について，一人ずつ映画産業に参入した年や経緯，映画産業からの退出も含めたその後のキャリアを整理して傾向を把握し，転職や仕事の紹介などの例から非公式な人的ネットワークの形成時期を明らかにしている。それによれば，この種のネットワークが成立するのは，映画を恒常的に上映する常設映画館が成立し，「映画製作—配給—興行」という映画のビジネス・モデルが成立した時期と一致するという。これは，ギョーカイ的なつながりが成立する要件を明らかにするのに参考となるものである。

　第4章「音楽の生産と人的ネットワーク」は，A&R（アーティスト・アンド・レパートリーの略称）と呼ばれるレコード会社のアーティストの発掘育成やマネジメントを手がける人々，ラップのアーティストの人的ネットワークのあり方ならびにその重要性を，インタビューに基づいた事例を交えながら明らかにしている。また，音楽と映像を合わせたネット上の動画制作のあり方や視聴者の関係に言及し，既存の音楽制作のあり方と異なるところを明らかにしている。この章の特に前半の具体的な事例からは，制作や実演の際になぜ非公式な人的

ネットワークが重要になるのかを，当事者の視点から生々しく知ることができる。

　第5章「二層性のなかの記者クラブ」は，新聞において記者クラブが100年以上にわたって存続してきた要因を，ふたつの二重性，すなわち第一に，記者が記者クラブを必要とする建て前（オフィシャル）と本音（アンオフィシャル），第二に新聞社の建て前と本音，という視点から論じたものである。記者クラブは，明治時代に官公庁に対して，団結して取材の権利を主張したり，取材交渉を行うために誕生した。しかし，その一方で，同業他社の記者と情報を交換しあい，時には足並みを揃えて記事を書くことで自分の所属する会社からの業務への圧力に対抗することがあり，記者にとっては会社に対抗する役割があるという。また，新聞社は，記者クラブに所属する記者の怠惰や競争抑制に手を焼きつつも，記者クラブを現場の記者が形成する懇親団体，自主的な組織と位置付けることにより取材に関連した責任を回避し，記者のワーキングスペースの費用を節減できるという利点がある。最後には，情報源から情報を獲得するという記者の仕事の本質を考慮しつつ，記者クラブの存在意義を論じている。

　第6章「テレビ業界における『ギョーカイ』の形成とゆくえ」は，梅棹忠夫のテレビ業界アマチュア論や，ピーターソンの文化の生産者論にみられる「職人」「芸人」「役人」という職業意識類型を援用しつつ，テレビに関わる人々の意識や組織の役割の変遷を明らかにするものである。さまざまな前職の人々の寄せ集めでスタートし，テレビ局が必要とした出演者の手配を担う芸能プロダクションの登場，1970年前後からの番組制作会社による制作の外部化と広告代理店や芸能プロダクションの制作への関与の高まり，『スター誕生！』などのオーディション番組や熱心なハガキ投稿者から放送作家になる例にみられるアマチュアの参入，コンプライアンスや「役人」意識の高まりといった「ギョーカイ」の形成と変化を，テレビ業界に携わった人々の著作を丁寧に読み解くことにより当事者の感情なども含めて明らかにしている。

　第7章「インフォーマル組織『ギョーカイ』のレゾンデートル──広告産業の視点から」は，広告業界における「ギョーカイ」意識の成立と変遷の歴史

をたどったものである。まず，日本の広告業の近代化の道筋に触れ，広告に関連して1950〜60年代に次々に設立された異業種による業界団体，1970年代にこのような複合的な業種のなかから「ギョーカイ」的意識が萌芽し，1980年代にギョーカイのイメージがテレビやマンガなどを通じて確立したこと，2000年代以降，グローバル化やICTの発展，コンプライアンスの高まりなどにより「ギョーカイ」のあり方が変質していることを指摘している。しかし，この章の最大の特色は，長年広告会社で働いてきた当事者によって執筆されていることで，なぜ「ギョーカイ」的なものが必要とされるのかを，内部にいる当事者の感覚から明らかにしていることであり，その点で貴重なものとなっている。

終章「インターネットの時代に『ギョーカイ』は成立するのか」では，ロバート・アクセルロッドによる囚人のジレンマ・ゲームの研究に基づき，「ギョーカイ」的な行動を強める要素と弱める要素を整理している。そのうえで，ポータルサイトやニュースサイトなどのインターネットを大規模なメディアとして活用する企業と，そのようなサービスをプラットフォームとして利用している個人や個人レベルの小組織のふたつを対象に，インターネットにおける「ギョーカイ」意識の今後のあり方を明らかにしている。

編者である筆者が言うのも何だが，個性的な面白い論文が揃ったと思う。なるべく多くの章に目を通して頂ければ幸いである。

注
(1) 正確に記せば，フジテレビ，ニッポン放送，AtoZ製作となる。AtoZは当時，とんねるずが所属していた芸能事務所である。
(2) 現在は，ホイチョイ・プロダクションズという表記になっている。
(3) 政府や諸団体による市場への介入や規制が必要という立場で，ヴェブレンらが提唱し1900年代初頭に影響力を持った一連の学派を制度派経済学と呼ぶので，これと区別するために新制度派経済学，あるいは制度経済学と呼ばれる。この分野の研究は，コース以降，組織や規制のあり方，法律を経済学の概念で分析する法と経済学など，さまざまな方向に展開したが，本書の主題とは異なるものが多いので，起点にして今に続く根本的な概念を提出したコースの「企業の本質」を取り上げるにとどめる。

文献

朝日新聞, 1988, 「前略ウィークエンド経済へ——こうしたらもっと面白い」『朝日新聞』1988 年 1 月 31 日朝刊。

生明俊雄, 2004, 『ポピュラー音楽は誰が作るのか——音楽産業の政治学』勁草書房。

Becker, Howard S., 1974, Art as Collective Action, *American Sociological Review*, 39 (6) (Dec., 1974) : 767-776.

Becker, Howard S., 1976, Art Worlds and Social Types, *American Behavioral Scientist*, Vol. 19 No. 6 July / August 1976 : 703-718.

Coase, R. H., 1988, *The Firm, The Market, and The Law*, University of Chicago Press. (＝1992, 宮沢健一・後藤晃・藤垣芳文訳『企業・市場・法』東洋経済新報社。)

Condry, Ian, 2006, *HIP-HOP JAPAN Rap and the Paths of Cultural Globalization*, Duke University Press. (＝2009, 上野俊哉監訳, 田中東子・山本敦久訳『日本のヒップホップ——文化グローバリゼーションの＜現場＞』NTT 出版。)

Department for Culture Media and Sport, 2008, *Creative Britain-New Talents for the New Economy* (http://www.culture.gov.uk/images/publications/CEPFeb2008.pdf, September 2, 2012).

Florida, Richard, 2002, *The Rise of the Creative Class : And How It's Transforming Work, Leisure, Community And Everyday Life*, Basic Books. (＝2008, 井口典夫訳『クリエイティブ資本論——新たな経済階級の台頭』ダイヤモンド社。)

Horkheimer, Max, Adorno, Theodor W., 1947, *Dialektik der Aufklärung*, Querido Verlag. (＝2007, 徳永恂訳『啓蒙の弁証法——哲学的断想』岩波書店。)

樺島榮一郎, 2009, 「個人制作コンテンツの興隆とコンテンツ産業の進化理論」『東京大学大学院情報学環紀要　情報学研究』No. 77 : 17-41。

クール・ジャパン官民有識者会議, 2011, 「新しい日本の創造——『文化と産業』『日本と海外』をつなぐために」(http://www.meti.go.jp/committee/kenkyukai/seisan/cool_japan/2011_houkoku_01_00.pdf, 2012.9.17)。

増淵敏之, 2010, 『欲望の音楽——「趣味」の産業化プロセス』法政大学出版局。

Negus, Keith, 1996, *Popular Music in Theory : An Introduction*, Polity Press. (＝2004 安田昌弘訳, 『ポピュラー音楽理論入門』水声社。)

Peterson, Richard A., 1978, The Production of Cultural Change : The Case of Contemporary Country Music, *Social Research*, 45, pp. 292-314.

Peterson, Richard A., 1985, Six constraints on the production of literary works, *Poetics*, Vol. 14, Issues 1-2, pp. 45-67.

Piore, M. J., Sabel, C. F., 1984, *The Second Industrial Divide*, Basic Books. (＝1993, 山之内靖・永易浩一・石田あつみ訳『第二の産業分水嶺』筑摩書房。)

佐藤郁哉, 1999, 『現代演劇のフィールドワーク——芸術生産の文化社会学』東京大

学出版会。

佐藤郁哉・芳賀学・山田真茂留，2011，『本を生み出す力——学術出版の組織アイデンティティ』新曜社。

Saxenian, AnnaLee, 1996, *Regional Advantage : Culture and Competition in Silicon Valley and Route 128*, Harvard University Press.（＝2009, 山形浩生・柏木亮二訳『現代の二都物語——なぜシリコンバレーは復活し，ボストン・ルート128は沈んだか』日経BP社。）

田中純一郎，1957，『日本映画発達史Ⅰ』中央公論社。

山下勝・山田仁一郎，2010，『プロデューサーのキャリア連帯——映画産業における創造的個人の組織化戦略』白桃書房。

読売新聞，1987a，「オジサン　オバサン　ワッカルーウ？　学生男女の微妙な会話」『読売新聞』1987年1月1日東京朝刊。

読売新聞，1987b，「テレビの裏側お見せします　内幕ドラマ，いまブーム　舞台は放送局やCM業界」『読売新聞』1987年9月26日東京夕刊。

読売新聞，1988，「スリルと爽快感　スカイスポーツ今人気　今日から私は鳥になる」『読売新聞』1988年8月10日東京夕刊。

読売新聞，1992，「短歌ギョーカイの不思議　＜非現代＞の歌壇ムラ　島田修三（寄稿）」『読売新聞』1992年11月9日東京夕刊。

第1章
トキワ荘にみるマンガ産業の勃興と生産者の適応

玉川博章

1 トキワ荘
―マンガ黎明期の象徴―

　東京の片隅に有った今は無きアパート「トキワ荘」。そこには赤塚不二夫をはじめ多くのマンガ家が居住していた。

> 僕らがトキワ荘に住み始めた昭和30年代初頭は，まさにマンガ黎明期。まだ混沌としていて，これからマンガがどうなるか，まったくわからない時代だった。手塚治虫や田河水泡は別格だから，僕らには関係ない。だから偉そうに聞こえるかもしれないけど，僕らが新しいマンガの時代を作っていこうという，夢というか志みたいなものは持っていた。(赤塚 2011：72)

　本章は上の引用文を，他のマンガ家の記述やこれまでのマンガ研究，社会科学の知見を踏まえ，詳細を補足し，検証するものである。150字程度の赤塚の文に対して，本章ではその百数十倍の紙幅を使うが，それを通じてトキワ荘の隠された歴史を描くことが目的ではない。赤塚が語る「マンガ黎明期」におけるマンガ家とマンガ産業の変革を，トキワ荘のコミュニケーションとネットワークを分析することで考察したい。

組織に限定されない共通の業務にかかわる関係者の非公式なつながりとされるギョーカイ意識は，トキワ荘の仲間意識にも通ずるところがあろう。トキワ荘は企業体ではなく，そこに近年のインキュベーションオフィスのような行政や産業などの支援があった訳でもない。創造的な産業では組織を超えた関係性が重要となるが，トキワ荘では独立したマンガ家がそれぞれ別のマンガ雑誌に執筆し，創作をしていた。共同生活をしながらの創作活動は，トキワ荘内外にどのようなネットワークを構築し，それがマンガ家としての成功にどれほど有効にはたらいたのであろうか。

　1950年代と現在ではマンガを取り巻く状況は大きく変化した。当然，現在と当時ではトキワ荘のような共同生活の意味も大きく異なるはずである。その差異を検討する際にキーとなるのは当時のマンガ産業の変化，あえて言い換えれば「マンガ業界」の勃興である。当時の特殊な状況がトキワ荘という特異な場を生み出したのではないかというのが本章の仮説である。さらに，結論を先取りしていえば，現在ではトキワ荘的なマンガ家集団は成立し難いのではないだろうか。なぜなら，「マンガ業界」が成立し大量生産が実現したことで，非公式な「ギョーカイ」と公式な「業界」のあり方が変化したと考えられるからである。

　本章では，そのような観点から，象徴的存在となっているトキワ荘を中心にマンガ業界の成立とコミュニケーションを分析していきたいと思う。

2　トキワ荘の概要と問題意識

トキワ荘の概略

　まず，本節ではトキワ荘についての前提知識となる概要を紹介し，さらにトキワ荘に関する先行研究を踏まえながら，本章の問題意識，視点についてまとめてみたい。

　トキワ荘は，現在の東京都豊島区にあったアパートである（現存していない）。このアパートの二階に，手塚治虫，寺田ヒロオ，石森（石ノ森）章太郎，藤子

第1章　トキワ荘にみるマンガ産業の勃興と生産者の適応

	1953	1954	1955	1956	1957	1958	1959	1960	1961	1962
手塚治虫										
寺田ヒロオ										
藤子不二雄										
鈴木伸一										
森安なおや										
石森章太郎										
赤塚不二夫										
よこたとくお										
水野英子										
山内ジョージ										

図1-1　トキワ荘入居者と入居期間
出所：各種資料をもとに筆者作成。

不二雄，赤塚不二夫などが居住していた。その後の少年マンガを代表する作家たちが居住していたことでトキワ荘は伝説化していくが，図1-1にあるように，マンガ家たちの居住時期はバラバラである。例えば，トキワ荘で必ず名前が挙げられる手塚は1年余りしか居住しておらず，さらに，その時期は石森や赤塚とは重なっていない。また，現在各種文献で明らかにされているだけで10名程度のマンガ家がトキワ荘に居住しており，その中にはマンガ家としてのキャリアを継続できなかった者も含まれている。

トキワ荘に関する先行研究

　トキワ荘については数多くの書籍が記されている。マンガ家による自伝や回想，出入りした編集者などの回想や記録，そして第三者によって書かれた一般向け書籍などの一次，二次資料が残されている。さらに，学術的な視点からトキワ荘を考察した研究もあり，なかでもトキワ荘を直接扱ったものとして河尻耕太郎らによる研究と中西茂行による研究がある。

　河尻らは，トキワ荘に人材が結集した要因と，そこでの成長メカニズムを検討している。彼らは，集積の要因として，週刊誌によるマンガの生産サイクル

の高速化などの市場動向，編集者とのコミュニケーションの取りやすさやお互いの仕事を助け合うなどの産業構造，手塚治虫に近づきたいなどの個人的な動機を挙げている。成長メカニズムについても，職住一体による濃密なコミュニケーションからその特徴をまとめている（河尻ほか2007）。しかし，具体的なコミュニケーションのあり方やネットワークまで詳細に考察している訳ではない。特に，その集積の過程において重要な役割を果たしたトキワ荘以前に存在したネットワークについてまったく検討されていない。また，集積の要因とされているその条件は当時のマンガ家志望者に共通しており，なぜ他にも同様の共同生活が営まれなかったのかを説明できない。

　中西は，昭和10年代生まれのマンガ家について，トキワ荘グループと劇画工房グループの2集団を取り上げ，それらを構成する個人のライフコースを分析することで，環境変化に対するマンガ家個人の適応／不適応，そして職業的アイデンティティや集団的記憶のあり方について論じている（中西 2009-2011）。中西はマンガ家が置かれていた社会的，職業的状況を踏まえながら詳細を検討しているものの，ライフコースに焦点を当てており，トキワ荘という個別の場，共同体についての視座は薄れている。

　本章では，これら先行研究を踏まえながら，トキワ荘という場所，共同体におけるコミュニケーションとそのネットワークに焦点を当てる。トキワ荘という場を視座とすることで，マンガ家およびマンガ産業の共同体がいかに成立し，変化したのかを考察したい。

　なお，分析にあたっては，すでに数多く発表されているトキワ荘に関する文献を資料として利用した。伝説化しているだけに，居住していたマンガ家による思い出を綴ったマンガやエッセイ，そして一般向けの書籍などさまざまな資料が残されている。これらを一次資料，もしくは二次資料として用いる。

　ただし，本章はトキワ荘研究を主眼とするのではなく，1950〜60年代におけるマンガ家のコミュニケーションを検討するための一事例としてトキワ荘を扱いたいと思う。すでに当時のマンガ家の中には鬼籍に入る者もおり，現在では聞き取り調査も限定的となってしまう。そのため，多くの資料が残され，入

手可能であるトキワ荘を事例として活用したい。

文化生産の場

　論の展開に際して，トキワ荘のみを対象とした研究ではなく，そのような文化生産の場に関する議論についても簡単に触れておきたい。同業者の地理的集積に関しては，経済地理学などで産業集積に関する研究が行われている。マンガに関連する分野ではアニメ産業の集積に関する半澤誠司の研究がある（半澤 2001）。

　また，社会学においても，文化生産の場，およびその集積に焦点を当てた研究が行われている。例えば，都市社会学では石渡雄介は渋谷におけるクラブの集積とその空間的意味づけについて考察した（石渡 2006）。増淵敏之は，東京，広島など日本の各都市のバックストリートを創造の場ととらえ，作家やアーティストなどの人材育成の場として機能する空間メカニズムを分析した（増淵 2012）。なお，増淵は，馬込文士村や田端文士村のように創作者たちが情報交換し集う場の一例としてトキワ荘も挙げている。

　一方，地理的な側面ではなく企業や組織における文化生産の実態に迫った研究として，文化生産論に依拠する佐藤郁哉の研究がある（佐藤 1999）。なかでも日本の学術出版を対象とした著作では，出版社内の意思決定プロセスや編集者の役割を考察している（佐藤ほか 2011）。

　本章も，これらの視点を引き継ぎながら，文化の生産をマンガ家という作家の内的要因のみではなく，彼らが置かれた社会的状況，出版社との関係性や制作体制の変化から考察する試みである。

3　トキワ荘の時代背景
―マンガ産業革命の時代―

1950 年代のマンガ発表媒体

　先に挙げた中西，河尻らはともに，トキワ荘にマンガ家が居住した時期（便

宜的に本章では1953~62年をトキワ荘時代としたい)をマンガ産業の変革期としてとらえていた。そこで，トキワ荘におけるマンガ家や編集者のコミュニケーションの実態を分析する前に，トキワ荘が置かれた時代背景について触れておきたい。

　一言で言えば，この時代は現在まで続くマンガ産業の基礎が形作られた時期といえる。トキワ荘時代は，大手出版社の少年向け月刊雑誌においてマンガの比重が拡大し，少年マンガの中心が月刊誌から週刊誌へと移行した時代にあたる。『週刊少年サンデー』と『週刊少年マガジン』が59年に創刊し，後に検討するようにトキワ荘にいたマンガ家たちは仕事面でその影響を強く受けた。

　トキワ荘時代の初期においては，少年少女向け月刊誌がマンガ家の主要な発表の場であった。それに加え，大手出版社の出版物とは別に流通していた赤本や貸本などの単行本市場があり，マンガ家の発表の場として機能していた。1960年代中頃までは大手出版社を中心とした書店に流通するマーケットと，貸本屋などで流通する零細出版社のマーケットがあり，ふたつの出版流通市場が並立していた。

　前者の少年少女雑誌においては，グラビア記事や小説などの読み物に混ざりマンガが掲載されており，マンガ専門誌ではなかった。マンガが雑誌の一部ページないしは別冊付録として掲載されていた月刊誌時代はマンガ家の仕事量も限られていた。

　—（司会）　当時の若者の間では，漫画家という職業も一つの選択肢でしたかね？
　高井　いやあ，それはなかったでしょう。
　山内　誰もが漫画家なんてなれないと思っていたでしょう。志すのは，ごくわずか。
　高井　プロになるなんて考えもしなかった。
　山内　だいたい発表の場が少ないから……。あってもカットぐらいで。
　高井　僕らも上京してしばらくは，カットばかり描かされた。

第 1 章　トキワ荘にみるマンガ産業の勃興と生産者の適応

　山内　石森さんでさえ上京した当座は,『少女クラブ』でカットばかり描いていたそうだから。(山内 2011：217)

というように，若手にはカット（イラスト）程度の仕事しかなかった。さらに，連載を獲得したとしても，そのページ数は少なかった。例として，藤子不二雄の『トキワ荘青春日記』では，1956 年初頭に藤子が引き受けた原稿をまとめて記述している。それによれば,『一年生』4 ページ,『ぼくら』8 ページ,『少年』1 ページ,『少女』8 ページ,『三年生』8 ページ,『漫画王』8 ページ,『漫画少年』3 ページと，一誌あたりの依頼ページ数は少ない。ただし，それに加えて『なかよし』別冊が 89 ページとあり，別冊付録の発注ページ数は多かった。この記述によれば 1 誌あたり 4～8 ページ程度であるため，別冊を除いた雑誌の本誌のみであれば複数連載を抱えていたとしても月に 20～30 ページ程度にしかならない計算となる。

週刊誌時代の到来と単行本の衰退
　週刊誌時代となると執筆ペースが一変する。創刊時の『週刊少年サンデー』においては，15 ページであった手塚の連載を除けば 1 号あたり 1 作品 8 ページ程度であり，現在に比べ少ない。1 号あたりの掲載分量は月刊誌と変わらないが，1 ヶ月では 32 ページ程度となる。その後，1 号あたりの掲載ページ数も増加し，トキワ荘の後期においては週に 8～16 ページ程度であった。例えば,『週刊少年サンデー』1961 年第 1 号をみると，手塚は 15 ページ，藤子不二雄は 11 ページである。
　当初，単純な執筆分量だけでは月刊誌も週刊誌も差はなく，60 年前後において月刊誌四～五誌への同時連載と週刊誌一誌の連載ではページ数は大差ない。むしろ，月刊誌の別冊付録を 1 ヶ月で仕上げる方がページ数としては多い計算となる。ただし，別冊付録は B6 版のため B5 版の本誌よりもページあたりのコマ数が少なく，その執筆の手間は異なる（中野 2004：87）。これらを総合すると，初期の週刊誌では，複数連載をしなければ月産ページ数は月刊誌時代と

そう変わらなかったといえる[2]。むしろ、大きく変わったのは、週刊という執筆ペースである。

週刊誌では、毎週締切が来ることになり、執筆ペースも忙しくならざるを得ない。

中野晴行は、月刊誌時代の人気作家夢野凡天へのインタビューから、昼は映画館やスケッチに行きながら夜から明け方まで仕事をするスタイルであり、月に三、四日くらいは仕事が空いたというエピソードを紹介している（中野 2004：86）。つまり、月刊誌は締切が集中しており、その時期を乗り切れば休みもとれ、一人でネーム（マンガにおける設計図のこと。映像におけるコンテにあたる）から下書き、仕上げまで行っていたため自分のペースで執筆できた。

これが週刊誌時代となると、毎週の締切で納期が短縮化されたことで、マンガ家に余裕がなくなっていく。そのため、一人での執筆では間に合わなくなり、複数人の分業による生産体制へと移行していくことになる。

もう一方の貸本、単行本市場は、トキワ荘の時代に全盛期を迎えたあと衰退していく。貸本屋では、一般流通する書籍や雑誌に加えて貸本専用の出版物も扱っており、その中に貸本専用の貸本マンガの単行本があった。貸本マンガは、雑誌とは異なるスタイルで自由に描くことが可能で、若手デビューの場となっていた。

中野は「貸本市場は赤本と同様、作家を育て、読者を育て、マンガそのものを育て、のちのマンガ産業隆盛のベースをつくった、インキュベーター」（中野 2004：60）と評価するが、この貸本市場は60年代に入り衰退する。柴野は、61年前後の貸本屋数を現在の書店数に匹敵する1万7000〜2万店と推定し、58年時点で貸本は書籍流通量の約13％を占めると試算している（柴野 2007：19）。だが、1964年を貸本文化の実質的崩壊の年とする中西は、この前後に貸本屋が最盛期の10分の1程度に減少したとする（中西 2001）。その結果、若手マンガ家のデビューの場として単行本という選択肢が消え、マンガ家の活動の場も大手出版社の雑誌のみになった。

トキワ荘の時代は、マンガ出版社もマンガ家も産業化を迫られた時代であっ

た。出版社，取次，書店という流通ルートによるマンガ産業のみが生き残り，かつ週刊少年マンガ誌，青年マンガ誌と出版社が取り扱うマンガの分量も増加したことで，青少年向け出版物の中心にマンガが躍り出たのが60年代である。マンガ家には週間ベースの原稿執筆が要求され，効率的な生産体制の構築を迫られた。

マンガの位置づけ

　トキワ荘の前後はマンガ産業の変化の時代であったが，当時のマンガの社会的な位置づけは現在とは大きく異なる。トキワ荘のマンガ家の置かれた状況は決して良好なものとは言えなかった。1955年には，PTAなどを中心に悪書追放運動が盛り上がり，マンガが批判の矢面に立たされた。子どもがマンガを読むことに否定的な親も存在した。何より，マンガ家という職業が評価されるものではなかった。丸山昭は当時の状況を「子供の間にこそ人気はあったけれども，まんが家は当時そんなに尊敬される商売じゃなかった」（手塚＆13人 1995：455）と述べている。

　中西は，トキワ荘および劇画工房のメンバーのライフコース分析を通じて，その職業的アイデンティティの不確かさを導出している。マンガが社会的に評価されず，職業として成立するか否かも不透明な中でマンガを描いていたことはこの世代のマンガ家に共通するという（中西 2011）。

　このようなマンガの軽視は，出版社内にもあった。後に『週刊少年ジャンプ』編集長を務めた西村繁男は，トキワ荘時代の終わりにあたる1962年に集英社に入社している。当時を振り返り，マンガに消極的だった彼は上司から「これからの少年少女雑誌は主流は間違いなく漫画になるよ。ひょっとすると，活字ものはなくなるかもしれないよ」と言われ衝撃を受けたと綴っている（西村 1994：39）。すでに『週刊少年サンデー』『週刊少年マガジン』が創刊していたが，同誌も含め，当時の少年少女向け雑誌には，小説や読みものの記事，グラビアなどが多く含まれ，マンガは数あるコンテンツの中のひとつと考えられていた。例えば，「週刊少年マンガ誌」とされる『マガジン』だが，創刊号に

おけるマンガの比率は37％にすぎず，別冊付録まで加えて計算しても60％であった（大野 2009：67）。このエピソードは，総合誌的な少年少女雑誌がマンガ専門誌へと変化していく過程を如実に表しているとともに，編集者にマンガよりも活字への信奉があったことを窺わせる。

　トキワ荘の時代とは，社会的そして出版業界内でもマンガは低位に置かれた中，掲載分量の増加に対応したマンガの執筆体制の確立，そしてマンガ家の職業キャリアの確立がなされ，現在へと続くようなマンガ業界が形作られた時期といえる。

　以下では，このような時代背景を前提として，マンガの制作，出版体制の変革期において，つまり現在に続くような産業的な意味での「マンガ業界」が出来上がっていく過程を，トキワ荘という事例から描き出す。マンガ史においても重要な「場」のひとつとみなされるトキワ荘を，手塚や赤塚など特定の作家に焦点を当てるのではなく，トキワ荘に集ったマンガ家がどのように協働しコミュニケーションを取りながら産業の変革に対応していったのかを分析したいと思う。

4　マンガ家共同体におけるコミュニケーション

マンガ制作におけるコミュニケーション

　本節では，具体的にトキワ荘におけるコミュニケーション，協働関係をとりあげ，その実態を把握するとともに，その意義を考察したいと思う。

　トキワ荘には先に挙げたように多くのマンガ家が居住し，そこを仕事場としてマンガの制作が行われていた。生活の場であり仕事場でもあるというなかで，トキワ荘グループは，仕事と私的な生活の両面で結びついた共同体を形成していた。

　仕事面においては，彼らは個々人の作品制作をするとともに，互いの作品を講評したり，マンガの共作を行っていた。トキワ荘の中心となっていたのは新漫画党という同人のメンバーである。新漫画党は，寺田ヒロオ，藤子不二雄

(藤本弘・安孫子素雄)，森安なおや，坂本三郎の五名により1954年に結党された。翌年には，一部メンバーの交代を経て第二次新漫画党へと至る。そのメンバーは寺田ヒロオ，藤子不二雄，森安なおや，鈴木伸一，つのだじろう，石森章太郎，赤塚不二夫，園山俊二であった。

　時期により内容は異なるが，新漫画党ではさまざまな活動が行われた。つのだじろうがマンガと直接関係のない雑談ばかりの会合に嫌気がさし，反省を求める意見書をつきつけた「巻紙事件」というエピソードが有名だが，その一方で新漫画党はマンガに関する活動も行っていた（手塚＆13人 1995）。『漫画少年』誌上に掲載する合作企画ページの執筆，作品講評をする合評会，会誌（肉筆回覧誌）の発行などを行っている。合作企画は，『漫画少年』にコーナーを設け，新漫画党の合作漫画を制作，掲載していた（加藤 2002：184-216）。合評会は，当初はメンバー間で互いに講評しあっていたが，メンバー間で反感も生じたため後になるとメンバー以外の作品を講評するようになったという。寺田は「先輩たちをほめたり，けなしたりしていると，それをいっている人の考えや個性が，よく見えてくるんです。おたがいの作品について，直接いいあうよりも，他人の作品についていいあうほうが収穫があると，皆が気づいたんですね」（梶井 1993：164-165）と振り返っている。マンガについての作品講評によるスキルアップだけでなく，メンバー間の交流，親睦にもこの会が有効に働いたと考えられる。

　第二次新漫画党では会員の漫画を掲載した会誌を制作していた。また，藤子不二雄の日記には月例会で一人がモデルとなりデッサンの練習をする肖像画会を行ったとの記録があるが，「巻紙事件」に象徴されるように多くは雑談であったようだ（藤子 1996）。

　トキワ荘作家の共作として有名な事例は，石森章太郎と赤塚不二夫である。丸山昭が編集していた『少女クラブ』にて行われた共作の事例としていずみ・あすかとU・MIAがある。いずみ・あすかは，すでに石森が同誌で連載をしていたため石森名義で二本掲載するのを避けるために，二本目を二人の合作とし，ペンネームをつけたものである。また，U・MIAは，石森，赤塚に当時

下関にいた水野英子を加えた三名での合作で利用したペンネームである。石森がストーリー構成をし，水野が主人公を描画，最終的に石森と赤塚でまとめるという方式がとられた。一作目が好評だったため継続することになり，下関から水野をトキワ荘に呼び寄せ，水野は1958年に4ヶ月ほど滞在してU・MIA名義の合作に取り組んだ。(手塚&13人 1995)

クレジットやペンネームなど紙面にあらわれる形での合作以外にも，トキワ荘住人同士の手伝いは頻繁に行われていた。編集者の丸山は以下のように述べている。

> 当時はまた，プロダクション形式というようなシステム化された方式は確立されていなくて，まんが家がピンチになると助っ人を頼んで手伝ってもらいます。アシスタントのはしりです。もちんそばについている編集者だって使われます。(手塚&13人 1995：458)

このように，雇用関係や恒常的な契約によるのではなく，その場の必要に応じて，仕事量が能力を超過したマンガ家の手伝いが行われていた。合作やプロダクション制とは別のフレキシブルな形で仕事の分担が行われていたといえよう。

このようなトキワ荘作家は，同年代により構成された共同体であったという特徴がある。トキワ荘以前の若手マンガ家は，主に徒弟制の中で養成されていた。つまり，大御所マンガ家の自宅に私淑し，生活を共にしながら(最低限の食住を提供される代わりに生活の世話をしながら)関係を築き，そこから認められてデビューするというコースである。年齢の離れた師匠と弟子という権力関係の中で共同体が形成されていた。それに対して，トキワ荘では年長の手塚や寺田ヒロオと他のメンバーでは親子ほどの年齢差が有るわけではない。手塚は憧れの存在であり，寺田は他のメンバーに慕われるリーダー的な存在であったにせよ，旧来の徒弟制に比べればトキワ荘グループは水平的な共同体であったことは明らかであろう。

ただし，住み込みの徒弟制であれば，たとえ自らの原稿料収入が無くとも生

活は保障されていた。一方，トキワ荘グループでは，家賃を含め生活費を自分で稼ぐ必要があった。

　そのため，トキワ荘グループではアシスタントや仕事の融通をすることで，共同体内での生活安定を図っていた。つまり，マンガ家として独り立ちできない者は，比較的初期から連載を持ち収入を得ていた手塚治虫や寺田ヒロオ，石森章太郎などの仕事をアシスタントとして手伝うことでトキワ荘での生活，マンガ生産が維持されていたのである。実例を挙げると，当初は自分の作品収入が限られていた赤塚不二夫は，居候としてトキワ荘に入居し，「石森のアシスタント兼炊事係」（手塚＆13人 1995：42）を二年ほどしていた。この事実は，赤塚が成功するまでの生活を先に成功しつつあった同年代の石森が支えていたことになる。徒弟制ほど強力ではないものの，同年代の共同体内での自助が働いていた。[4]

　マンガ家のアシスタントは，この時代に変化が生じた。月刊誌の時代では，マンガ家は一人で執筆することが基本だった。トキワ荘でも見られたように，複数連載を抱えるなど締切が切迫した場合に，仲間や若手が手伝う程度であった。つのだは，当時「月刊誌七本，毎月別冊付録二冊つき。B5版に換算して百五十頁からの仕事をアシスタントなしで一人でこなしていた」（手塚＆13人 1995：150）としており，この分量であっても，アシスタントを活用した生産を行うことはなかったのである。

　だが，トキワ荘の終わりにあたる60年代では，週刊誌が仕事の中心となりアシスタントの利用が恒常化する。実際に，人気作家となった赤塚はアシスタントを活用した。

　　若いときは居候生活をつづけたボクも，『おそ松くん』などのヒットができると一人ではこなしきれぬ仕事量が殺到して何人もアシスタントを雇うことになった。（手塚＆13人 1995：42）

「ボクの居候文化論」と名付けられたこの文書は居候の重要性を語っている。

居候というと徒弟制に近いものと解釈しがちであるが，赤塚が「アシスタントを雇う」と表現していることに着目したい。そこには，雇用という労働関係を前提としたビジネスとしての生産体制が含意されている。

独立するだけの仕事がないマンガ家もアシスタントとして雇われることで生計を立てることが可能となった。マンガ制作量の増大が徒弟制に代わるマンガ家（マンガ家志望者）の収入源の確保をもたらしたのである。

マンガ制作技術の共有

経済地理学などの議論では，地理的近接性によるメリットのひとつとして知識の共有が挙げられている。特に，定式化，マニュアル化できない暗黙知の共有にメリットがあるとされている。(5)トキワ荘においても，同居していたため互いのマンガ執筆作業を目にして，その制作技法や所作を自分の制作活動に生かしたものと推察される。だが，河尻らも指摘するように，この点に関しては自伝などでの言及は少ない（河尻ほか 2007）。数少ない記述としては，赤塚がバカな自分に石森，藤子らがいろいろな事を教えてくれ，寺田は「こんこんと漫画の描きかたを教えてくれた」と記している程度である（赤塚 2011：197）。赤塚の記述も石森と藤子が何を教えてくれたのか不明確であり，トキワ荘で具体的にどのように技術の共有が行われていたのかは不明である。

制作技術よりもアイデアの共有がマンガ生産には有効であったのかもしれない。赤塚は石森とアイデアを交換したり相談したり，寺田にもアドバイスをもらったりと，みんなでアイデアを出し合っていたと記している。

> 一緒に住んでいるから，藤子不二雄にはこれが合っている，石ノ森章太郎はこういうのが向いている，赤塚はこういうのが得意そうだとか，みんなわかるから。「このアイデアは誰にも内緒にして，自分だけで描こう」なんていう考え方は，僕たちにはなかった。（赤塚 2011：56）

技術の伝播ではないものの，共作やアシスタントとは違った形でアイデアとい

う暗黙知が共有されていた可能性は高い。

私的なコミュニケーション

　ここまでトキワ荘グループのマンガ制作について触れてきたが，彼らは仕事外でも関係性を持っていた。

　自伝などで語られる思い出には，仲間との楽しい共同生活や遊び（余暇）が含まれている。彼らの日記や評伝には，数多くの映画を鑑賞していたことが記されているし，石森はカメラを購入し自主映画制作も行った。他にも，コーラスや労音などの音楽活動やテニスやハイキング，旅行などをしており，トキワ荘の仲間で青春を謳歌していたことが窺える。

　日常的にも，彼らはトキワ荘ですべての時間を仕事に明け暮れていたわけではない。互いの部屋で酒を酌み交わしながら親交を深めていたし，マンガを主眼として結成された新漫画党も雑談に多くの時間を割いていたことは事実だろう。寺田は新漫画党について「正式の会合は月に一，二回で，その他はほとんど毎日誰かの部屋で駄弁っているわけでね。それが楽しかったですよ」（加藤 2002：192）と語っている。

　このように，トキワ荘グループは，私的な場面で一緒に「遊び」，映画などさまざまな教養を共有するとともに，その交流からインフォーマルな結び付きを強化していたと考えられる。

　もっとも，映画などの教養は純粋な余暇ではなく，マンガ制作にフィードバックされていた。手塚の映画好きは有名だが，トキワ荘のメンバーにも良い映画，音楽，小説，芝居に触れることを薦めている。マンガと映画の関係性は深く，映画のシーンやカット割り，セリフをマンガに取り入れる作家も多い。また，赤塚に薦められた小説『ジェニーの肖像』を元にして石森は『ジュン』を執筆している。そのような直接的な影響だけでなく，赤塚はコマ割りや間の取り方といったリズムもマンガの参考になり，そのような感覚を身体化することの重要性を指摘している（赤塚 2011：50）。

編集者とのコミュニケーション

　『漫画少年』の編者であった加藤宏泰が居住したのはごく初期のみであったが，トキワ荘には，原稿を取りに来た編集者も出入りしていた。しかし，マンガ家や編集者が記した資料において，仕事に関係する以外のコミュニケーションはあまり見受けられない。

　しかし，オフィシャルな仕事の面において，マンガ家側も編集者側も記述している事項がある。それが，共同生活をしていること，つまり近接性による仕事の依頼である。

> あそこ（トキワ荘）には，ヒマそうな若いのがゴロゴロいる。困った時の間に合わせ仕事には便利，とみんな考えていたらしい。よく，この種のとびこみがあったのである。（石森 1996：190）

　編集者側でも，丸山昭は連載原稿が間に合わず穴埋め原稿を必要とした際に「いつでも何人かアテにできるトキワ荘に持って行って頼み込むことになります」と述べ，トキワ荘の利便性を意識しており，トキワ荘に出入りしていた丸山にとっては，作家を集める場合に「手だれが何人もいるから，一本や二本はすぐにまとまる」とトキワ荘が頼みの綱とされていたのである（手塚＆13人 1995：458-459）。

　このように，締切前の代作や穴埋めのマンガ，カットの仕事がトキワ荘に持ち込まれていたが，そのような偶然からチャンスをつかんだのが赤塚不二夫である。ギャグマンガの穴埋めを探していた秋田書店『漫画王』の編集者が石森に相談した際に，石森が赤塚を紹介したことから，ギャグマンガ家としてのキャリアがスタートする。それまで少女マンガを描いていた彼がギャグマンガで開花するきっかけを与えたのは，トキワ荘のネットワークであった。

　さらに，代作や手伝いがマンガ家間のネットワークも形作っていった。原稿を依頼していたちばてつやが怪我をした時に，丸山昭がその手伝いとして白羽の矢を立てたのがトキワ荘であった。高井研一郎は「編集部が，下書き原稿を

トキワ荘にもちこんでね。トクちゃん,赤塚氏,石森氏,それに遊びに来ていた僕と永田さんで仕上げた」と語っている（山内 2011：230-232）。それまで交流のなかったちばてつや,高橋真琴らの本郷グループとトキワ荘グループを丸山がマンガ制作の手伝いをきっかけにつないだのである。

5　トキワ荘のネットワーク
―凝集と発展的解消―

『漫画少年』からトキワ荘へ

　前節でみたような共同体を形成していたトキワ荘だが,どのようにしてトキワ荘にマンガ家が集うようになったのだろうか。その鍵となるのが『漫画少年』である。

　図1-1でみたように,トキワ荘には複数のマンガ家が居住したが,その時期はバラバラであった。最初に入居したのは手塚であったが,きっかけは,当時『漫画少年』を発行していた学童社の加藤宏泰が居住していたトキワ荘に,手塚を呼び寄せたことによる（ただし加藤は1年しか居住していない）[6]。その理由は,すでに売れっ子となり複数社の原稿を抱えていた手塚が自分と同じアパートに住んでいれば所在をつかみやすいというものだった。二番目の寺田も,学童社の紹介によりトキワ荘へ入居する（加藤 2002：186）。

　1956年石森章太郎の入居以後,入居するマンガ家が増えていくが,彼らをつないでいたのも『漫画少年』である。同誌には投稿されたイラストを選考し優秀作を掲載する読者投稿欄があり,当時マンガ家を目指す若者は投稿に励んでいた。紙面には名前や住所も記載されていたため,文通や自作マンガの交換も行われていた（寺田編 1981）。

　後にトキワ荘に集う寺田ヒロオ,鈴木伸一,石森章太郎,赤塚不二夫,藤子不二雄などはその投稿者であった。中西によれば彼が調査対象としたトキワ荘グループ15人のうち,森安なおやと園山俊二を除く13人が投稿経験を持っていた（中西 2011）。そのため,実際に会う前から,彼らは誌面を通して互いの

名前と絵柄を把握できていたのである。山内ジョージは「そういう番付なんか見て，名前になじんでいるでしょう。だから会えば，初対面でも昔からの友だちみたいな感じがあった」(山内 2011：218) と語っており，投稿欄による読者共同体がトキワ荘においても有効に機能したと考えられる。

石森のトキワ荘への入居は56年であるが，同年に上京した時点ではトキワ荘近くの下宿に入った。その入居後2ヶ月でトキワ荘に転居するが，最初の物件もすでに『漫画少年』でデビューしていた石森が上京するにあたり，寺田ヒロオがトキワ荘の近くの物件を勧めたことによる。トキワ荘では赤塚不二夫を居候として共同生活を開始した（その後，赤塚は隣室を契約し正式に入居）。後年には石森はもう一部屋を借り，生活部屋と仕事部屋を分け長期にわたりトキワ荘に住み続けることになる。

各種資料を読むと，トキワ荘では石森周辺の人脈が大きく関与していることがわかる。それは彼が主宰していた東日本漫画研究会のネットワークがあったからである。マンガを描けるマニアを求めた石森は，マンガ雑誌の投稿欄から同じ東北在住の類家正人，横向幸雄，菊地満男を見つけ仲間とし，さらに『漫画少年』に会員募集を掲載して東日本漫画研究会の会員を募った（石ノ森 1996）。よこたとくおと高井研一郎（トキワ荘時代からの赤塚の共同執筆者）は座談会において，

　――（司会）　東京に行ったら，まずトキワ荘に寄りたいと……。
　高井　というより，『漫画少年』（中略）の投稿仲間の，石森氏や赤塚氏に会いたかったんだね。
　よこた　トキワ荘なんて，まだ誰も知らないもの。
　高井　トキワ荘が有名になるのは，ずっとあとだな。
　（山内 2011：191）

と語っている。高井は『漫画少年』に掲載された募集を見て東日本漫画研究会に参加しており，彼らのような熱心なマンガファンはゆるやかなネットワーク

を形成し，トキワ荘はその仲間が集う場所という位置づけがなされていた。[7]

　このように，トキワ荘にマンガ家が集っていく過程は，すでに居住しているマンガ家の縁故から拡大したものである。つまり，大家や不動産業者の意図や公募によりマンガ家が集ったわけではなく，入居するマンガ家たちが自主的にトキワ荘を作り上げたのである。トキワ荘にまったく知らない者同士が集まった訳ではなく，もともと『漫画少年』などのマンガ家のネットワークをベースに，トキワ荘での同居生活が作られた。

　さらに，新しいマンガ家を勧誘するにあたっては一定の審査が行われていたことが明らかになっている。

　　そこに明確な基準は設けられていなかったが，基本的には寺田が受け持っていた『漫画少年』の投稿欄『漫画つうしんぼ』の中で優秀な成績を上げていて，「協調性があり」，「最低限のプロのアシスタント役が務まったり，穴埋め原稿が描ける程度の技量には達している者」，そして「本当に良い漫画を描きたい，という強い意志を持っている者」ということであったようだ。(伊吹 2010：43)

寺田は『漫画少年』にて投稿作の評価を行っており，その仕事がトキワ荘での人選に大きく影響していた。ここにおいても『漫画少年』が重要な役割を負っていた。

居住者から拡大するネットワーク

　ここまではトキワ荘に居住したマンガ家を中心に見てきたが，トキワ荘には，「通い組」と呼ばれる居住者以外のマンガ家も出入りしていた。

　例えば，『トキワ荘青春物語　文庫版』では13人の漫画家が取り上げられているが，そのうち居住していたのは9名で，残りの4名（永田竹丸，つのだじろう，長谷邦夫，横山孝雄）は通い組である。つのだじろうのようにほぼ毎日入り浸っていた者もおり，居住しておらずとも濃密なコミュニケーションを取って

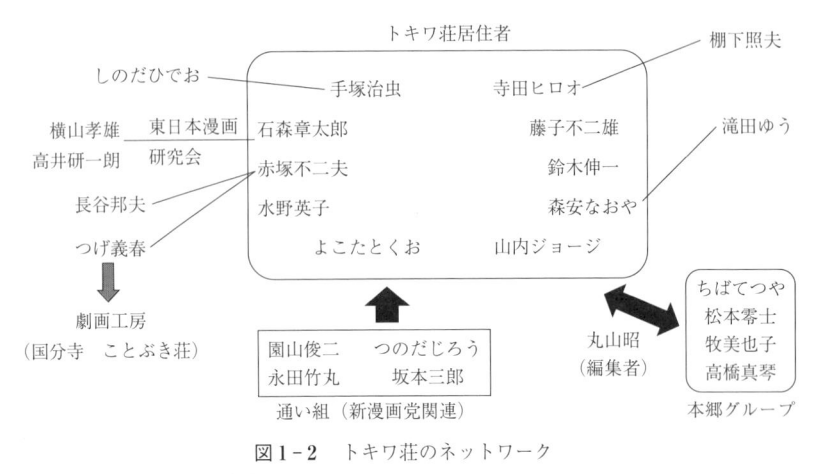

```
                          トキワ荘居住者              棚下照夫
         しのだひでお ─┐┌─ 手塚治虫   寺田ヒロオ
  横山孝雄  ┌東日本漫画┐│石森章太郎   藤子不二雄         滝田ゆう
  高井研一朗 └研究会  ┘│赤塚不二夫   鈴木伸一
         長谷邦夫 ───┤水野英子    森安なおや
         つげ義春 ───┘よこたとくお  山内ジョージ
            ↓              ↑              ↕    ┌ちばてつや┐
          劇画工房      ┌園山俊二 つのだじろう┐ 丸山昭  │松本零士 │
        （国分寺 ことぶき荘） │永田竹丸 坂本三郎 │ （編集者） │牧美也子 │
                   └          ┘         └高橋真琴┘
                     通い組（新漫画党関連）           本郷グループ
```

図 1-2　トキワ荘のネットワーク

出所：各種資料をもとに筆者作成。

いたと考えられる。新漫画党メンバーだった坂本三郎や園山俊二も通い組である。

　さらに，後年にトキワ荘グループとして語られる石森，赤塚，藤子ら周囲のマンガ家以外にも，トキワ荘となんらかの交流を持っていたマンガ家は多い。例えば，寺田ヒロオは，トキワ荘時代に最も仲が良かったマンガ家として棚下照生を挙げており，棚下がトキワ荘を訪れていたことが窺える。さらに，森安と同じく田河水泡門下であった滝田ゆうもトキワ荘を訪れている。赤塚と親交のあったつげ義春もトキワ荘グループと交流があった。前述の通り，編集者の丸山を介して，ちばてつや，高橋真琴，松本零士など本郷グループとも交流があったことが語られている。(山内 2011)

　このように，居住者が持つそれぞれのバックボーンや編集者を介して，トキワ荘には当時多くのマンガ家が訪れていた。その頻度，関与の度合はさまざまとはいえ，『漫画少年』や新漫画党関係のみならず，そこからネットワークはある程度の広がりを見せていた。つまり，トキワ荘は当時の若手マンガ家ネットワークのハブとして機能したといえよう。

第1章　トキワ荘にみるマンガ産業の勃興と生産者の適応

トキワ荘からの発展的解消

　このようなトキワ荘も永遠に続いた訳ではない。図1-1に見たように，退出も頻繁に起こっている。四畳半一間のトキワ荘では，マンガ家として仕事が増えると手狭となりより大きな住居へと転居したり，仕事場か住居のどちらかを移すようになっていた。61年まで居住していた藤子不二雄は二人組のためトキワ荘に二部屋を借りていたが，1959年にはトキワ荘の向かいのアパート兎荘に四畳半の仕事部屋を一部屋借りている。同様に石森も，トキワ荘に自室と仕事部屋の二部屋を確保していた。長期間にわたりトキワ荘に残っていたマンガ家も，その半ばで一部屋での職住混在は不可能になっていたのである。[8]

　つまり，トキワ荘は成功をつかむまでの経過点としてしか機能し得なくなっていた。この背後には，月刊誌から週刊誌へ，そして複数連載の掛け持ちの恒常化によって大量生産が求められるようになったことが大きい。四畳半のトキワ荘では，アシスタントを恒常的に抱えてかつ自らが生活するのは無理がある。マンガ家として成功し大量生産へ対応をするためには，トキワ荘を出ざるを得なかった。

　もちろん，トキワ荘グループの全員がマンガ家として成功した訳ではない。マンガ家として成功せずに，他の職業を目指し転居した者もいる。

　中西はライフコース分析の過程で，トキワ荘グループを〈人気作家となった人〉〈漫画プロダクションスタッフ，メンバーとなった（兼務した）人〉〈学年誌ジャンルに特化した人〉〈他の分野に進んだ人〉〈時代を拒否するか，受け入れられず，筆を折った人〉という5つに区分している。この区分が妥当であるかどうかに議論の余地はあるだろうが，現在一般にもマンガ家として名前が知られる藤子，石森，赤塚などの陰で，そうではない人も多くいるのは事実である。例えば，後にマンガ家として独立するが，赤塚のアシスタント（スタッフ）として長谷や横山は活動していた。また，鈴木や坂本はマンガからアニメーションへと軸足を移している。鈴木は横山隆一がアニメ制作のために設立したおとぎプロに入社するため1956年にトキワ荘から退出し，アニメーターとしてキャリアを重ねていく。

中西は〈時代を拒否するか，受け入れられず，筆を折った人〉として寺田と森安を挙げているが（中西 2010），寺田はトキワ荘を出てから『週刊少年サンデー』で「スポーツマン金太郎」を連載し人気を得るなど，一定の成功を収めたうえで引退している。森安は鈴木の部屋で同居生活を送り，鈴木退出後も残留したが1年程度しかトキワ荘にいなかった。退出後もマンガを描くものの，1960年頃にマンガ家を廃業しキャバレーの支配人として就職する。

　もちろん，入居時に前述のような基準で判断が行われていたとすれば，トキワ荘にはある程度の能力を有していたものが集まっていたことになる。ただし，月刊誌から週刊誌への移行と産業全体が変化の途上にあり，この頃は職業としてマンガ家の将来性も不透明であった。その中で，入居時に一定の能力を有していたとしても，マンガ家として成功する道が保証されていたわけではない。伊吹は，トキワ荘から多くの一流マンガ家が輩出されたのは「決して"偶然"などとはいえず，むしろ"必然"に近かった」と指摘するが（伊吹 2010：43），確かにトキワ荘の成功は偶然ではないにせよ，「一流マンガ家」になれなかったメンバーの存在を考慮すれば，それは必然とは言い難い。

新たな生産体制への適応
　彼らの後年の成功を決定したのは，マンガ産業の環境変化への適応であった。

> 週刊誌体制の波に乗れたマンガ家は，そうした情勢（引用者注：原作つきマンガによりマンガ家が絵描きになりつつある状況）を批判したり，反逆したりする時間的裕りもないままに，仕事の奴隷となった。乗れなかったマンガ家は——次々と消え去っていった。（石ノ森 1996：208-209）

この石森だけでなく中野も，マンガ産業の変革期において，その変化への適応がマンガ家としての生存を左右したと指摘している（中野 2004）。

　貸本による単行本市場が減少しマンガ発表の場がマンガ雑誌に集約された移行期にあったため，実際はトキワ荘の作家も雑誌だけでなく単行本でも作品を

発表していた。例えば，森安や赤塚は単行本に少女マンガを執筆して収入を得ていた。しかし，彼らは同時に雑誌でも少女マンガやカットの仕事をこなしていた(9)。また，トキワ荘の作家は『漫画少年』のバックボーンがあったこともあり，単行本を経由せずに雑誌でデビューする者もいた。その一例が，石森や藤子不二雄である。

　各作家の作品リストを検討すると，トキワ荘グループの作家は廃刊した『漫画少年』以外に『少女クラブ』『少年』『ぼくら』『漫画王』などの雑誌で作品を発表している(10)。その点では，貸本崩壊によって縁の薄い雑誌へ移動せざるを得ない状況に追い込まれた劇画工房グループに比べて，トキワ荘グループは有利な立場にいたことは確かである。

　劇画マンガ家とは異なり雑誌での活動の場を確保していたトキワ荘グループにおいて，1960年代以後もマンガ家として活動を続けられたか否かには，週刊ペースの大量生産やアシスタントによる生産体制への適応の問題があったと考えられる。

　実際に，寺田は週刊連載の「スポーツマン金太郎」で人気を博すが，他人との協働を嫌ったため，アシスタントを使わず一人でネーム，下書き，ペン入れ，背景，仕上げをこなしていた。アシスタントを導入したこともあったが，

　　僕の性格で他人に側にいられると気になってしようがないんですね。早く彼女（引用者注：アシスタント）の作業分を回さなくてはと思ってイライラしたりしてかえって能率が落ちるので，アシスタントに頼るのはあきらめました（梶井 1993：180）

と寺田は後年のインタビューで語っている。幸森によれば，寺田の仕事量はトキワ荘後の1963年において週刊連載が週10ページ程度に加え月刊誌2本が約40ページであり，週刊誌のための毎週の打ち合わせも踏まえるとこの分量の制作量を一人でこなすのはかなり困難を伴うとされている（幸森 2012：26）。その後，寺田は週刊誌に違和を唱えて遠ざかり，学年誌を中心とした活動を続

けるが，1973 年頃にはマンガ家としての活動を停止する。

　また，森安もアシスタントによる制作環境に適応できなかった。森安は，月産 40～50 枚描くのが精一杯であり，120～130 ページの単行本を 2 ヶ月半程度で仕上げていた。何よりペンで下書きするという独特の執筆方法に加え，手塚の影響が強い他のトキワ荘作家と絵柄が異なっていたため，たまに安孫子素雄が手伝う程度で，仕事の互助の効果も薄かった。

　さらに，編集者が手塚風のマンガを描くよう勧めても，それを拒否し我流を貫き 1957 年以後，雑誌からの依頼が次第に減少した。もっとも，森安の場合，『少年クラブ』などの雑誌から原稿依頼もあったが，締切破りを重ねたことで雑誌編集者から見放されたことも大きいと思われる（伊吹 2010）。性格的なものも多分にあるとはいえ，森安は，制作技法上も，アシスタントの助力が得られず月刊や週刊の定められた締切に合わせられないことや，時流に合ったマンガを拒否したことで，雑誌での発表の道が断たれた。

　トキワ荘に居住していたためか雑誌での仕事のチャンスもあったが，寺田や森安は新しいマンガ産業に対応できなかった。二人ともマンガ作品・作風の問題も大きいが，その背後で週刊の締切やアシスタントを活用した生産体制への不適応も大きな要因と考えられる。

スタジオゼロでの再結集

　トキワ荘からマンガ家として巣立った者は，仕事場を移転し，アシスタントを利用したプロダクション制へとマンガ生産の組織を移行させていく。しかし，1961 年に赤塚，藤子，石森と次々にトキワ荘から仕事場を移していく中で，離散したトキワ荘の作家が集合しプロダクションが結成された。それがスタジオゼロである。

　スタジオゼロは，鈴木伸一，藤子不二雄（両名），つのだじろう，石森章太郎の出資によって 1963 年に設立された（後に赤塚不二夫も資本参加）。石森は，皆で会社設立した動機を「トキワ荘時代の連帯感を，みんなで何か一ツの同じことをすることによって味わいたい」からであるとし，トキワ荘への郷愁があ

ったと述べている（石ノ森 1996：236）。一般的にスタジオゼロはアニメプロダクションというイメージがあり，石森が「会社ごっこ」と述べるなど，参加メンバーの回顧もトキワ荘程に肯定的に描かれることは少ない。確かにアニメプロダクションとしては規模を維持しての活動はできなかったが，その一方で雑誌部の活動は一定の評価が可能であろう。

同社はアニメ制作部門である動画部と並行して，マンガ家の仕事場を集めた雑誌部を擁していた。これは，トキワ荘時代のようにマンガ作品を複数人で制作したり，個別の作品を生産しながらお互いに助け合う互助組織として機能した。そこから生まれた作品としては，石森，鈴木，つのだの協力を得て藤子不二雄が執筆した「オバケのQ太郎」がある。

合作の相乗効果に加えて，同社オフィスには藤子不二雄，赤塚不二夫，つのだじろうの仕事場が同居しており，それぞれのプロダクションに対して共同オフィスを提供していたことになる。同社には，長谷や横山などトキワ荘時代からの仲間もアシスタントとして出入りしていた。寺田や手塚などスタジオゼロと距離をとる作家もいるが，スタジオゼロの入居していた市川ビルはトキワ荘から居住機能を取り除き仕事場として特化した場であったといえる。

しかし，1969年には鈴木以外の出資者が離れ，スタジオゼロは鈴木の個人事務所として活動を縮小する。その理由は，藤子不二雄のアニメシリーズが終了し，80人まで膨れ上がったスタッフの人件費を支えるだけの安定した仕事を確保できず，社員数を減少させる必要があったからである。なお，いくつかの文献で確認できる解散の理由はアニメプロダクションとしての規模縮小であり，雑誌部についての理由は判然としない。

> スタジオゼロを作ったころはみんなで企画を考え，ストーリーを練り，キャラクター設定を描いた。合宿もたびたびしたし，それが楽しかった。
> 藤子やつのだは今も市川ビルの三階にいるものの，石森は桜台に仕事場を構え，赤塚も離れている。この間，石森と安孫子は結婚もし，家庭もある。かつてのように毎日集まって企画会議をする時間など取れっこなかっ

た。

　なにより全員が売れっ子マンガ家になっていた。七年前とは状況が一変しているのだ。(幸森 2012：173-174)

この記述からは，個々人でアシスタントを抱えているマンガ家がマンガを合作したり，アニメ制作に関与することが無理になっていたと考えるべきであろう。

　鈴木以外の出資者に資本金を返却し会社は清算されずに規模を縮小し存続するが，市川ビルには縮小決定後も各マンガ家の仕事場は残されていた。その後，藤子らも仕事場を別の場所へと移動していくが，その理由は不明である。結果をみれば，スタジオゼロの解消後は同居していたプロダクションも離散し，「トキワ荘感覚」的なものは再生，維持されることはなかったのである。

6　ポストトキワ荘におけるマンガ生産の産業化

マンガ生産量の増大

　前節では，トキワ荘退去後のトキワ荘マンガ家の動向についてみてきたが，最後にトキワ荘時代の後（1961年以後）のマンガ産業（主に男性向け）の動向を考察し，トキワ荘との比較を試みたい。

　マンガ家，マンガの生産現場の変化は，これまで幾度も指摘してきたように，アシスタント，そしてそれを発展させたプロダクション制の浸透である。若手マンガ家が，他の作家の為にアシスタントないしはプロダクション社員として働き生活の糧を得るというキャリアが誕生した。複数人による生産体制を敷くことによりマンガ原稿の生産量は増大したが，それは当然，出版社からの発注量が増加したことによる。

　少年誌が月刊誌から週刊誌へと移行し執筆ペースが早まっただけなく，小説やグラビア記事も掲載されていた少年誌の中でマンガのページ比率が上昇していった。1968年に創刊した『少年ジャンプ』は，「他の週刊誌が，特集やスポーツ記事に四分の一程度を割いているページも，『少年ジャンプ』はマンガに

使う」という新しい編集方針を打ち出した（西村 1994：68）。それが，現在のようなマンガ雑誌という形態として定着する。さらに，拡大した読者層に合わせ『週刊漫画アクション』『ヤングコミック』『プレイコミック』『ビッグコミック』など青年マンガ誌が1967〜68年に創刊し，マンガ誌も増加していった。

マンガ生産への編集者の関与増加

　このような発表媒体の増加に加えて，出版社，編集者とマンガ家との関係性にも変化が生じてくる。マンガ生産の現場への出版社の編集者（編集部）の関与が強くなっていくのである。

　マンガ週刊誌の初期では，『週刊少年マガジン』において編集部の関与が強化された。作家不足に悩んだ同誌は，劇画作家の導入と同時に原作者を積極的に活用した。ストーリーの考案に時間がかかるマンガ家も多く，週刊ペースの生産を可能とするために，マンガ家がすべてを作業するのではなく，ストーリーを原作者に担当させる原作・作画分離方式を採用した。それは，編集者が企画を立て，原作者とマンガ家を人選し，マンガ制作を進めていく編集部主導のプロデュース方式である（大野 2009）。その結果，マンガ家の負担は減少したが，マンガ家が作品すべてをコントロールすることは不可能となった。

　その後の少年マンガにおいて中心的な役割を演じる『少年ジャンプ』は1968年に隔週刊で創刊し，翌年には週刊へと移行する。後に編集長も務めた西村によれば，同誌は創刊時より新人発掘の重視と新人賞，アンケートの重視，専属契約などの特徴を有していた。少年誌で初めてマンガ新人賞を開催し，編集部への持ち込みに加えて新人賞という新たなデビューの筋道を提示した。さらに，本宮ひろ志から始まった専属契約制は，一定の契約期間中は他誌への執筆や交渉などの接触を禁じるものであり，当然，契約期間中はその雑誌の影響を強く受けることになる。また，アンケート至上主義の編集方針により，アンケート下位作品は連載を中止される一方，上位作品はマンガ家が終了を希望しても連載継続が強要された（西村 1994）。ジャンプ生粋の新人作家は新人賞で編集者に目をつけられ専属契約を結び，連載を獲得しても作品終了についてマ

ンガ家に決定権はない。『少年ジャンプ』のシステムは，マンガ家に対する編集部からの関与を強化するものであろう。

このように，マンガ制作がマンガ家一人で行うものからアシスタント，原作者などの分業制となり，そこに企画者として編集者の関与も増加する。また，新人賞により，デビュー以前の若手マンガ家に対して編集部からの指導が行われ，アシスタント先の紹介などにより，編集部は新人育成において指導的立場となった。さらに，専属契約により他の雑誌との関係性を絶つことによって，新人賞（ないしは持ち込み）からアシスタント，デビュー後までをひとつの編集部が面倒を見ることになる。

> 出版社は自社と契約したマンガ家が，他のマンガ家や編集者と会うことを嫌がる。そのため，若手の多くは担当編集者やアシスタント以外の人間とはほとんど交わりのないまま，マンガを描き続けることになる。（中野 2004：235）

中野が述べたように，出版社はマンガ家が他の雑誌の同業者との接触を避けようとし，自分の雑誌内に囲い込みを図った。いわば，雑誌という組織を超えた非公式なつながり「ギョーカイ」を忌避し，出版社・編集部がコントロール可能な公式なネットワークを強化する方向にマンガ業界は進んだのである。

プロダクション制とコスト

先に述べたように，トキワ荘の時代からアシスタント制の萌芽があり，その後アシスタントを恒常的に雇用し，組織的な集団生産体制をとるプロダクション制へと移行する。

現在では，ストーリーとネーム（セリフやコマ割りの構成図）をマンガ家が行い，その後は，メインキャラクターをマンガ家本人が，サブキャラクターや背景，ベタ塗やトーン貼りをアシスタントが行う分業体制がとられていることが多い。マンガ家やマネージャーはその進行やクオリティの管理を行うことが重

要になっている（中野 2004：85）。

その嚆矢は，トキワ荘時代にまでさかのぼり，さいとうたかをや手塚治虫，赤塚不二夫などである。高井研一郎は赤塚のプロダクション制について以下のように語っている。

> いわば彼（引用者注：赤塚不二夫）はシナリオ作家で，それぞれの持ち場にスタッフがいて，制作は合議制。そういったシステムをとらないと，当時の仕事量を週間ペースでこなすのは無理だった。やっと描き終ったと思ったら，すぐ次の週の仕事が控えているんだから。（山内 2011：205-206）

週間ペースで大量の原稿生産を行うためには，集団制作が必要とされた。スタジオゼロ前後の最盛期において，赤塚は週刊誌5本，月刊誌7本の連載を12人のアシスタントを動員して処理していた（赤塚 2011：157）。赤塚のようにそれぞれ担当を決めた分業制もあれば，シナリオから作画までマンガ家が行い，アシスタントは背景などの処理を中心に行う補助的な場合もある。その形態はさまざまだが，プロダクション制によってアシスタントへの報酬というコストが発生するようになった。

幸森は，1963年のスタジオゼロの設立にあたり，その前年に「おそ松くん」がヒットし人気作家となっていた赤塚は台所事情が苦しかったとしている。

> 寺田と違って，スタッフもアシスタントもいたため，自室とは別に仕事場を借りており，原稿料収入だけで人件費や作画経費を賄うのはかなり厳しい台所事情だったのだ。この時代にマンガ単行本の発行はほとんどなく，多くのマンガ家に印税収入はなかった。（幸森 2012：28）

仕事量の増加がそのまま経済的な余裕につながるとは限らない。むしろ大量生産に対応するためのプロダクション制が，マンガ家にとってコスト増となり負担となってくるのである。

なお,「新書版単行本が出て,マンガの単行本化がようやく盛んになるのは,六〇年代も後半になってからであり,販売額全体に影響を持ちはじめるのは,七〇年代半ばからである。この時初めて,雑誌を出している出版社が単行本を出すのが一般化する」(中野 2004：213-214)。1970年代以後,マンガ家は原稿執筆をして雑誌掲載時に原稿料を,単行本発行時に再度その出版に関する著作権利用料(印税)をもらうようになった。

　事業主としてのコスト負担の問題は現在でも続いている。佐藤秀峰が『漫画貧乏』でテーマとしたように,マンガを描けば描くほど貧乏になると揶揄される事態も発生している。現在では,単行本の収入により雑誌原稿料の不足分を補てんすることが前提となっている。単行本の印税は発行部数に比例するため,ヒット作であれば作家に膨大な収入をもたらすが,部数の少ないマンガ家では限定的である。雑誌の原稿料だけでは赤字で,週刊連載のための長時間労働をしても平均的なマンガ家ではコンビニバイトと同程度の収入にしかならないという指摘は,マンガ制作におけるコストの問題を浮き彫りにしている(佐藤2012)。

　単行本収入が期待できる一部の作家を除いて,マンガ家もプロダクション経営のコストに圧迫される。アシスタントが通う仕事場を用意しても,多くのマンガ家にはそこに住居機能を持たせるような余裕はない。そして,新人発掘や育成プロセスへの編集者の関与が強まったことで,セミプロの読者同士が集まりサークルを形成し,それが共同生活へと発展するようなことは考えにくくなった。マンガ家志望者にとっても,仲間同士で共同体を形成するよりも,新人賞や編集部への持ち込みから,編集者の指導・指示のもとでアシスタントをこなして,独り立ちの機会を探るというすでに確立されたキャリアコースを選択する方が合理的となった。

地理的近接性と職住分離

　ただし,トキワ荘でメリットとされていた地理的な近接性が否定されたわけではない。西村は,1968年に本宮ひろ志が連載開始するにあたってのエピソ

ードを紹介している。

> 連載が決定し，ともかく誰かに手伝ってもらわないと仕事にならないことが，はっきりした時点で，本宮は国分寺近くに引っ越すことに決めた。実家のある新小岩では，誰か手伝いに来てもらうのに不便だったからである。
> （西村 1994：122）

　当時，西武線沿線には石森章太郎や白土三平，手塚治虫，ちばてつや，松本零士などが暮らしており，国分寺周辺にも水島新司，矢代まさこなどがいた。本宮の友人であった山本まさはるが矢代まさこの夫であったこともあってか，本宮はアシスタントを確保するために国分寺へと転居した。つまり，同居は必要なくとも，ある程度の地理的な近接性が必要とされた。アシスタントのなり手が限られていた時代では，トキワ荘後もアシスタント確保のための集積がマンガ家たちによって選択されていたのである。

　時代が下った 1990 年代においても，キンセラは東京中心のマンガ産業を描写し，都心部に位置する出版社に対して，中央線沿線や西武線沿線という東京西部へのマンガ家の集積について記述している（Kinsella 2000）。この傾向は長期にわたり維持されていた。もっとも，今日ではマンガ家の数も多く，地方在住での制作も行われている。例えば，島本和彦は北海道に，鳥山明は愛知に仕事場を設けている。(12)

　なお，隣接領域であるアニメに関しても，地理的な産業集積が指摘されている。半澤は，アニメ企業の西武線および中央線沿線への産業集積を指摘している。数多くの制作会社が垂直分業を取るアニメ産業では，物流コストやコミュニケーションのメリットから地理的近接性が重視される。半澤は該当地域へ集積した理由を東映動画と虫プロダクションという大手企業が立地していたため，その下請が集積したためとした（半澤 2001）。(13)

　原はアニメ業界について，仕事の仕方が企業間で共有され「仕事の融通が行われていて，コミュニティ的性格を持ち，アニメ産業全体が一つの『会社』の

ようになっている」と指摘する（原 2005：82）。この記述は河尻の指摘にも近く，本章で見てきたトキワ荘を象徴するようにも思われる。トキワ荘においては，仕事が融通されアシスタントによる補完やアイデアの共有も行われ，公私にわたる濃密なコミュニケーションがあった。しかし，そのトキワ荘を会社化したスタジオゼロは維持されなかった。その原因はアニメ制作部門であったが（皮肉なことに，スタジオゼロの時代はアニメ産業の垂直分業化の起こる以前であり，近接性やコミュニケーションが有効に機能しなかった），マンガ制作部門も，そのメリットは享受されずマンガ家が個別に制作をするようになった。

その後のマンガ産業で地理的な集積が見られたとはいえ，アニメのようにその地域のマンガ家がひとつの集団となって生産体制を築くようにはならなかった。なぜなら，プロダクション制によって企業化が進行したが，アニメのような垂直分業による分化ではなく，中心となるマンガ家にアシスタントが集う形となったため，プロダクション同士の協働は必要とされない。さらに，法人化したとはいえ，マンガ家が親方的な役割を負う半ば個人事業であり，その存続や拡大を目的とする一般的な法人組織とは大きく性格が異なる。佐藤は「漫画家の場合，連載開始と共に作画スタッフを募り，終了と共に解散するという人が，大半を占め」るとしている（佐藤 2012：137）。つまり，マンガの生産組織は，永続性を必要とはしない，テンポラリーなプロジェクト型の組織である。[14] そのようなテンポラリーな組織は，アシスタントの紹介などを行う編集部や編集者，マンガ家，アシスタントらのネットワークにより，支えられている。

さいとうプロダクションなどの例外を除いて，日本では，ひとつのスタジオに複数作家が所属し協働したり，複数作品を同時に制作することも少ない。マンガ家が「作家」とみなされていることにも象徴されようが，マンガ家の元にアシスタントや原作者，進行管理などのマネージャーが集う組織は，親方ありき，または作品ありきのプロジェクト型である。マンガ家が交代しても企業として存続できるようなスタジオは稀であり，属人的な側面の強いマンガ制作の企業化・産業化は，中途半端な形で終わったのである。

そのような生産組織の変化の中で，マンガ家のキャリアコースも変化した。

トキワ荘以前の徒弟制では，大御所作家に私淑し，認められることで仕事先を紹介されデビューしていった（中野 2004）。いわば縦のマンガ家のネットワークによって，マンガ家が育成されていた。トキワ荘時代には，徒弟制に頼らずに，『漫画少年』の読者投稿に端を発するマンガ家（予備軍）同士のネットワークが有効に機能したことで，新しい作家が誕生した。

トキワ荘後は，アシスタントによって生活を維持しながら独り立ちの機会を探るようになったが，新人賞や持ち込みなどによる編集部主導の新人育成も制度化され，アシスタントの紹介も行う出版社編集部の関与が増大した。地理的近接性によってプロジェクト型の生産プロダクションを組織しやすくするために，マンガ家やアシスタントは一定の地域への集中傾向も見せた。一方で，出版社編集部のマンガ制作への関与が強化されたことで，マンガ家同士のネットワークから編集部を経由したネットワークへと変質したのである。編集部・雑誌という枠をベースにネットワークが形成され，出版社外ではあるがマンガ家を編集部の管理下にある制作組織とみなせば，組織を超えたインフォーマルなネットワークではなく，アシスタントも含めオフィシャルな関係性がマンガ生産の中心となった。

プロジェクト型の生産組織としてプロダクション制が成立し，マンガ家の集積は，経済地理学で議論されるような関連産業を含んだ集積では無く，マンガ家とそのアシスタントのみが集積する形となった。「一ツ橋」や「音羽」に代表される出版社は都心部にあり，マンガ家との近接性は重視されていない[15]。だが，マンガ家にとって発注主である出版社が，アシスタントなどの人的ネットワークに関与するようになった。

7 変革期における過程としてのトキワ荘

環境変化への生産者の適応をイノベーションとするならば，トキワ荘はイノベーションを生む場といえるかもしれない。河尻らは市場動向，産業構造，個人的動機によるマンガ家と編集者の合理的な意思決定の結果としてトキワ荘が

形成されたとし，マンガ家や編集者の綿密なコミュニケーションが有効に働いたと指摘する。そして，トキワ荘は解体後もシステムロールモデルとして後年のプロダクション制へと受け継がれていったとした（河尻ほか 2007）。

　前にみたようなトキワ荘でのコミュニケーション・協働が，環境変化への適応をしやすくしたことは想像に難くない。しかし，当時からマンガ家による互助は他でも行われており，トキワ荘がプロダクション制の基礎となったとは判断し難い。そもそも，後のプロダクション制は職住一体ではなく，マンガ家と，報酬を得てマンガ家を手伝うアシスタントを組み合わせた生産組織を作り上げた。それはトキワ荘時代のマンガ家の互助とは性格を異にするものである。

　確かに，トキワ荘ではマンガたちは合理的な判断のうえで集積が実現した。『漫画少年』のネットワークをベースとしており，仲間と共同生活をすることによる精神的メリットや，仕事の共有などマンガ生産の側面でのメリットもある。編集者の利便性に端を発していたが，集積のメリットはマンガ家による自発的なものとして拡大していった。寺田がトキワ荘にマンガ家を集めようとし，入居に際して一定の審査が行われていた点も，トキワ荘への集積は偶然ではなく，背後に合理的な判断があったといえる。さらに，居住者以外にも，通い組と呼ばれるマンガ家が出入りし，トキワ荘グループが形成された。

　そのネットワークは，『漫画少年』の投稿欄から発展したものであり，いわば作家予備軍の同人（サークル）の延長線上にあった。居住者に関して言えば，トキワ荘で新規に生じた関係性は少なく，地方に分散していた同人が出版社のある東京のアパートに凝集したと考えるのが適当である。仲間が集まることで濃密なコミュニケーションが可能となり，マンガの生産面でもメリットが生まれた。新人育成の面では，従来の徒弟制によらずに，互助により収入の不安定さをカバーすることで新人時代を乗り切った。

　もっとも，当時進行していたマンガの大量生産化に対して，四畳半のトキワ荘では対応しきれなかった。トキワ荘が生産面において有利に働いたのは，月刊誌から週刊誌へと移行する一時期であった。原則的に一人で描くが緊急時に手伝いが必要な時には，仲間が同じ場所にいることでアシスタントが確保でき

ない事態を回避し，安定的な生産が可能となった。プライベートでも濃密なコミュニケーションを取ることで，その制作時のコミュニケーションコストも低減されたであろう。しかし，週刊誌時代となり，また作家が複数連載を抱えるようになると，恒常的なアシスタントが必要となる。若手マンガ家相互の手伝いからプロダクション制となり，アシスタントが職種として確立し，同居生活は行われなくなった。つまり，マンガの産業化の過程において，その変化に対応する移行期の過渡的なマンガ生産共同体の形態としてトキワ荘は有効に機能したのである。

　その後，マンガ業界のさらなる産業化により月産ページ数が増加し，また専属契約制など編集部の関与が強化され，トキワ荘時代のように複数のライバル誌に同時連載を持つことは稀になった。『漫画少年』の影響が強かったとはいえ，トキワ荘には多くの編集者が出入りしており，マンガ家たちもさまざまな雑誌編集部との付き合いがあった。時代が下ると出版社は雑誌という組織を超えた非公式なネットワークを嫌う傾向をみせ，かつてのような状況はもはや実現しにくい。

　ただし，地理的近接性はその後もマンガ業界で有利に働いた。トキワ荘時代にも，本郷グループや劇画工房などマンガ家が近くに居住する事例があるが，その傾向はその後も維持された。アニメにおいても同種の傾向がみられることから，アニメ・マンガといった人的な能力が重要で，かつ労働集約的な領域においては，職住一体とまではいかずとも，ある程度の地理的近接性が求められている。この点については，アニメとの関連なども踏まえ，さらなる研究が必要だろう。本章でも取り上げたスタジオゼロが初期のプロダクションとして重要な位置を占めている可能性があるが，この点についてはさらなる研究を待ちたいと思う。

注
(1) なお，この藤子の受注量は当時としては過大な分量である。この時に藤子らが原稿を落とすという事件を起こすが，そのあと寺田ヒロオがこの分量を聞いて肝を冷

(2) やしたと聞かされたことから，二人組とはいえ通常では考えられない分量であったことが推察される。
(2) 大差ないのは移行期にあるトキワ荘の時代に限定したからである。その後，週刊の連載ページ数が15〜20ページ程度に増加しており，50年代の月刊誌と60年代後半の週刊誌を比べると，執筆の手間は週刊化により増えたといえる。
(3) もっとも，つのだは当初自分が批判した映画などの雑談もマンガ制作に生かせる勉強だと納得し，考えを変えている。
(4) 赤塚は当時の月収は大卒初任給の半分程度の7000円くらいしかなかったと述懐している。なお，トキワ荘一部屋の家賃は月額3000円であり，それを除くと4000円しか残らない（赤塚 2011）。もっとも，石森は赤塚に給与として金銭を渡してはおらず，職業としてのアシスタントとは様相が異なる。
(5) 理論的背景については山本健兒『産業集積の経済地理学』（山本 2005）の「第9章　知識創造と産業集積」などを参照。
(6) ただし，手塚によれば，最初にトキワ荘をみつけてきたのは学童社の編集者の高橋であるとされている（手塚& 13人 1995）。どちらが紹介者であるのか真偽は不明だが，どちらにせよ『漫画少年』の直接的な関与により，マンガ家が集う発端が作られた。
(7) なお，赤塚は「そんな投稿仲間たちの夢は，一度でいいからトキワ荘に近づきたいってこと。手塚治虫先生がトキワ荘というアパートに住んでいるというので，そこは一種の聖地だったのだ」と回想しており，『漫画少年』読者にはトキワ荘の存在が知られており憧れではあった（赤塚 2011：36）。実際に，手塚に会いにトキワ荘を訪れたことを記したマンガ家の資料も多い。ただし，手塚は1954年に転居しており，高井が語ったようにその後入居や出入りしたマンガ家は，手塚への憧れよりも手塚以後に集まってきた投稿仲間がインセンティブになっていたと考えられる。
(8) 河尻らは，トキワ荘入居理由のひとつを財政上の理由とし，生活水準の向上によりトキワ荘を離れたとする。しかし，石森がより安い下宿から引っ越してきたようにトキワ荘の家賃（3000円）は相場の最低とは言い難く，各人のライフコースを検討すれば単に所得の上昇からトキワ荘を離れたのでなく，後に検討するような生産体制の変化が影響を与えていると考えるのが自然である。
(9) 赤塚は，雑誌では評価されず単行本の仕事ばかりで，石森などに対して後れを取っていたと述べているが，作品リストをみると少年誌でのマンガ掲載以前に，少女誌では多くの仕事をこなしていたことがわかる（赤塚 2011，豊島区郷土資料館・手塚プロダクション編 2009）
(10) トキワ荘作家の作品リストに関しては，企画展のカタログ（豊島区郷土資料館・手塚プロダクション編 2009）や評伝（伊吹 2010）などを参照。
(11) 関与の強化の指摘のみにとどめ，本章では編者者とマンガ家の関係性についての

⑿　通信技術や交通の発達により，東京の一部に集積する傾向は緩和されつつある。ただし，地方在住と中央在住によって，生産効率や成功がいかに左右されるかは未知数である。また，地方制作については月刊誌の事例も多く，マンガ生産と地理的近接性の関係についてはさらなる研究が必要だろう。

⒀　歴史的経緯を踏まえれば，手塚治虫や松本零士をはじめアニメ業界とマンガ業界の人的重なりもあり，その集積地域の一致は当然の結果といえるかもしれない。

⒁　マンガに限らずコンテンツ産業ではプロジェクト型の一時的組織が活用されている。海外での研究事例としては，*Regional Studies* vol. 36.3 の特集 "Production in Projects : Economic Geographies of Temporary Collaboraion" に収められた雑誌出版を対象とした Carol Ekinsmyth や広告業界における Gernot Grabher による論考などを参照。

⒂　国分寺も東京圏であり，東京への地理的集積がされているとも言えるが，出版業の集中に結びつく大きな問題のため，本章では検討しない。

文献

赤塚不二夫，2011，『赤塚不二夫120％』小学館。
藤子不二雄A，1996，『トキワ荘青春日記』光文社。
半澤誠司，2001，「東京におけるアニメーション産業集積の構造と変容」『経済地理学年報』47-4。
原真志，2005，「グローバル競争時代における日本のデジタルコンテンツ産業集積の競争優位とイノベーションの方向性」『経済地理学年報』51-4。
伊吹隼人，2010，『「トキワ荘」無頼派――漫画家森安なおや伝』社会評論社。
石ノ森章太郎，1996，『章説・トキワ荘・春』風塵社。
石渡雄介，2006，「サブカルチャーによる脱テリトリー空間の生成とその意味づけ――宇田川町におけるクラブカルチャーのスポットとネットワーク」広田康生・町村敦志・田嶋淳子・渡戸一郎編『先端都市社会学の地平』ハーベスト社。
梶井純，1993，『トキワ荘の時代』筑摩書房。
加藤丈夫，2002，『「漫画少年」物語――編集者・加藤謙一伝』都市出版。
河尻耕太郎・前田征児・竹内寛爾・金間大介，2007，「日本漫画産業の特異点『ときわ荘』における事例分析――コンテンツ産業における人材集積拠点形成メカニズムへの示唆（人材問題(3)，一般講演，第22回年次学術大会）」『年次学術大会講演要旨集』22：1144-1147。
Kinsella, Sharon, 2000, *Adult Manga*, University of Hawaii Press.
幸森軍也，2012，『ゼロの肖像――「トキワ荘」から生まれたアニメ会社の物語』講

談社。
増淵敏之，2012，『裏路地が文化を生む！──細路地とその界隈の変容』青弓社。
中西茂行，2001，「『大衆文化としてのマンガ』成立の歴史社会的背景」『金沢学院大学文学部紀要』6：1-19。
中西茂行，2009-2011，「世代とライフコースから見たマンガ文化成立の意義」（上・中・下）『金沢学院大学紀要　文学・美術・社会学編』7・8・9。
中野晴行，2004，『マンガ産業論』筑摩書房。
西村繁男，1994，『さらば　わが青春の「少年ジャンプ」』飛鳥新社。
大野茂，2009，『サンデーとマガジン──創刊と死闘の 15 年』光文社。
雑賀忠宏，2009，「マンガ生産の文化──社会的関係としてのマンガ生産が孕む『過剰さ』の意味」大野道邦・小川伸彦編著『文化の社会学──記憶・メディア・身体』文理閣：185-202。
佐藤郁也，1999，『現代演劇のフィールドワーク──芸術生産の文化社会学』東京大学出版会。
佐藤郁也・芳賀学・山田真茂留，2011，『本を生み出す力』新曜社。
佐藤秀峰，2012，『漫画貧乏』PHP 研究所。
柴野京子，2007，「赤本の近代──その流通変容と日本の出版市場形成」『出版研究』38。
寺田ヒロオ編，1981，『漫画少年史』湘南出版社。
手塚治虫＆13 人，1995，『トキワ荘青春物語　文庫版』蝸牛社。
豊島区郷土資料館・手塚プロダクション編，2009，『トキワ荘のヒーローたち──マンガにかけた青春』豊島区。
山本健兒，2005，『産業集積の経済地理学』法政大学出版局。
山内ジョージ，2011，『トキワ荘最後の住人の記録──若きマンガ家たちの青春物語』東京書籍。

第2章
日本におけるPCノベルゲームの産業構造

小山友介・七邊信重・中村仁

1　ゲーム産業内でのPCパッケージゲームの特徴と位置付け

　日本のPCパッケージゲーム市場（非ネット）は，国内ゲーム産業の発展プロセスの特殊性（小山 2006）も相まって，世界的に見てかなり特殊な市場を形成している。加えて，内容の特殊性から，日本のコンテンツ産業の中でも特殊な地位を占めている。具体的には以下のとおりである。

1. （ネットゲームのスタートキットなども含めた）PCパッケージゲームの市場規模が424億円(1)（2008年）あるうち，R18ゲーム(2)が約300億円を占める(3)。
2. R18ゲームの中でも「ノベルゲーム」と呼ばれるジャンルのゲームが大半を占める。
3. PCノベルゲームは非商業・同人（自主制作）でゲーム開発をしている人々をコンテンツ産業に取り込む入り口として起動するだけでなく，他のコンテンツ産業のさまざまな領域へと人材を供給する「人材プール」としての役割も持つ。

　PCパッケージゲームは市場規模としては家庭用ゲーム機向けゲームの10分の1程度しかないが，年間数百の新作ノベルゲームが生まれてくる。市場に登場するタイトルからは，家庭用ゲーム機に移植される作品や，マンガ化，小

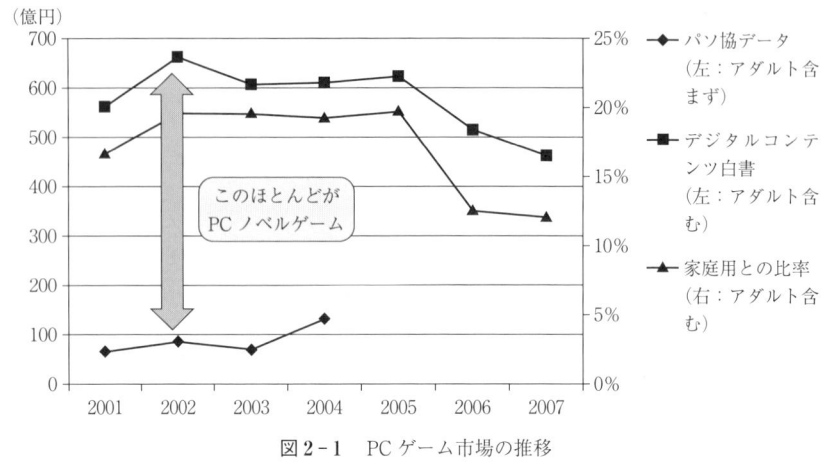

図2-1 PCゲーム市場の推移
出所：旧パソ協資料・デジタルコンテンツ白書2008

説化，TVアニメ化さらには劇場アニメ化された作品も生まれている。加えて，シナリオ担当者が小説家（主にライトノベル作家）としてデビューする，イラストレーターが商業ポスターやライトノベルの挿絵を担当するなど，「より多くの人に触れるメジャーなメディア／ビジネスユニットが大規模なメディア」に作品や人材を供給する「上流」としての機能（出口・田中・小山 2008）を持っている。

そのため，PCゲーム産業（特にその中で中心となっているノベルゲーム開発）は日本のコンテンツ産業内で重要な位置を占めているが，その全体像については，七邊（2010）を除くと研究がほとんど無い。本章では，現在の日本PCゲーム産業の中心を占めるノベルゲームが実際に生み出されているプロセスおよびビジネスモデルについて議論する。

2 ノベルゲーム制作への参入ルートと業界的地位

ノベルゲーム制作への参入ルートは大きく分けるとふたつである。ひとつは家庭用ゲーム（コンシューマー）開発者が知り合いの開発者を誘ってノベルゲー

第**2**章　日本におけるPCノベルゲームの産業構造

```
┌──────────────┐
│  コンシューマー  │
└──────┬───────┘
       │「コンシューマーくずれ」
       ▼
┌──────────────┐
│  PCノベルゲーム │
└──────▲───────┘
       │「同人上がり」
       │
┌──────┴───────┐
│  PC同人ゲーム  │
└──────────────┘
```

図2-2　PCノベルゲームへの参入ルートと業界内序列

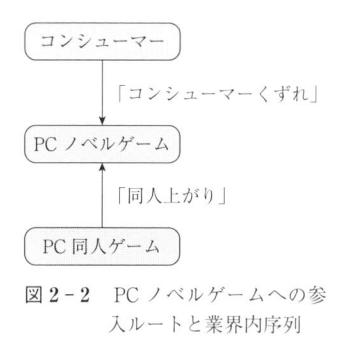

ム開発に参入するケースで,「コンシューマーくずれ」と呼ばれる。もうひとつは,同人ゲームとしてヒット作を出したアマチュア開発者たち(サークル)が参入してくるケースで,このケースには「同人上がり」と呼ばれる。この表現から,ゲーム開発者が無意識に持っている「家庭用ゲーム,PCでのノベルゲーム,同人ゲームの間での業界内序列」がわかる(図2-2)。

　家庭用ゲーム開発者からのノベルゲーム制作への参入(コンシューマーくずれ)は,『To Heart』(1997年,Leaf)によって市場が確立した1990年代後半のノベルゲームの初期ブーム(ノベルゲームバブル)の時期に多かった。この頃は市場として黎明期にあり,ゲームエンジンなどの整備もまだ不十分であったため,ある程度ゲーム制作に長けた人以外の参入が難しかったからである。

　一方,現在主流となっている「同人上がり」の参入ルートが確立したのは21世紀になってからである。『To Heart』『Kanon』(1999年,Key)の大ヒットに触発されてノベルゲームを作る同人サークルが多数誕生し,その中でいくつかのサークルが商業へと進出した。[5]

　「同人上がり」が続出した理由は,「同人ゲームの投下労働量と収入が極端にアンバランスで,趣味・楽しみが主動機のアマチュア活動では継続的にゲーム制作をするのは困難」と感じたサークルが多いためである。[6]

　現在では発売されるタイトル数が多く,市場での競争が非常に厳しいこともあり,コンシューマーからPCノベルゲームへと参入するケースはほとんどな

い。同人で販売実績を上げたサークルが商業へと参入するケースが大半である。

3　ノベルゲームとは

　以下，ノベルゲームについて基本的な特徴を述べ，他のゲームジャンルとの違い，他メディア作品との違いを議論する。

ノベルゲームの構成要素とボリューム
　七邊信重は，ノベルゲームを構成する要素として次の7点を挙げている（七邊 2007）。

① CG上，もしくは画面下ウィンドウに表示される文章
② フル画面サイズのCG
③ キャラクターの立ち絵
④ キャラクターの心情や物語の展開に合わせたBGMや効果音
⑤ 画面エフェクト
⑥ 提示される選択肢からキャラクターの行動を選ぶことで，物語が枝分かれするマルチシナリオ
⑦ それへの入力により物語が進行するインターフェイス

　ノベルゲームは，コンピュータゲームのジャンルでは広義のアドベンチャーゲームに分類される。一般のアドベンチャーゲームがゲーム中の各場面で頻繁にコマンドを選択し，「謎を解く」「冒険を進める」ことがゲームの面白さのコアである。アドベンチャーゲームに多い探偵・推理タイプのゲームでは，犯行現場を虫眼鏡で丹念に調査して証拠を見つけたり，秘密の扉の鍵を開けるギミックをクリアしたりと，プレイ中に遭遇するさまざまな局面でのゲーム的な面白さが強調される。一方，ノベルゲームはプレイ中は物語を読むことが主なプレイ内容となり，ゲーム中に選択する回数はかなり少ない。極端な場合には選

択が数回やゼロのことすらある．ゲーム性の追求ではなく，選択によって分岐するストーリーを鑑賞する側面が強い．

　端的に言えば，「選択肢によって複数に分岐する，挿絵と音響効果がある（マルチメディア）小説」とでも言うべきものがノベルゲームである．ゲームと呼べるか疑問視する声もあるが，コンピュータゲームの表現のひとつとして生まれたこと，自分でボタンを押すことで文章が数行進むと言うミニマムのインタラクティブ性があることが，「ゲーム」であることを主張（もしくは保証）している．

　1本のノベルゲームのボリュームは作品差が大きいが，定価8800円（いわゆるフルプライス）の標準的なタイトルの場合，シナリオは1.5MB～2MB（約100万字程度），CGがベースとなる1枚絵が数十枚（表現上の差分を合せると，絵の種類としてはその2～3倍程度）[7]となる．絵と小説の組み合わせであるライトノベルが1冊で文字が300KB程度，挿絵がカラー4～6ページ，モノクロ7～8ページ程度であることを考えると，ノベルゲームはライトノベル7冊程度のボリュームとなっている．また，多くのノベルゲームではキャラクターのセリフのほぼすべてに音声が録音されている．この音声ファイル（wavファイル）のファイル数は1万以上となることも多い．加えて，BGMも20曲程度ある．

　ノベルゲームは，制作コストの面では小説・マンガといった「低コストコンテンツ」とアニメ・（他ジャンルの家庭用）ゲームといった「高コストコンテンツ」の中間（1本あたり制作費3000万円程度）に位置する（表2-1）．

　他のコンテンツと比べたとき，「物語のスケールが大規模で，実験的な内容を含む作品を比較的安価に生み出せる」ことが製品特性上の最大の特徴である．

他ジャンル，他メディアと比したときのノベルゲームの特徴

　アクションやRPGなどの他のゲームジャンル，マンガやアニメなどの他のコンテンツメディアとの比較の視点でノベルゲームを見た場合，以下の特徴がある．

表 2-1　物語系コンテンツの分量と制作費

	提供ユニットあたりボリューム	制作費（円）	制作への敷居（参入の難易度）
小説（ライトノベル）	中（1冊＝200頁）	ほぼゼロ～数百万	低い
マンガ	雑誌：20頁 単行本：200頁	ほぼゼロ～数百万	低い
ノベルゲーム	大（小説数冊）	2～3000万	中程度
TVアニメ	小	1500万／話 2億弱（1クール）	高い（実質的に企業のみ）
他ジャンルの家庭用ゲーム	大（ノベルゲームと同程度）	数億	高い（実質的に企業のみ）

プログラマが必ずしも必要でなく，技術面での参入障壁が低い

　ノベルゲームのシステム構造はとても標準化されており，汎用のゲームエンジンでの構築を可能とする。具体的には，「画面全体の背景 CG ＋キャラクターの立ち絵＋文章」という画面レイアウト，「プレイヤーがボタンを押す（クリックする）と物語が数行進む」というユーザーインターフェイスとゲーム進行のシステム，「物語の要所で選択肢が現れ，プレイヤーの選択によってシナリオが分岐する」というシナリオ分岐の仕組みは，ほとんどのノベルゲームで共通である。

　実際，商業利用でも無料のゲームエンジン，ライセンス料を払うことで利用可能なノベルゲーム用のゲームエンジンは複数存在している[8]だけでなく，いくつかのパブリッシャー（後述）も自社系列のデベロッパーが利用可能なゲームエンジンを提供している。

　ノベル用のゲームエンジンには，ノベルゲームを進めるために基本的な機能である画面描画やキャラクターの音声・BGM・効果音の再生機能のほか，ゲーム中のフラグ管理，プレイデータのロード／セーブといった各種機能まで実装されている。セリフの wav ファイルを再生する，立ち絵の表情を変更する，画面を暗転させるなどの効果を挿入する，などの各種演出はシナリオファイル中に制御タグを挿入することで実現している。タグを挿入するだけで各種効果

表2-2　各種ゲームの開発にかかるリソース

	コスト	作業量（人月）	制作期間
PCノベルゲーム	0.3億	60	10月～1年
PS2	7～8億	1000	2年
PS3	14～16億	2000	3年

注：PCノベルゲームはヒアリング結果より小山作成。PS2およびPS3は経済産業省の報告書『ゲーム産業戦略～ゲーム産業の発展と未来像～』、2006年の記述を採用した。実際にゲーム開発者にヒアリングしたところでは、この数字はハードウェア発売当初で技術的にこなれていない時期のもので、ハードウェアの世代交代間近の時期ではずっと安価（半額程度）で開発されているとのことである。だが、安価とはいえPCノベルゲームより1桁多いのは変わらない。

が実現可能なので、シナリオ担当者がシナリオ中に制御タグを挿入して画面上の演出まで行うことが多い。そのため、プログラマが居なくてもゲーム開発が可能である。

少人数制作および低コスト

　ビジネス面でのノベルゲームの最大の特徴は、短期間かつ低コストで開発できることにある（表2-2）。開発期間は1年未満～1年半程度までのことが多く、2年以上かかるのが通常となった家庭用ゲーム機向けのゲーム開発に比べると非常に短い。

　ノベルゲームがこれだけ短期間・低コストで開発可能なのは、a）人月単価がかなり低い、という業界特有の理由に加えて、b）開発に深く関わるのは5～6名という小規模であるため、意思疎通・調整にかかるコストが低い、c）他のゲームジャンルでは必須の作業のいくつかが存在しないといったことがあげられる。

　a）の人月に関しては、表2-2にある人月あたり費用を家庭用ゲームの1人月＝7～80万円に対して、PCノベルゲームでは1人月＝50万円で計算していることからわかるように、かなり低い。これは、家庭用ゲーム機に比べると開発機材にコストがかからないことが影響しているが、狭い市場規模に多数の

タイトルがひしめく厳しい市場環境であるため，平均的な所得が低くなること[11]の影響が大きい。

　b）に関しては，また，開発に関わるメンバーの中で開発を行うデベロッパーに所属するメンバーはごく少数（最小の場合，ディレクター兼プロデューサー1名）であり，絵や音楽などの作業は業務請負による外注に依頼することが多い，ということが影響している。また，開発しているタイトルの特性上，製品の特徴・魅力はシナリオ担当者とグラフィック担当者の個性（作家性，絵の特徴）に拠る点が多い。そのため，代役を用意することが難しい。必然的に開発が小規模となると同時に，シナリオと絵の作成にかかる時間を短縮することも難しくなる[12]。

　c）に関しては，ノベルゲームでは，他のほとんど全ジャンルのゲームに存在するレベルデザイン（難易度調整作業）が不要である。対戦格闘ゲームなどの繊細な調整作業が必要なタイトルでは，レベルデザインで1年近くを費やすこともあるが，この部分の開発期間と費用が不要となるのは大きい。また，ゲームの特徴上，デバッグで行うことはフラグ管理のチェック，文章校正，演出のズレのチェックなどに限られている。さまざまな要因を考えてバグチェックをする他ジャンルのゲームに比べるとデバッグの手間は極端に少ない[13]。

巨大なボリュームがある物語を，1本のパッケージに収めることができる

　本なら1冊，映像ならDVDやBD1枚，ゲームなら1本，というコンテンツの「販売単位」あたりでのボリュームを考えたとき[14]，ゲームが販売単位あたりのコンテンツのボリュームが最も大きい。

　ゲーム1本の分量は，ライトノベルの文庫本で換算すると最低でも数冊，多いときは10冊以上となる。ライトノベルの文庫本1冊分をマンガ化した場合，1冊分のストーリーはマンガ2～3冊程度となる場合が多い。アニメ化する場合は，4～6話程度となり，これはDVD／BDで2～3枚程度の分量である。言い換えれば，ゲーム1本分のストーリーはマンガだと8～10冊以上，アニメだと20話以上（2クール）となる。そのため，ゲーム制作者は力量さえあれ

ば，他のメディアでは提供することが難しいような壮大な規模の長編物語や巨大な世界観を，続きを買ってもらう心配なく提供することが可能であることを意味している。

　これは，放送される各話や1冊の単行本の中で盛り上がりと結論（落ち）を用意し，続きを視聴して（買って）もらえるような引きを最後に用意する，といった「消費者に続きが気になるための仕組み」を入れるという創作上の制約からも解放される[15]ことを意味している。このことが結果的に個性的な作品が生み出される土壌となっている。

　すなわち，①参入障壁が低いために多数の参入者がある激烈な市場であること，②制作に当たってコスト面・技術面でのハードルが低いこと，③1本に込めることができるストーリーの長さが他メディアより圧倒的に長いことで，制約が少ない状況で制作者の独創性を発揮することが可能になること，の3点がPCゲームのメディア上の地位を独自なものにしている。

4　ノベルゲームの歴史

PCノベルゲームの確立

　PCゲーム産業にノベルゲームが登場したのは1980年代後半のことである。初のノベルゲームはシステムサコムが発売した『DOME』で，夏樹静子の小説『ドーム　終末への序曲』をゲーム化したものである。このゲームは「ノベルウェア」と呼ばれ，当時のPCゲーム産業の状況を反映してPC-88，PC-98，MSXなどの複数のPCで発売された。以後1991年までにシリーズ全7作が作成された。UI（ユーザーインターフェイス）は現在のものとは異なるマルチウィンドウを採用しているなど，ノベルゲームの先駆けではあるが現在のノベルゲームとの直接の関係はない。

　現在のノベルゲームに直接影響を与えた祖先は，チュンソフトがスーパーファミコン向けに開発した『弟切草』（おとぎりそう，1992年）『かまいたちの夜』（1994年）である。両者ともUIして淡く描かれた画面全体の映像の上にストー

リーの文字が重なる形式をとっている。『弟切草』はホラー，『かまいたちの夜』はサスペンスタッチのミステリとなっており，「物語の主人公（プレイヤー）の行動によって物語の結末が変わる」というノベルゲームの性質にマッチしていた。

　『弟切草』『かまいたちの夜』の影響の元にR18PCゲームで誕生したノベルゲームが，Leafが1996年に発売した『雫（しずく）』と『痕（きずあと）』の2タイトルである。この両者は物語のジャンルとしてはサイコミステリで，そこにR18の要素が加わったタイトルである。これらの過去の作品群を下地としてLeafが3作目として発表した『To Heart』（1997年）のヒットによって，現在のノベルゲームで多数派をしめる「学園もの」のノベルゲームが定番となった。

　また，同時期にTacticsからサイコノベルものの『Moon』（1997年），学園ものの『ONE～輝く季節へ～』（1998年）というノベルゲームが発売された。さらに，この2本を開発したチームが独立して設立されたKeyによる『Kanon』（1999年）の大ヒットによってノベルゲーム市場は完全に確立した。

「恋愛もの」定番ジャンルとしてのノベルゲームの確立

　『To Heart』『Kanon』によってノベルゲームが「恋愛もの」の定番ジャンルの位置を占めることになったが，それ以前は，「育成シミュレーション」や「恋愛シミュレーションゲーム」と呼ばれるジャンルが主流の位置を占めていた。「育成シミュレーション」はプレイヤーが親や教師となり，年頃の女の子を育てていく（指導していく）プロセスを楽しむタイプのゲームで，ジャパンホームビデオの『卒業』（1992年）やガイナックスの『プリンセスメーカー』（1992年）などがある。「恋愛シミュレーション」はプレイヤーが1人の生徒となって同年代の女性と親しくなっていくプロセスを楽しむタイプのゲームで，エルフの『同級生』（1992年）やコナミの『ときめきメモリアル』（1994年）などがある。両方のジャンルともにプレイヤーはゲーム世界で一定期間を過ごし，その日々の選択の積み重ねによって発生するさまざま出来事を体験する，というゲームデザインとなっている。[16]

恋愛シミュレーションゲームと恋愛もののノベルゲームは物語としてさまざまな体験をするという点では同じである。しかし，ノベルゲームと比べると，育成シミュレーションゲームや恋愛シミュレーションゲームはゲーム中の選択回数が非常に多く，数十倍〜100倍以上の差がある。また，育成・恋愛シミュレーションゲームの日々の選択の積み重ねでさまざまな出来事（小イベントや大イベント）を発生させるというシステムは，フラグ管理がかなり複雑である。[17] そのため，試行錯誤して目的（キャラクターとのイベント）のフラグを発動させるというゲーム性はノベルゲームよりかなり高い一方，開発のコスト・開発に必要なスキルが高い（＝参入障壁が高い）という問題がある。また，ゲームシステム上最終日までプレイしても目的とする結末（エンディング）を迎えられるとは限らないだけでなく，どうプレイすれば目的を達成できるのかの攻略法を探索するのも難しい。そのため，ゲーム性よりゲームの物語性を重視するユーザーの中には，プレイ中に物語に集中できないためシミュレーション系のゲームを嫌う傾向があった。

　このプレイヤーの「物語に集中したい」という需要と，制作者側の「安価かつ技術的に平易なノベルを開発する」という動機が一致した形で，市場の大半はノベルゲームが占めるようになった。

5　ノベルゲーム開発の行われ方

コアメンバーのみのチーム構成と，多数の外注

　ノベルゲームの基本的な開発規模の場合，フルタイム（開発の全期間）で開発に関わる人間は5名程度である。5名の内訳は，シナリオ1名，原画2名，グラフィッカー2名程度が標準である。ここで「原画」とは，「登場人物や背景などの基本となる絵を描く担当者」を指す。原画の描く絵は通常は線画のみで，彩色はされていない。グラフィッカーとは，「実際の製品版の画面に出る状態になるよう原画に彩色をする作業の担当者」をいう。

　フルタイムで開発に関わるメンバー全員が開発会社のメンバーとは限らず，

表 2-3　作業項目と内製／外注区分

要素	作業発生時期	資源特殊性	内製／外注
音声（声優）	一時期，集中	大	外注
音楽	ごく短期	大	外注
シナリオ＆スクリプト	ほぼ全期間	大	原則内製　有名人は外注
グラフィック（原画）	ほぼ全期間	大	原則内製　有名人は外注
グラフィック（彩色）	ほぼ全期間	小	内製　繁忙期一部外注
プログラム	ごく短期	小（ツール利用時）	外注
ムービー	ごく短期	大	外注
販促・発売	後半，五月雨的	大	外注（販売委託）

注：ヒアリングを元に小山作成。

請負契約で外注するケースも多い[18]。また，開発時には，1人のコアスタッフに大きな権限が集中していることが多い。そのスタッフの決定が作品の雰囲気や傾向を決定づけることもあり，シナリオライターがその役を務めるケースが大半である。少人数での開発であることもあり，ノベルゲームはソフトウェア開発における古典的名著である『人月の神話』で言うところの「外科手術的」（すべてが外科医中心で，他のメンバーはそのサポート役）な開発に近く，シナリオライターがその外科医役である。

また，ゲーム中のサウンド（BGMや各種効果音など）は専門性が高いため，他の職種が兼任できるスキルを持っている特別の場合以外は専門家への外注がほとんどである。加えて，家庭用ゲームにある管理部門の専門化が進んでおらず，進捗管理はシナリオ担当もしくは原画担当者が兼任するケースが多い（表2-3）。

外注が多くなるのは，以下の理由のためである。

1）資源の特殊性＋評判メカニズム

ノベルゲームでは，シナリオや原画などのゲームのコアとなる個別項目の制

作者が明確である。加えて，作品の人気の大部分は，制作者個人の特性と過去の評判に大きく依存している。そのため，ゲーム全体についての他に，個別要素の制作者に対してユーザーの評判が影響する。

そのため，ヒットした作品を持つ制作者はその評判を元にして独立して個人事業主化したり，起業したりすることが比較的容易である。また，外部の有力クリエイターを採用することで，彼らの評判という資源をゲームに組み込むことも容易である。独立したクリエイターが元の開発会社のプロジェクトのメンバーとして参加することも珍しくない。

2）スケジュールの不均一性＋単一開発ライン

音楽やムービー，システム周りなどについては，開発期間の一部，しかも短期間にのみ需要が偏在している。それらの作業には，他に作業可能な項目がない限り，開発期間のほとんどで仕事が発生しない。複数の開発ラインを持つ大手企業であれば，ラインごとに作曲やムービー担当者の作業時期をずらすことで彼らに仕事を提供し続けることが可能である。しかし，ノベルゲームの開発企業のほとんどが単一開発ラインの零細企業であるため，それらの作業は外注スタッフに頼らざるを得ない。

まれにムービー制作や作曲担当が内製のケースもあるが，その場合には普段はグラフィックやシナリオなどの実作業もしくは総務的作業を担当しているケースに限られる。

3）甘い進捗管理による緊急外注

ノベルゲームの少人数開発は，小回りの良さや作家性の強いゲームが生まれるというプラス面もあるが，プロジェクト管理が甘くなるという問題がある。実際，マスターアップ（プレス会社に提出する製品原盤の完成）直前のスケジュールが非常にタイトになり，その際にはパブリッシャーが仲介機能を果たし，同じパブリッシャーからゲームを発売するデベロッパーのメンバーが外注スタッフとして協力するケースが多い。

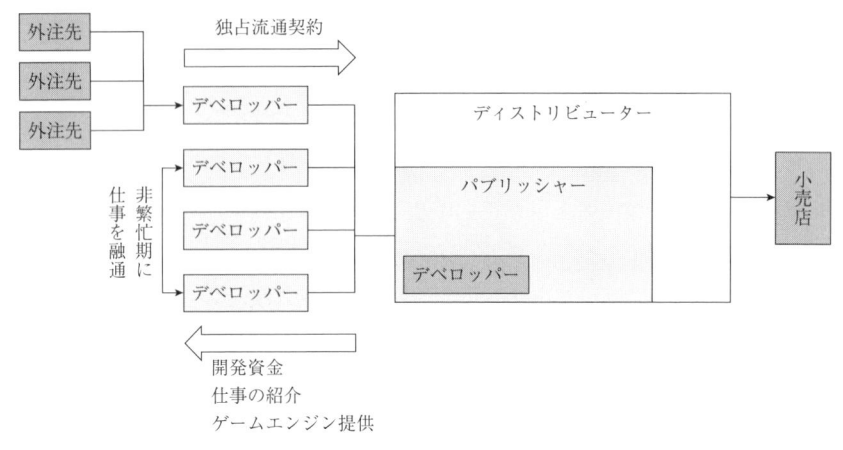

図2-3　デベロッパー・パブリッシャー・ディストリビューターの関係

パブリッシャーに系列化されつつあるデベロッパー

ノベルゲームも家庭用ゲームと同様に，以下の3種が存在している。

・開発のみに専念するデベロッパー
・パッケージ制作費を負担し，発売するゲームの広告宣伝を行い，自社ブランドとして発売するパブリッシャー
・発売するゲームの小売店配送まで行うディストリビューター

デベロッパー・パブリッシャー・ディストリビューターは，下流に行くほど企業規模が大きくなる。また，パブリッシャーはデベロッパー機能を持つ，ディストリビューターはパブリッシャー機能とデベロッパー機能を持つ，という形で上流の機能も併せ持っている点も家庭用ゲームと同じである。

それぞれのタイプの企業の特徴は，以下の通りである（図2-3）。

1）デベロッパー

ノベルゲームは小人数で素早く開発できるのが利点であるが，単一開発ライ

ンの小規模企業であるために販売活動に人的リソースを割く余裕の無いケースが多い。また,「現在開発中のタイトルが売れなかったら倒産・廃業」とリスク耐性がほぼ無い企業も多く,中小企業というよりは零細企業という表現の方が近い。

そのため,独占取扱を条件としてパブリッシャーやディストリビューターを兼務している企業に営業代行と販売委託を行うケースが多い。加えて,パブリッシャーから開発資金の出資（または融資）やゲームエンジンの提供も受け,実質的にパブリッシャーの系列企業化していることもある。開発の都合上,どうしても何人かの従業員の仕事がなくなることがあるが,そういった場合には外部の仕事を請けるケースが多い。

「同人上がり」のデベロッパーは,パブリッシャーからの声かけもしくは自分たちでパブリッシャーへと売り込む形で参入するため,そのときのパブリッシャーとの関係が続くことが多い。

2）パブリッシャー

パブリッシャーはデベロッパーが開発したタイトルを自社ブランドとして発売するための活動を行う。具体的には,雑誌やWeb媒体への情報提供,全国に約300店舗存在するPCゲームを扱う小売店への営業活動といった広報活動に加えて,デベロッパーがマスターアップしたタイトルのパッケージ化費用を負担し,流通を担当しているディストリビューターへと出荷する機能を担っている。

加えて,パブリッシャーは自社からゲームを発売するデベロッパーに対して数多くの機能を提供している。具体的には開発資金の出資,開発の進捗管理,繁忙期にずれがあるデベロッパー間での人材（特にグラフィッカー）の融通,ゲームエンジンの提供などである。デベロッパーが現在開発中のゲーム開発に専念できるように,総務・経理・広報・R&Dといった企業として必要な各種機能を代替している。

3）ディストリビューター

　ディストリビューターは流通機能を持ち，全国の店舗までの出荷・配送を担当する。書籍の取次に相当する流通のみの企業もあるが，自社内に開発部門（デベロッパー機能）を持ち，パブリッシャーも併せて行うケースが多い。また，ディストリビューターは自社流通での独占取扱を条件に他のデベロッパーへ出資することがある。

　PCゲーム販売店の中には取引コスト削減のために特定のディストリビューターからのみ仕入れる販売店も多い（このあたりは，書店と取次の関係に近い）。そのため，自社開発のゲームであっても，商品の一定割合は他のディストリビューターの流通網へと出荷する。

デベロッパー・パブリッシャーのビジネスモデル

　標準的なPCノベルゲームにかかる費用の概算は表2-4の通りである。表2-4の例ではパッケージを1万本（これは年間トップ10に入るクラスのヒットである）作成しているので若干高めの費用となっているが，大まかに1本制作・販売するのにかかる費用は3000万円程度である。開発専業のデベロッパーとなって販売関連業務をパブリッシャーに委託する場合には，パッケージ生産，販促費と間接費の一部を負担しなくて済むようになるので，費用は2000万円を少し切るぐらいになる。

　ディストリビューターへの1本あたりの仕切値は4400円[19]が通常なので，表2-4のケースの場合，完売時の利益は1200万円，リクープライン（損益分岐点）は7273本となる。近年は市場が縮小しているので，リクープラインを3000本程度にまで押し下げる形で開発していることが多い。

　また近年はダウンロード販売の市場も成長しているが，まだまだパッケージ販売が主流である。ダウンロード販売は，小売店に配慮して，パッケージの在庫がすべて捌けた（ロットアップした）3ヶ月から半年後に発売開始することが多い。ダウンロード販売の場合，既発表タイトルであるためほとんどの場合は販売価格を下げて販売する。そのため，仕切率は60％とパッケージ販売より

表2-4 制作費の概算

費用項目	価格（万円）
音声	300
音楽（主題歌およびエンディング）	200
シナリオ（2M）	300
グラフィック（原画：100枚程度）	350
グラフィック（彩色）	350
プログラム（標準的なエンジン使用料）	50
ムービー（2本）	100
販促費（広告・ノベルティなど）	350
パッケージ生産（10000本）	800
間接費用（事務所維持費など）	400
合計	3200

注：シナリオには企画立案までの費用，グラフィックにはキャラクターデザイン料も含む。

高くなるが，1本あたりの収入は下がる。既存タイトル数が十分ある企業にはそれなりの収入源となるが，まだ十分な市場規模ではないため，大半のPCゲーム会社にとっては補助的な売り上げとしかなっていない。

6　ノベルゲーム「業界」の意識と構造

　ここまで，ノベルゲームに関して述べてきた。ノベルゲームはいわゆるゲーム「業界」の一部であるが，その中ではかなり特異な地位を占めている。筆者（小山）は複数の大学のゲーム制作系学科でゲーム制作を学んでいる（ゲーム制作者志望の）学生向けに講義をしたことがあるが，そこで多くの学生が志望する一番の「花形」は家庭用ゲーム機向けのゲームを開発・販売している大手ゲーム会社であった。[20]大学でゲーム開発を学んでいる学生は熱心なゲームファンでもある。そういった彼・彼女たちが働きたい，と思う世界である家庭用ゲームの会社が業界序列の頂点にある，と言っていいだろう。
　しかし，そういった学生の中にも，ノベルゲームが大好きで，その方向に進

みたいと発言した学生も混じっていた。また，同人ゲームサークルにインタビューした時にも，ノベルゲームが好きで自分で作っていて，このままプロ（＝商業ベースでの発売）になりたい，という発言は多く見受けられた。ノベルゲームは，ゲーム業界のひとつの分野であることは間違いないが，ゲーム業界全体とは別の山（＝序列）を形成していると考えられる。ゲームファンやゲーム開発者志望の人たちにとって，ノベルゲームは業界内の古株が持っているようなコンシューマーくずれが流れ込んでいく場所というイメージはもう無いのである。

謝辞

　本章を執筆するにあたって，数多くのPCゲーム産業関係者にインタビューをさせて頂きました。また，IGDA日本の研究会（SIG-INDIE）でも数多くの方にご講演を頂きました。直接名前を出すとご迷惑になる場合もあるので，個々のお名前は出しませんが，この場にて感謝いたします。

注

(1) デジタルゲーム白書2009年度版。2008年以後，PCゲーム市場規模の公表がされなくなったため，市場規模推移は不明であるが，微減傾向であると思われる。なお，家庭用ゲーム機向けのパッケージゲームの市場規模は3000億円程度で毎年微減傾向推移している。PCゲーム市場は家庭用の約10分の1程度であることがわかる。

(2) 一般社団法人コンピュータソフトウェア倫理機構（通称，ソフ倫）による，成人向けゲームソフトの呼称。一般的には「アダルトゲーム」や，もっと直接的に「エロゲー」などと呼ばれることが多い。

(3) 各所へのヒアリングなどで聞いた数。現在，R18ゲームのみに関する市場規模や実売本数などのデータは公開されていない。数少ない資料として，コンピュータソフトウェア倫理機構が警察庁主催の勉強会で提出した資料がある。

(4) 最近の出版不況はライトノベル市場にも及んでおり，完全に作家専業へ移行せずにゲームシナリオと兼業の人も多い。また，ゲームのシナリオライター（ただし，担当した作品はアダルトゲームの続編だが，非アダルトなもの）からキャリアをスタートし，ライトノベル作家を経て一般向け小説家となり，直木賞を受賞した人も存在する。

(5) 「商業」とは同人の世界で使われるジャーゴンで，「通常のビジネスとしてゲーム

を開発・販売すること，およびその商品」を指す。「同人＝アマチュア」，「商業＝プロフェッショナル」という意味で対義語として扱われることが多い。

(6) 同人ゲームのヒットとなる目安は4～5000本，大ヒットの目安は1万本程度である。同人ゲームは販売単価が安い（通常は1000～2000円程度）ので，5000本売れたとしても諸費用を引いた粗利としてのキャッシュフロー増分は400万円程度となる。一方，マンガ同人誌の多くは1冊500円で，5000冊売れたときのキャッシュフロー増分は200万円程度となる。マンガ同人誌や同人音楽CD等ではこれだけの売上数であればかなり「儲かった」という実感が出るが，同人ゲームでは実質的にかなりの赤字である。なぜなら，1）同人ゲームはチーム開発が多いため，実質的なキャッシュフローは売上の4分の1程度となる，2）制作のためにかかる時間が極端に長い（多くの場合，週に20時間以上の作業時間を投入して1年以上)，という2つの特徴があるため，キャッシュフローベースでは黒字が出たとしても，作業にかかった時間を人件費として原価計上した場合には100万円単位の赤字となることも珍しくない。通常の仕事をしつつ，週末や帰宅後の時間の大半をゲーム開発に投入し続けるという生活を継続的に行うのが厳しいだけでなく，副業的な収入と考えるにはキャッシュフローがあまりに少ないため，それなりに売れるサークルは商業ベースでの発売を決断するケースがある。

(7) ノベルゲームでは，通常は作品のボリュームを量る際に既存の小説のように原稿用紙単位で数えず，ファイルサイズ（kb単位）を用いる。

(8) 一般的に使われているノベルゲーム用のゲームエンジンとしては，高橋直樹氏の作成したNScripter（個人・同人での利用は無料。商業利用時は有料。http://www.nscripter.com/）と，W. Dee氏作成の吉里吉里/KAG（マルチメディアソフト用エンジンである吉里吉里にアドベンチャーゲーム用のスクリプトパーサーを組み合わせたもの）がある。両者とも解説書が多数販売されているほか，解説のWebページも多数存在しており，周辺にノベルゲーム制作に習熟した人がいなくても独習で技術習得可能になっている。最近では，御影氏作成のArtemis Engine（アルテミスエンジン）のようなiOSやAndroidで動作可能なゲームエンジンも登場している。

(9) シナリオ担当者が演出まで担当するため，他のコンテンツで言うところの監督・脚本・演出の3役を担うことになる。シナリオ担当者の作業量と責任はとても大きい。

(10) 参考としてシステム開発を行っているITベンダ企業の技術者料金をあげると，従業員1000人未満の企業で中央値が1人月＝90万円，1000人以上の企業で1人月＝120万円となっている（大岩 2013）。家庭用ゲーム開発を行う企業は従業員数1000人未満の中規模ベンダよりやや低い程度で，PCノベルゲームはさらに低く，ベンダの2次，3次下請けと同程度となっている。

⑾　家庭用ゲーム企業に関する数少ないキャリア調査に藤原（2010）があるが，その中にある 20 代の平均年収（約 335 万円）に届かないケースがほとんどである。

⑿　作業期間の短縮は完全に不可能と言うわけではない。シナリオの場合，大きなプロットを全体統括のシナリオ監修者が作成し，分岐後のシナリオ（個別シナリオ）はシナリオ監修者を含む複数の担当者で作成するケースもある。この場合には執筆にかかる期間は短縮できるが，シナリオ間で登場キャラクターのイメージに齟齬が出ないように綿密な調整が必要となる。絵の場合には，原画者の特徴をつかんだ絵を素早く描くことができるアニメーターをスタッフに加えることで解決することが可能となることもある（ただし，原画者の絵の個性があまりに強い場合には不可能）。しかし，これらの手法は同時に開発プロセスの複雑化と費用高騰を招くため，PC ゲーム会社の中でもある程度以上のヒットが見込めるところしか行えない。

⒀　PC ゲームの開発会社は零細企業が多いため，他ジャンルと比べて難易度が低いデバッグ作業ですら不十分なままで発売されるケースは多い。

⒁　ここでのボリュームは，「消費者が終わりまで一通り作品を享受するまでにかかる時間」とする。プレイヤーが飽きずに最後までプレイした場合，パッケージ版のゲームにかかる時間の目安は 20〜30 時間である。

⒂　当然ながら，プレイヤーが「遊び（読み）続けよう」と思えないほど退屈であれば途中でプレイをやめられてしまうリスクがある。そのため，制約が完全になくなっているわけではない。また，PC ゲームには体験版が配布されるタイトルも多く，その場合には消費者が「体験版の続きが気になる（＝買って続きをプレイする）」ように体験版を作成する必要がある。

⒃　さまざまな体験をするためにゲーム中にいろいろな試行錯誤を行うので，「シミュレーション」ゲームの一種とジャンル分けされている。

⒄　フラグとは元はプログラミング用語で「分岐させるための条件」を指す。ノベルゲームでは「ある条件を満たすとき，物語はハッピーエンドとなるが，満たさないときはバッドエンドとなる」というタイプの物語の分岐が頻繁に登場するが，この条件がフラグである。

⒅　ノベルゲームの場合，特定のシナリオライターと原画家に対し固定ファンがつくため，過去にヒット作を持つクリエイターにとっては，独立が比較的容易である（自分を他社に売り込むときに，過去の作品を持参することを OK とする業界内の暗黙ルールが存在する）。ゲームを開発する側にとっても，そういったヒット作を持つシナリオライターや原画家は魅力的であり，結果的にタイトル制作に外注として参加するケースが少なくない。

⒆　仕切値とは返品不可，全品買取での価格のことを指す。商習慣として，PC ゲームはディストリビューターも小売店も原則買い切りである。また，仕切値が 4400円なのはフルプライス（標準価格 8800 円）のタイトルで，これは仕切率 50％にあ

たる．標準価格 5800 円（ミドルプライス）のタイトルの標準的な仕切率は 55％（3190 円）である．

(20) 家庭用ゲーム機向けの大手ゲーム会社のほとんどは自社流通網を持っているので，本章の分類ではディストリビューターにあたる．

文献

Brooks Jr., Frederick Phillips, 1975, *The Mythical Man-Month : Essays on Software Engineering, Anniversary Edition.* Addison-Wesley.（＝1996, 滝沢徹・富沢昇・牧野祐子訳『人月の神話――狼人間を撃つ銀の弾はない 増訂版』アジソンウェスレイパブリッシャーズジャパン．）

出口弘・田中秀幸・小山友介編, 2009,『コンテンツ産業論――混淆と伝播の日本型モデル』東京大学出版会．

藤原正仁, 2010,「ゲーム開発者のキャリア開発」デジタルゲームの教科書制作委員会,『デジタルゲームの教科書――知っておくべきゲーム業界最新トレンド』ソフトバンククリエイティブ, 24 章．

コンピュータソフトウェア倫理機構, 2006,「美少女ゲーム（成人向け PC ゲームソフト）業界の概要」, 警察庁「バーチャル社会のもたらす弊害から子どもを守る研究会」資料, 2006 年 10 月 20 日（http://www.npa.go.jp/safetylife/syonen29/6-siryou4.pdf）．

小山友介, 2006,「日本ゲーム産業の共進化構造――イノベーションリーダーの交代」『ゲーム学会誌』Vol. 1, No. 1 : 63-68．

七邊信重, 2010,「ゲーム業界に広がるインディペンデントの流れ」デジタルゲームの教科書制作委員会『デジタルゲームの教科書――知っておくべきゲーム業界最新トレンド』ソフトバンククリエイティブ, 17 章．

七邊信重, 2010,「ノベルゲーム」デジタルゲームの教科書制作委員会『デジタルゲームの教科書――知っておくべきゲーム業界最新トレンド』ソフトバンククリエイティブ, 18 章．

第3章
日本の映画産業黎明期にみる「ギョーカイ意識」の成立

樺島榮一郎

「ギョーカイ意識」が成立したと言えるのは，どのような条件が揃った時なのだろうか。

本章は，日本の映画産業の黎明期から安定期までの間，すなわち1897年（明治30年）のシネマトグラフの輸入，興行から，1920年（大正9年）の，現在まで続くメジャー映画会社である松竹の設立参入の期間を対象に，映画産業の中で働いた人々の参入の経緯，その後のキャリアをできる限り広く網羅して把握することにより，映画というメディア・コンテンツ産業において，「ギョーカイ意識」は，いつ，どのような条件で成立するのかを明らかにするものである。

1　先行研究

日本における映画研究は，特定の人物や映画作品に焦点をあてる事例研究がほとんどである。人のつながりや，その意識も，研究対象の人物や映画との関連のなかで言及され，「ギョーカイ意識」や人のつながりを主題に設定したものは存在しない。本章は，第一に，「ギョーカイ意識」を主題に据えたものであること，第二に，黎明期の映画業界に関わる人々を包括的に把握し，映画産業への参入以前の経歴や，参入後の動向，それらと職種との関係などから，ある程度の数量をもって「ギョーカイ意識」の形成を推測すること，この2点において独自性を持つものである。

なお，ネットワーク分析，創造性とネットワークの関連性などに関する既存研究については，第1章を参照されたい。これらの既存研究は，現在（別の言い方をすれば，映画，映像業界のビジネス・モデルや技術の完成から十分に時間の経った状況）を分析するものであるが，本章は，ビジネス・モデルや技術の使い方が徐々に整ってくる過程を対象としているため，「ギョーカイ意識」の形成や，そこで働く人々のネットワークの形成に，どのような要素が寄与するのかを明らかにできるという点において，独自性がある。そして，後述するように，その結果はこれまでの研究の結論とは異なるものである。

2 研究手法

本章では，以下のような方法で，「ギョーカイ意識」のあり方を明らかにする。まず，田中純一郎の『日本映画発達史Ⅰ』(田中 1957a) に記述された人物を一人一人について，いつ，どのように，どのような職種で映画業界に参入し，その後，どのようなキャリアを歩んだかを整理する。

田中 (1957a) を用いる理由は以下のとおりである。第一に，日本で最初にまとめられた詳細かつ包括的な映画史で，その後に出た多くの映画史の参照文献となっていることである。第二に，インタビューや手紙による確認など，多くの一次資料がそのまま掲載されており信頼できること，明治，大正期といった映画の初期に関して他の文献と比べて圧倒的に多くの人物について言及があること，による。それまで誰も全貌を知ることのなかった日本の映画史を，文字どおり人生を賭けてこの本にまとめた田中の執念はすさまじく，例えば1899～1900年（明治32～33年）に製作された映画の撮影者である土屋常二のことがわからなければ，出身地であると聞いた瀬戸内海の因ノ島の役場を訪ねて遺族に話を聞き（田中 1957a：75)，あるいは小西写真店で1899年に撮影を行った白井勘造については，関係者からの話をもとに，大阪の街を逍遥して白井の実家である菓子店を探し当て遺族に経歴や当時の状況を聞き（田中 1957a：68)，関係者の話や手紙と当時の新聞の記事とを突き合わせて正確な日時等の

事実を明らかにするなど（これはあちこちに見られる），ただただ感心と尊敬をする以外ない。この『日本映画発達史』などの執筆の功績により，田中は，1966年に藍綬褒章，1968年に「映画の日」特別功労賞，1976年に勲四等旭日小綬章と映画ペンクラブ賞を受けているが（田中1980：筆者紹介欄），確かにそれだけの価値が十二分にある本である。[3]

　人物の参入時期は，映画参入までの経緯についての記述がある場合は，その経緯を読み解いて最初に映画に参入した時期を，そのような記述がみられない人物については，田中（1957a）の初出の時期を，参入時期として整理した。

　そして，映画業界の状況を踏まえて，3つの期間に区切り，その期間中の映画業界の人々の動向と，その動向に影響を与えた要因を考察，分析することで，技術やビジネス・モデル，企業のあり方と，「ギョーカイ意識」の成立やあり方の変化を明らかにした。時代区分は，事業の確立，企業の参入退出，合併といった産業組織的な動向により，筆者が設定したものである。まず基準としたのは，1903年（明治36年）の常設映画館の設立である。常設映画館の設立，増加に伴い，映画産業は，継続的に収益を上げることができる，それ以前と比較すれば大規模なビジネス・モデルを確立したのである。このため，1897年の映画の日本への輸入から常設映画館が設置される前の，つまり事業構造が確立する以前の1902年までを第一期とした。次に基準としたのは，1911年の，日本の映画会社を統合して設立された日活の前身会社の出現で，これは明らかに映画産業全体の意識，すなわち公的な業界の意識が明確に存在していることの表れである。したがって，常設映画館が設立された1903年から，1910年までを第二期としている。第三期は，新たに参入した大手映画会社にして，現在まで続くメジャー映画会社としては最初に設立された松竹が出現する1920年頃までとしている。

　それでは，さっそく，第一期の動向からみていくこととしよう。

3 第一期，日本における映画導入期，常設映画館設立以前
　　　－1897〜1902年－

　映画の日本への輸入は早く，映写機が発明されて1〜2年の内に，独立した4つのルートにより輸入されている。1895年にリュミエール兄弟の発明したシネマトグラフ（Cinematograph）は，京都モスリン紡績会社監査役の稲畑勝太郎がフランス出張時に入手し，帰国後の1897年（明治30年）2月に大阪で興行を行っている（田中 1957a：33-37）。また，1897年1月に，イタリア人で陸軍砲工学校講師のブラチャリーニが吉澤商店に持ち込み，吉澤商店は横浜で興行を行った例もある（田中 1957a：43）。1896年にエジソンが発明した投射式映画ヴァイタスコープ（Vitascope）は，大阪の輸入雑貨商荒木和一，次いで東京京橋の新居商会（荒井商会の記述もあり）により，いずれも1897年（明治30年）に日本に輸入され，興行が行われている（田中 1957a：47-52，梅村 1961：2）。
　当初は，輸入したフィルムで巡業上映，興行していたが，1899年（明治32年）には，巡業興行をしていた駒田好洋の依頼により東京の小西写真店が芸者の手踊りを撮影する。これが，日本における興行に用いられた最初の映画製作であった（田中 1957a：66）。その後，駒田は，小西写真店のカメラを買い取り，むつみ座という書生芝居一座の若手俳優を使って，稲妻強盗と呼ばれる実在の強盗の逮捕の場面の映画を，小西写真店で撮影を担当していた柴田常吉の撮影により製作した（田中 1957a：69-70）。柴田は，同年11月に八代目市川團十郎と五代目尾上菊五郎による「紅葉狩り」，12月には尾上栄三郎と市川家橘による「二人道成寺」を撮影した。「紅葉狩り」は，團十郎の存命中は公開しないとの約束があり，興行が行われたのは没後の1903年（明治36年）になってからであった。「二人道成寺」は撮影翌年の1900年に駒田率いる日本率先活動写真会が譲り受け，8月より巡業興行を行った（田中 1957a：70-75）。
　また，新居商会の関係者としてアメリカに同行した土屋常二は，在米中にボクシングの映画が好評だったことからヒントを得て，相撲の映画を撮影し，

1900年に興行を行った。土屋は，狂言「鳰の浮巣」，歌舞伎「森蘭丸」の他，「名古屋音頭」「三番叟」「浅草観音」などを1900年から翌年にかけて撮影し，大阪の興行師，杉本留吉が運営する萬国活動写真会に映写機とともに貸与している（田中 1957a：76-81）。1900年（明治30年）7月，吉澤商店は前出の柴田常吉を中国に派遣，義和団事件に出兵した日本軍の活動を従軍撮影させた。10月に柴田が帰国すると，同月中には北清事変活動大写真として東京で興行，その後横浜，静岡，名古屋，京都，大阪と巡業興行を行い，大当たりとなった（田中 1957a：83-84）。

このように1899年から1900年にかけて，日本国内でも映画が製作されるようになった中で，徐々に映画企業としての地位を固めたのが吉澤商店である。吉澤商店は，経営者河浦謙一の弟で，ロンドンに留学していた立島清を通じて，1899年（明治32年）から，アメリカとスペインの戦争に関する「西米戦争大活動写真」やフランスの魔術映画などの輸入を行うようになる。3年ぶりに輸入された新作映画ということで，これらの興行は大成功であった。翌1900年4月には，第二回輸入映画として，英社戦争写真（南アフリカ連邦の一部であったトランスヴァール共和国とイギリスの戦争を扱ったもの）などの映画を輸入した。前記の柴田を派遣した，義和団事件の撮影も，このような外国の戦争映画の影響を受けたものであった（田中 1957a：82-83）。また，1900年3月には，リミュエールやエジソンの製品を簡略化し，独自に製造した映写機を発売している。1902年頃には，長さ1000フィート，映写時間15分という，当時としては空前絶後の長編フィルムを輸入し，蓄音機を組み合わせた発声映画として上映している（田中 1957a：94-96）。

1897〜1902年に映画業界に参入した人々の特徴とネットワーク

この時期に，映画業界に参入した人々を整理すると表3-1のようになる。

これを，分析すると以下のようになろう。第一に，これ以降の期間と比較して圧倒的に人数が少ないこと，この時期に必須であった輸入を除くと，興行，撮影，弁士（説明者），映画製作，技術の5つの職種しかないことがあげられる。

表3-1 1897～1902年における新規参入者

通し番号	人名	田中発達史Iページ	学歴	前職	映画界参入年
1	稲畑勝太郎	33-35, 38, 60-62, 89	京都府留学生リオン工業学校	京都モスリン紡績会社監査役	1897
2	野村芳亭	34, 292, 298	不明	京都の劇場での背景画書き	1897
3	横田永之助	38, 88-91, 162, 184, 187-188, 190, 207, 209	東京高等商業予科中退, 米パシフィック・ビジネス・カレッジ	1872年（明治5年）京都生まれ, 華頂宮家の旧臣の三男。X光線の見世物興行	1897
4	河浦謙一	43, 82, 97-99, 107, 117, 124, 171, 184-185, 190, 192, 205, 207	慶応義塾	吉澤商店の実質的経営者。少年時代に吉澤を頼って上京	1897
5	荒木和一	48-49	不明	X光線や蓄音機の販売を行う西洋雑貨商	1897
6	荻野銀三	52-53	不明	新居商会社員	1897
7	十文字大元	53	不明	石油発動機輸入商の兄を手伝う	1897
8	駒田好洋	58, 86-88, 91, 107	不明	1877年（明治10年）大阪生まれ, 広告会社廣目屋店員	1897
9	浅野四郎	64, 66	不明	小西写真店店員	1897

第3章 日本の映画産業黎明期にみる「ギョーカイ意識」の成立

職種	撤退年	参入時エピソード
輸入,興行	1897?	リュミエールと同窓でシネマトグラフを輸入,大阪で興行。興行界の因習を嫌って間もなく撤退
輸入,興行,映画会社役員	1897?一時撤退,1920?再参入	稲畑の興行を手伝う。松竹の連鎖劇にかかわり,松竹キネマの1920年(大正9年)設立前に,映画研究を行う。設立された松竹シネマの理事,営業部顧問となる
輸入,興行,映画会社役員	1897?一時撤退,1900再参入	稲畑と兄が京都府留学生で知り合い,稲畑のシネマトグラフの東京興行を担うために参入。稲畑とともに一時撤退するが,1900年(明治33年)に再参入,横田商会を有力映画会社に発展させる。1912年(大正元年)の日活設立に伴い,日活取締役を務める。その後,横田商会関係者は日活の主導権を握る。1927年(昭和2年)日活社長
輸入,興行,映画会社役員,映画製作	1913	イタリア人からシネマトグラフを入手,横浜で興行を行う。その後,常設館,撮影所などを開設し,規模を拡大,1912(大正元年)年の日活設立では,取締役に就任するも,1913年(大正2年)9月の役員総辞職により映画界を離れる
輸入,興行	1897	1897(明治30年)年にヴァイタスコープを輸入し,大阪で興行を行う。その後,プロジェクティング・キネトスコープを輸入し,地方巡業者に分譲するも,カナダサン生命保険会社大阪支店長となり,映画事業から撤退
技術	不明	新居商会のヴァイタスコープ組立興行に立ち会う。のちに松竹の技術部長
弁士	1897?	22歳よりサンフランシスコに滞在。帰国後,神田錦町錦輝館での上映興行のため,新居商会が石油発動機を借りにくる。この縁で,ヴァイタスコープの説明や場面の解説のために,舞台に立ったのは,石油発動機を提供した十文字信介の弟十文字大元であった。関係者の一致した推薦によって,得意の弁舌を振うこととなった
興行,映画製作	撤退なし	東海道方面の巡業に出るのを機会に,宣伝費その他で,重なる廣目屋への債務のため,新居商会はヴァイタスコープを廣目屋に譲り,その興行からは退いた。廣目屋では店員駒田好洋をして,専らこの興行に当たらせた。駒田好洋は,これより自ら説明者となり,楽士となり,映写技師となり,経営者となって,日本全国津々浦々を巡業し,その晩年にいたるまで,地方巡業興行者として特異な足跡を残した。廣目屋からの独立は日露戦争頃
撮影	不明	小西写真店は映画撮影用のゴーモンカメラを輸入,それを使って日本最初の映画,芸者の手踊りを撮影。後年,石炭商を営む

91

10	鶴淵初蔵	143-144	不明	浅草雷門前の袋物商店主	1898
11	浅沼藤吉	144	不明	不明	1898
12	鶴淵信英	144-145	不明	不明	1898
13	柴田常吉	67-70, 75, 83	不明	不明	1899
14	白井勘造	67-68	不明	菓子屋廣井堂店主	1899
15	立島清	82, 95	不明	学生	1899
16	土屋常二	75-77, 80-81, 132	不明	神戸の西洋大工	1900
17	杉田亀太郎	84	不明	不明	1900
18	大澤吉之丞	94, 107	不明	不明	1900

これは，この時期の映画産業自体が小規模であったこと，職種も未分化であったことを反映していると言える。

　第二に，田中（1957a）が言及し，参入の経緯が判明している範囲ではあるが（19人中，13人），映画産業に参入したきっかけは，全員，ある種の偶然であり，映画製作にあこがれて，というような明確な動機はみられないことが指摘できる。そもそもこの時期には，後述するように映画という共通の概念がなく，その将来性や，ビジネスとして成立するのかさえ不明であったことを鑑みれば，映画を偶然見たことや，親族あるいは仕事上のつながり等をきっかけに，特別

第**3**章　日本の映画産業黎明期にみる「ギョーカイ意識」の成立

カメラ等輸入，製作	撤退なし	1897年（明治30年），袋物店を幻燈店に変更。1898年（明治31年）頃，浅沼写真店の浅沼藤吉が輸入した撮影機を入手。日露戦争の頃には浅沼の輸入した日露戦争映画を複製し販売。鶴淵幻燈店は，エム・パテーなどから映画制作を請け負う
カメラ等輸入	不明	1898，1899年（明治31，32年）頃ゴーモンカメラを輸入，浅沼商会経営者
カメラ等輸入，製作	撤退なし	鶴淵幻燈店の二代目。フィルムの複製装置や三脚を考案作成するなど才気に富んでいたが早世
撮影	1901？	小西写真店の客として，1899年（明治32年）の芸者の手踊りを一部撮影。その後歌舞伎映画を作成，吉澤商店の準専属となり，北清事変についての日本初の時事映画を撮影したが，三越写真部専属となり映画界から退く
撮影	不明	小西写真店の客として，1899年（明治32年）の芸者の手踊りを一部撮影。興業等に乗りだすことはなく，趣味だった
輸入	不明	吉澤商店経営者の河浦謙一の弟で，ロンドンに留学中に「西米戦争大活動写真」などの買い付け輸入を行う
撮影	1907年頃？	新居商会関係者として渡米，1899年（明治32年）末に帰国，その後相撲映画を制作。1905年（明治38年）頃横田商会に招かれ，フィルム複製や映画制作を行う（p.132）も，横田と対立し退職。大正初期には台湾総督府から招かれて蕃地の撮影に出かけ，台北に留まって書画商を営んだりしたが，間もなく帰国，1924年（大正13年）から尾道市対岸の小歌島に移り住み，1938年（昭和13年）68歳で没した
興行	不明	日本体育会職員として教育映画に従事，義和団事件の映画を神田錦輝館で興行，のちに，通俗教育活動写真会として独立
技術	不明	大澤は吉澤商店技師長で，国産映写機の設計を行う。1904年（明治37年）吉澤商店社長の河浦とともにアメリカを視察（p.107）

な意図もなく映画に参入したことは当然であると言え，全員が新卒ではなく転職で，前職もバラエティに富んでいることも，そういった経緯を反映したものと言えよう。

　第三に，特に1897年の最初の輸入当時は，高学歴な人が多いことが指摘できる（1 稲畑勝太郎，3 横田永之助，4 河浦謙一，15 立島清が該当。5 荒木和一も高学歴であったと推測される）。フランス，アメリカという映画を発明した海外の国とのつながりが必須であったこと，映画が当時の最新テクノロジーであり，その評価や運営に知識が必要となったことから，このような傾向となったので

あろう。

　第四に，短い期間で映画から撤退している人が多いことも指摘できる（1 稲畑，5 荒木，7 十文字大元，13 柴田常吉が該当）。また，趣味にとどめた人もいた（14 白井勘造）。これは，この映画という新しいテクノロジーの事業としてのあり方，その将来が判然としないなかで，映画への強い動機もなく，将来に悲観的だった人も少なからず存在していたことを示している。実際，事業としても脆弱だったため，ヴァイタスコープを輸入し東京で数回の興行を行った新居商会は，宣伝費その他を担当していた廣目屋への債務の返済のため，ヴァイタスコープを廣目屋に譲り，映画から手を引いている。さらに，興行の現場においては旧来の興行界の因習に直面し，特に高学歴で他に職業の選択肢も多いとなれば，他業種へ転身するのも無理もない。また，その後も映画業界で活躍する人であっても，一時的に映画業界から離れ，その後，復帰したケースもあり，これも一種の撤退とみることもできよう（2 野村芳亭，3 横田永之助，6 荻野銀三）。その一方で，この苦難の時期を乗り越えて生涯にわたり映画に携わった，8 駒田好洋のような存在もあった。

　このような状況であるから，当然，この時期に「ギョーカイ意識」は存在しなかった。そもそも，「活動写真」「映画」という共通の概念を，その興行に従事している人の間で持ちえなかったのである。田中（1957a：42）が，1897年当時の映画の名称を整理しているが，自動写真，蓄動射影，自動幻画，活動大写真と，それぞれ異なっていること，また当時は関係者同士でも相互の動向を把握していなかったことを指摘している。このように，映画（または活動写真）という共通の概念はなく，業界のネットワークや，雑誌等のジャーナリズムがないこともあって，同じような興行に従事した他者の動向を知る手段は少なかったのである。[4]

4 第二期,常設映画館の設立,4社時代
―1903〜1910年―

　この時期は,映画専門の興行を行う常設映画館が初めて設立され,その数が増加するとともに,4社の映画会社が競合しつつ継続して事業を拡大していった時期である。

　吉澤商店は,1903年以降,小西写真店からカメラを買い入れ,有名人の葬儀や祇園祭などのニュース映画の製作と販売を始める一方,外国映画も継続して輸入した(田中 1957a:94-99)。また,吉澤商店は興行面でも日本映画史に名を残している。当初,吉澤商店は,輸入したり製作したりした自社フィルムの直営巡業興行を主要都市で行い,それをみた各地の興行主に複製を販売していた(田中 1957a:84)。その後,浅草電気館という電気を使った見世物小屋が経営不振に陥り,吉澤商店に映画の歩合興行の依頼が持ち込まれたことから,1903年(明治36年)10月に設備を一部改造して,浅草電気館という名前はそのままに再オープン,日本初の常設映画館を作ったのである(田中 1957a:100-101)。これに続く常設映画館は1907年(明治40年)まで開設されず,その間,浅草電気館は日本唯一の映画館であった。いち早く吉澤商店が常設映画館を開設できたのは,フィルムのストックが十分にあり,また輸入および製作という安定した入手経路を持っていたためであり,長期の継続した興行は唯一,吉澤商店でのみ可能だったということであろう。

　同時期に台頭した映画会社には,横田商会,エム・パテー商会,福宝堂がある。横田商会は,京都出身の横田永之助が設立した会社である。横田は,シネマトグラフを最初に輸入した稲畑勝太郎を手伝い,映画興行の世界に入った。稲畑の興行からの撤退に伴い,横田も一時期,映画興行から離れたが,1900年(明治33年)のパリ万国博覧会に京都府出品委員として派遣された際に,映画産業が発達しているのをみて,フランスのパテー社からフィルムを購入,再び興行を始めた(田中 1957a:89)。最初は苦労が多かった横田の興行巡業だが,

1904年の日露戦争開始とそのニュース映画，またパテー製の優れた劇映画を継続して入手できたことから人気が高まって，11班もの巡業班を運営するに至り，この頃正式に横田商会を設立した（田中 1957a：105-106）。浅草電気館から遅れること4年，日本で二番目の映画常設映画館として1907年（明治40年）に大阪に開設された「千日前電気館」は，この頃十分なフィルムのストックを確保した横田商会によるものであった（田中 1957a：114）。

　エム・パテー商会は，1906年（明治39年）に忽然と日本に現れる。社長の梅屋庄吉は，南進論に共鳴し，若いときから東南アジア諸国におけるさまざまな事業，活動で活躍した。そのうち，映画の巡業興行を中国や東南アジアで行うようになり，パテー社の色のついた映画をトランク一杯に仕入れ1906年に帰国，7月から東京で興行を始めた。梅屋は持ち前の積極性，あるいは強引さから，借り入れた資金をベースに1年ほどで4，5の巡業班を持つようになり，1909年（明治42年）頃には，全国にエム・パテー商会から配給を受ける10の常設映画館を持つに至った（田中 1957a：140-142）。

　福宝堂は，1907年（明治40年）以降の常設映画館の急増など，急速に発展する映画産業をみて，製薬機械製造会社社長を叔父に持つ田畑健造が，叔父の資金を背景に，1910年（明治43年）設立した会社である。福宝堂は，その豊富な資金を背景に，都内各所にコンクリート造りの映画館を8館建設し，一気に映画事業に参入した（田中 1957a：153-155）。

　福宝堂の誕生にみるように，1907〜08年からの数年は急速に日本の映画産業が発展した時期であった。まず，常設映画館が続々と開設された。1907年の4月には神田の新声館，浅草の三友館，7月には前記横田商会の千日前電気館，12月には大阪に第一文明館が開設，翌年以降も，続々と常設映画館が大都市を中心に作られた（田中 1957a：116）。1911年（明治44年）5月には，東京において25館の常設映画館，1913年（大正2年）には市郡あわせて47館，うち21館が浅草に集中し，また許可を受けて未設のものが33館（永嶺 2006：20）と急激に増加したことがわかる。この時期に，常設映画館が増加したのは，映画が恒常的なビジネスになりえることが誰の目にも明らかになったこととと

第3章　日本の映画産業黎明期にみる「ギョーカイ意識」の成立

表3-2　1903～1910年に映画業界に参入した人々の職種別人数

職種	人数
撮影（現像・撮影を含む）	28
俳優	16
弁士	15
脚本	8
事務（事務・興行，事務・連絡などを含む）	8
興行	6
映画会社経営	6
映画雑誌	3
劇場経営	3
監督	3
道具係（大道具を含む）	2
（役者の）手配	1
合計	99

注：後年，職種を変えている者は最初の職種でカウント。
出所：田中（1957a）に基づき筆者作成。

もに，それだけ多くの常設興行を行えるフィルムのストックがあり，新作フィルムの製作体制がある程度整ったことを意味する。

実際，常設映画館の増加に並行して，専用の撮影スタジオの開設も相次いだ。吉澤商店は，1908年（明治41年）1月に東京目黒に撮影所を開設，エム・パテー商会は1909年（明治42年）に東京の大久保に，1910年には横田商会が京都に，福宝堂が日暮里に撮影所を開設し，増加する映画館に供給すべく，作品を量産しだした。

1903～1910年に映画業界に参入した人々の特徴

この時期に映画業界に参入した人々を整理すると表3-2，表3-3のようになる。

この時期の特徴は，以下のようになろう。

まず，第一に，これ以前の黎明期と比べて，参入した人数が急に多くなった

表3-3　1903〜1910年における新規参入者

通し番号	人名	田中発達史Ⅰページ	略歴，前職	映画界参入年	職種
19	藤原幸三郎	99, 104, 120, 207, 221, 263, 265-266	横浜の写真店の徒弟	1903	撮影
20	染井三郎	100	浅草電気館の電気仕掛けの口上言い	1903	弁士
21	松谷松之助	100-101		1903	撮影
22	香山駒吉	102, 110		1903より以前	撮影, 弁士
23	林至	101-103		1903より以前	撮影
24	千葉吉蔵	120-122, 126-128, 191, 196	1874年（明治7年）東京下谷生まれ。吉澤商店幻燈部の現像技師	1903？	撮影
25	村上満麿	120, 128, 191, 226		1903？	撮影
26	小西亮	120, 122-124, 191, 196, 304		1903頃？	撮影
27	枝正義郎	120-121, 159, 196, 226, 276, 280		1903頃？	撮影, 監督
28	清水粂次郎	104		1904より以前	事務, 連絡
29	伊藤伊八	106		1904より以前	事務, 興行
30	吉田儘吉	106		1904より以前	事務, 興行
31	荒木爲次郎	106		1904より以前	事務, 興行
32	久保勇	107		1904より以前	事務？
33	寺井小七郎	109		1904より以前	事務？
34	渡邊治水	110-112	マレーでゴム園経営？	1904？	興行

第3章　日本の映画産業黎明期にみる「ギョーカイ意識」の成立

長期キャリア	参入時エピソード
○	吉澤商店技師長大澤吉之丞の弟。やがて日本有数のカメラマンとなる。日露戦争にも派遣される。その後，北京で映画館の経営を始めたため，1913年（大正2年）に帰国（p. 120)，日活向島撮影所に入社，主任技師として活躍（p.265）。1914年（大正3年）の日活のヒット作『カチューシャ』で撮影を担当。1917年（大正6年）当時，日活向島撮影所の2人のカメラマンの一人。田中榮三の第2回監督作品でカメラマンを務める。絞りの道具を考案し，初めて人工光線を使った
	浅草電気館が常設映画館となったのに伴い，そのまま人気弁士となった
	浅草電気館の臨時映画興行時の映写技師
	吉澤商店から浅草電気館に派遣された映写技師。1904年にはバンコクに巡業も
	吉澤商店から浅草電気館に派遣された映写技師
○	吉澤商店の先輩者格カメラマンで，カメラの移動を伴う撮影等の工夫を行った。日活成立後は，撮影係として吉澤商店より入社，その後引き抜きで東洋商会に入社
○	吉澤商店カメラマン，1912年（大正元年）の日活成立後は，撮影係として入社。1915年（大正4年）頃，天活大阪鶴橋撮影所で撮影を担当
○	吉澤商店カメラマン。1907年（明治40年）2月に両国大相撲撮影，青森県の捕鯨，アイヌの熊狩り，足尾銅山のストライキなどを撮影。歌舞伎映画も撮る。日活設立により日活入社，その後，東洋商会に引き抜かれる。大阪千日前の敷島倶楽部の説明者，橘浩葉と，1919年（大正8年）11月，小西自身の撮影で純映画劇と名乗る『奮闘の生涯』を制作
○	吉澤商店の先輩格カメラマン，千葉吉蔵の弟子。吉澤商店カメラマン，1911年（明治44年）頃，福宝堂花見寺撮影所に移る。日活設立後に日活入社も，東洋商会設立後，東洋商会に入社。1915年（大正4年）から天活日暮里撮影所専属。撮影現像が美しかったという。1920年（大正9年）の国活による天活買収により，国活所属，この頃海外視察。1922年（大正11年），1923年（大正12年）に巣鴨撮影所で佳作を監督
	吉澤商店から日露戦争の撮影に派遣された連絡事務員
	横田商会事務員？横田商会の11の巡業班の一つを率いることも
	横田商会事務員？横田商会の11の巡業班の一つを率いることも
	横田商会事務員？横田商会の11の巡業班の一つを率いることも
	吉澤商店社員？河浦謙一の渡米に同行
	吉澤商店河浦謙一が渡米中の支配人
	吉澤商店から映写機フィルムを購入，タイなどで興行

99

35	播磨勝太郎	110-113, 243	シンガポールの旅館碩田館主人	1904？	興行
36	梅屋庄吉	112, 113, 138-142, 149, 184-190, 192, 198	香港で普通写真館を経営，その後，シンガポール，マレー半島などで興行	1904？1906？	映画会社経営
37	松井彌太郎	115		1907より以前	事務
38	福井繁一	132-133	土屋常二の独立興行の手伝い	1907	撮影
39	和田鑁司	141		1907	興行
40	米田東洋	141		1907	興行
41	二神鎗一	141		1907	興行
42	井出悌二郎	141		1907	興行
43	藤野泰	141, 150, 226		1907	撮影
44	男澤肅	141, 147, 150, 198		1907	撮影
45	玉井昇	141, 150, 160, 201, 203, 294, 298		1907	撮影
46	岩藤新三郎（思雪）	141, 147-149		1907	弁士，脚本，監督
47	水書未狂	141		1907	弁士
48	西村楽天	141, 260		1907	弁士
49	茂木天洋	141, 149		1907	弁士
50	中川濤聲	141		1907	弁士
51	千代田鶯谷	141, 149		1907	弁士
52	雨宮桃村	141, 149		1907	弁士
53	古川綠水	141		1907	弁士
54	藤浪無鳴	141, 215		1907	弁士

第**3**章　日本の映画産業黎明期にみる「ギョーカイ意識」の成立

	マレー周辺を外国映画で興行，後に梅谷庄吉と知り合い日本で巡業興行，さらにユニバーサル映画の輸入商となるが間もなく病没
	1906年（明治39年），エム・パテーを設立，1912年（大正元年）の日活創業後は，日活取締役を務めるも，1913年（大正2年）1月，引責辞職。同年，敷島商会で連鎖劇制作を模索していた中村歌扇は，父の青江俊蔵にカメラマンのあっせんを依頼，青江は梅屋を中村に紹介し，梅屋はカメラマン男澤を，敷島商会に派遣した
	横田商会社員？　東京方面へのフィルム販売を担当
○	叔父土屋常二がやめた後，横田商会の撮影を担当。その後，エム・パテーに入社
	エム・パテー商会設立1年後にあった4～5班の巡業班の一つを率いる
	エム・パテー商会設立1年後にあった4～5班の巡業班の一つを率いる
	エム・パテー商会設立1年後にあった4～5班の巡業班の一つを率いる
	エム・パテー商会設立1年後にあった4～5班の巡業班の一つを率いる
○	エム・パテー商会設立1年後にできた現像所勤務。1915年（大正4年）頃，天活大阪鶴橋撮影所で撮影を担当
○	エム・パテー商会設立1年後にできた現像所勤務。日活設立に伴い日活に入社。1913年頃，梅屋の紹介で，連鎖劇を行うため大阪に新たに設立された，敷島商会のカメラマンとなる
○	エム・パテー商会設立1年後にできた現像所勤務。1911年（明治44年）頃福宝堂花見寺撮影所に移籍。1912年頃キネマカラーの調査のため福宝堂からイギリスに派遣される。帰国後，キネマカラー映画を試作。松竹キネマの1920年（大正9年）設立とほぼ同時に開設された俳優学校で撮影を教え，松竹技術部長に就任
	エム・パテー商会設立1年後にできた弁士養成所を担当。のちに脚本も書き，映画劇の演出も担当
	エム・パテー商会設立1年後にできた弁士養成所出身
	エム・パテー商会設立1年後にできた弁士養成所出身。1917年（大正6年）1月公開の革新的な映画『大尉の娘』（小林商会）で，外国風の説明を行う
	エム・パテー商会設立1年後にできた弁士養成所出身
	エム・パテー商会設立1年後にできた弁士養成所出身
	エム・パテー商会設立1年後にできた弁士養成所出身
	エム・パテー商会設立1年後にできた弁士養成所出身
	エム・パテー商会設立1年後にできた弁士養成所出身。大英百科事典で勉強して，仲間を驚かせた

55	中野信近	126-127, 196, 227, 290	新派劇団座長	1908？	俳優
56	中村菊三郎	128		1908より以前	事務
57	佐藤紅緑	125, 129, 178, 207	1874年（明治7年），青森県尋常中学校中退，新聞記者，新派本郷座座付作者	1908	脚本家？
58	小川真喜多	133	尾道市出身，普通写真師として京都市の写真館に所属	1908	撮影
59	牧野省三	133-137, 161-162, 174, 218-219	1878年（明治11年）9月京都市生まれ，25歳の時，千本座の経営を引き受けた。京都千本座の狂言方（舞台監督）	1908	監督
60	花井秀雄	143, 147, 149		1908	弁士
61	青江俊蔵	143, 164, 198		1908	劇場経営
62	俵田友吉	144		1908	撮影
63	西川源一郎	144-146	1908年（明治41年）に26歳との記述があるので，1882年生まれ？	1908	撮影
64	石井常吉	146, 155, 207, 213, 281		1908	劇場経営
65	杉山大吉	146, 160, 191, 197		1908より以前	撮影

第3章　日本の映画産業黎明期にみる「ギョーカイ意識」の成立

○	新派劇団を率いていた。1908年（明治41年）10月に吉澤商店から相談を受け，日本初のロケ映画，『己が罪』に出演。1913年（大正2年）頃は，東洋商会日暮里撮影所の映画に出演。1914年（大正3年）頃には，浅草みくに座で天活の連鎖劇に出演。1916年（大正5年）神田劇場で，エムカシー所属として連鎖劇に出演
	吉澤商店目黒撮影所所長兼俳優手配係
	吉澤商店，文芸顧問，考案部主筆（1920年（大正9年）頃から大衆小説，1927年（昭和2年）頃から少年小説を執筆し人気を博す）
	尾道市出身，普通写真師として京都市の写真館に所属も，同じ尾道出身の福井に弟子入りして，福井が横田商会をやめた後は，横田商会の撮影担当者となり，横田商会の代表作である尾上松之助映画を多く撮影
○	横田商会1908年（明治41年）9月公開の映画『本能寺合戦』の出演俳優が京都千本座の舞台俳優だった関係から，千本座の狂言方（舞台監督）だった牧野省三が撮影に監督として立ち会った。その後，松之助を発掘，多くの松之助映画を制作。1912年（大正元年）の日活設立に伴い，関西撮影所長，1925年（大正14年），独立系映画会社マキノ・プロダクションを設立。その子，孫も現在に至るまで映画界に関わる
	エム・パテーの映画を歩合で興行する大勝館（1908年（明治41年）7月開設）弁士。のちに撮影も
○	劇場を3つ経営する浅草の有力な興行者。大勝館の支配人で，エム・パテーに映画製作を依頼。エム・パテーの負債整理に当たり，新設のエム・パテー株式会社の役員となる。息子は一座を率いて女優劇を行った中村歌扇。中村から依頼を受け，梅屋を紹介，梅屋はカメラマン男澤を，敷島商会に派遣。また浪花節の吉田奈良丸の映画製作を目的に作られた彌満登音影の設立にかかわる
	鶴淵幻燈店制作映画の撮影を担当
	鶴淵幻燈店制作映画の撮影を担当，エム・パテーに派遣されて『曽我兄弟狩場の曙』を撮影。その後，芸者等が演じ陰セリフをつける映画を撮影
○	富士館（p.116）興行人で鶴淵幻燈店に映画撮影（制作）を依頼。富士館は横田系？日活設立に伴い日活入社，1913年（大正2年）の日活役員総辞職の後，横田永之助とともに，旧横田派として日活の主導権を握る。1923年（大正12年），経営不振の国活巣鴨撮影所に，向島撮影所の女形一座を引き連れて入社するも，ヒット作を制作できず
○	鶴淵幻燈店制作映画の撮影を担当？西川源一郎とともに富士館から依頼された映画を撮影。1910年（明治43年）頃，福宝堂の花見寺撮影所に移籍，その後日活入社？　1913年（大正2年）には，小松商会で撮影を担当

66	小林喜三郎	101, 154-155, 167, 169, 194-197, 202-203, 224-225, 227-232, 277-278	青年時代は劇場を転々とする生活，その後，弁士	1908より以前	弁士，映画会社経営
67	福井榮三郎	162		1908	劇場経営
68	森田梅吉	180	大阪毎日新聞販売部給仕	1908	撮影
69	大川伴蔵	180	基督教宣教師	1908	弁士
70	中村歌扇	143, 230	少女歌舞伎一座座長	1908	俳優
71	小口忠	129, 191, 213, 221, 223, 263		1909	脚本家，後年監督
72	大熊暗潮	129, 130		1909	脚本家？
73	中川慶二	129		1909	脚本家？
74	齋藤五百枝	129, 191		1909？	脚本家？
75	桝本清	129, 130, 191, 207, 213, 222, 259, 262, 278		1909？	脚本家
76	藤澤淺次郎	129, 130, 207	新派俳優	1909	俳優
77	関根達發	129, 130, 191-192, 205, 207, 224, 300	新派俳優	1909	俳優
78	水野好美	130, 195, 230	新派俳優	1909	俳優
79	村田正雄	130, 229	新派俳優	1909	俳優

第3章　日本の映画産業黎明期にみる「ギョーカイ意識」の成立

○	福宝堂創立時の営業部長。茨城県出身で，青年時代は劇場を転々とする生活だったが，横田商会東京出張所で映画説明，その後の独立を経て福宝堂に入社，営業部長を務める。その後，日活に入社するも官僚的な社風が合わず退社，常盤商会を設立。日活の常盤商会買収に伴い，日活に再入社の後，再退社，大阪の山川吉太郎の設立した東洋商会と提携。1914年（大正3年），東洋商会をもとに天活創立，1915年（大正4年）より天活の東日本部分を委任経営する
	浅草富士館（p.116, 156）の所有者で，富士館を買収した日本興行株式会社設立後は，同社役員
	大阪毎日新聞が行った映画事業のために映写技術を習得，映写技師となる
	大阪毎日新聞が行った映画事業のために弁士として採用される
	1908年（明治41年）9月，エム・パテーの最初の製作映画『曽我兄弟狩場の曙』に自らの少女歌舞伎一座で出演。1916年（大正5年）神田の神田劇場で，エムカシー所属として連鎖劇に出演
○	吉澤商店考案部所属。日活設立後は，日活所属。映画の革新を目論み声色を入らない映画を作ろうとするも会社の反対で実現せず。1917年（大正6年）当時，日活向島撮影所のただ一人の監督として映画を量産。革新映画を監督した田中榮三は，小口監督の助手を経て監督に
	吉澤商店考案部所属
	吉澤商店考案部所属
	吉澤商店考案部所属，日活には背景係として入社
○	吉澤商店考案部所属。日活設立後は，日活所属。日活の安い映画量産の方針に反発，新劇運動に携わった経験から，自ら脚本を書き，演出指導を行い，映画の場面転換などを模索。日活のヒット作『カチューシャ』（1914）では脚本を担当。声色を入らない映画を作ろうとするも会社の反対で実現せず。1917年（大正6年）当時，日活向島撮影所の脚本部のエース的待遇。三社競合の映画『毒草』の脚本を担当。山本嘉一や田中榮三と向島映画の改革を試みる。1919年（大正8年）設立の国活に，角筈撮影所所長兼撮影課長として迎えられる。1920年（大正9年），国活の中心俳優の井上正夫とともに海外視察
	新派の俳優。吉澤商店の俳優養成所を指導，吉澤の多くの映画に出演
○	新派の俳優。吉澤商店の俳優養成所を指導，吉澤の多くの映画に出演。1912年（大正元年）の日活設立に伴い日活入社，日活向島撮影所の人気俳優となり，天活からの引き抜きにあうが移籍せずも，日活の安い映画量産の方針に反発。1914年（大正3年）の日活のヒット作『カチューシャ』で主演。1920年（大正9年）松竹第1作となるべき『平家女護島』に出演予定だったが，ロケ地の天候により撮影できず，完成せず
	新派の人気俳優，吉澤の多くの映画に出演。小林喜三郎が日活退社後の1912年（大正元年）に設立した常盤商会の映画にも出演。1916年（大正5年）浅草常盤座で，根岸興行部所属として連鎖劇に出演
	新派の人気俳優，吉澤の多くの映画に出演。1916～1917年（大正5～6年）頃，大阪千日前敷島倶楽部で，連鎖劇に出演

80	福島清	130		新派俳優	1909	俳優
81	木村操	130		新派俳優	1909	俳優
82	木下吉之助	130, 196, 226, 229, 231		新派俳優	1909	俳優
83	五味國太郎	130, 196, 226, 229, 278		新派俳優	1909	俳優
84	柴田善太郎	130, 195, 197, 227, 230, 300		新派俳優	1909	俳優
85	藤井六輔	130		新派俳優	1909	俳優
86	若水美登里	130		新派俳優	1909	俳優
87	尾上松之助	133, 136, 161-162, 174, 192, 207, 209, 216-219, 226, 295		旅回りの松之助一座座長	1909	俳優
88	森要	149			1909？	撮影
89	矢代南洋	149			1909より以前	弁士
90	坂田重則	150, 221, 263-264			1909より以前	現像，撮影，映写
91	岩岡巽	150			1909より以前	現像，撮影，映写
92	田泉保直	150, 151	1911年（明治44年）に22歳（p.151），1889年生まれ？		1909より以前	現像，撮影，映写
93	中島新太郎	178			1909	映画雑誌
94	立花貞二郎	191-192, 205, 207, 220-224, 264		本郷座の新派の子役。映画『カチューシャ』（1914）の時22歳ということは，1892年生まれ？	1909	俳優
95	小林彌六	137			1910？	撮影
96	大森鶴松	137		京極の劇場明治座の道具方	1910	大道具？

第3章　日本の映画産業黎明期にみる「ギョーカイ意識」の成立

	新派の人気俳優，吉澤の多くの映画に出演
	新派の人気俳優，吉澤の多くの映画に出演
○	新派の人気俳優，吉澤の多くの映画に出演。1913年（大正2年）頃には，東洋商会日暮里撮影所の映画に出演。1914年（大正3年）頃，大阪千日前の楽天地という劇場で，連鎖劇に出演。1916〜1917年（大正5〜6年）頃，神戸相生座で，連鎖劇に出演。1917年（大正6年）春に，小林商会の南千住新スタジオの第1回作品『此子の親』に出演
○	新派の人気俳優，吉澤の多くの映画に出演。1913年（大正2年）頃には，東洋商会日暮里撮影所の映画に出演。1914年（大正3年）頃，大阪千日前の楽天地という劇場で，連鎖劇に出演。1919年（大正8年）設立の国活に，俳優として入社
○	新派の人気俳優，吉澤の多くの映画に出演。小林喜三郎が日活退社後の1912年（大正元年）に設立した常盤商会の映画にも出演。1914年（大正3年）頃には，浅草みくに座で天活の連鎖劇に一座で出演。1916年（大正5年）浅草常盤座で，根岸興行部所属として連鎖劇に出演。1920年（大正9年）松竹第1作となるべき『平家女護島』に出演予定だったが，ロケ地の天候により撮影できず，完成せず
	新派の人気俳優，吉澤の多くの映画に出演
	新派の人気俳優，吉澤の多くの映画に出演
○	牧野省三が，岡山県玉島町で松之助一座の芝居を見て，映画出演を交渉する。その後，横田商会，日活で多数の映画に出演
	エム・パテー系の娘美団映画の撮影監督を担当
	エム・パテーの弁士
	エム・パテーの技師。当時20代。1917年（大正6年）当時，日活向島撮影所の2人のカメラマンの一人。田中榮三の第1回監督作品でカメラマンを務める
	エム・パテーの技師。当時20代
	エム・パテーの技師。当時20代。南極探検隊にも同行し撮影
	1909年（明治39年）6月創刊の『活動写真界』主幹。日活成立後，中島は退く
○	吉澤商店俳優養成所，エム・パテーを経て，俳優として日活に入社。天活の引き抜きにあうが移籍せずも，日活の安い映画量産の方針に反発。1914年（大正3年）の日活のヒット作『カチューシャ』で女役として主演（p.208），この時22歳（p.224）。1917年（大正6年）に地方巡業から戻り日活革新映画「生きる屍」に出演。1918年（大正7年）映画を離れ舞台出演中に逝去
	横田商会の撮影所で撮影や演技指導を担当
	京極の劇場明治座の道具方で，横田商会の二條城撮影所を作る

107

97	田畑健造	153-154, 188, 195, 202, 207		1910	映画会社経営
98	川村惇	154, 198-199		1910	映画会社経営
99	瀧口乙三郎	154, 157, 198		1910	映画会社経営
100	江川仁三郎	157, 195	花見座の道具方	1910	道具係
101	田村宇一郎	157-158, 160, 191, 197, 277, 280	巡回興行者小松屋の狂言方	1910	監督・撮影, 演出
102	篠山吟葉	157, 191, 195, 205		1910	脚本
103	田口櫻村	148, 157, 292, 296, 298, 316		1910	脚本, 監督
104	吉野二郎	157-158, 160, 196, 205, 226, 280	宮戸座の役者	1910	監督
105	吉本慶三（敬三？）	157, 192		1910	撮影
106	木下録三郎	158		1910より以前	手配？
107	土屋松濤	159, 167	流しの芸人, 本郷座の楽屋に出入り	1910より以前	弁士
108	加藤貞利	160		1910	撮影？現像？
109	大洞元吾	160		1910	撮影？現像？
110	桑原昂	160		1910	撮影？現像？

第**3**章　日本の映画産業黎明期にみる「ギョーカイ意識」の成立

	福宝堂社長。「福宝堂」は日本橋白木屋の近くで製薬機械製造所を経営していた，賀田金三郎の事業所名であったが，賀田の甥の田畑健造が新たに映画事業を開始するに当たって，その事務所跡を使用した。田畑は資金を叔父の賀田から得た関係上，映画事業にはおよそ因縁のなさそうなこの名前を踏襲したのであろう。1912年（大正元年）の日活設立後は，日活取締役を務めるも，1913年（大正2年）の役員総辞職で映画界より離れる
	福宝堂創立時の副社長。1913年（大正2年）に浪花節の吉田奈良丸の映画製作を目的に作られた彌満登音影の設立に関わり，社長に就任するも1年で倒産
	福宝堂創立時の撮影部長。日活入社後？1913年（大正2年）に彌満登音影を設立するも，1年後に倒産
	花見座の道具方。福宝堂花見寺撮影所で道具設定などで映画撮影に協力。小林喜三郎が1912年（大正元年）に設立した常盤商会で大道具係
○	巡回興行者小松屋の狂言方。福宝堂花見寺撮影所で道具設定などで映画撮影に協力。1912年（大正元年）の日活設立後は脚本兼演出係として日活に入社。1913年（大正2年）には小松商会で脚本兼監督を務める。1919年（大正8年），天活日暮里撮影所の新しい新派映画の監督を務めるも，旧式のものだった。1920年（大正9年）頃，国活巣鴨撮影所で新派映画を監督
	福宝堂花見寺撮影所に脚本担当で参加。1912年（大正元年）の日活設立後は脚本兼演出係として日活に入社も退社，小林喜三郎の設立した常盤商会で脚本，監督を務める。1914年（大正3年）頃，日活向島撮影所の人気俳優を引き抜こうとしたが，向島撮影所所長の抵抗にあい失敗
○	1910年（明治43年），福宝堂花見寺撮影所に脚本担当で参加。1919年（大正8年）当時，東京毎夕新聞社に在籍し，小林喜三郎の『イントレランス』の宣伝に関わる。同年秋，大谷竹次郎から声がかかり，松竹キネマの設立に参加し，理事，撮影部長に就任。1920年（大正9年）3〜6月にハリウッドに赴き，人材・機材を集め帰国。最初に製作された（途中放棄）『荒野』で監督を務める。その後再度洋行
○	福宝堂花見寺撮影所に監督担当で参加。よく地方回りの劇団を一組いくらと仕切っては連れてきた。その後，小林喜三郎や山川吉太郎が日活をやめて1913年（大正2年）頃設立した東洋商会東京仮スタジオで映画制作を行う。1914年（大正3年）には東洋商会（天活）のキネマカラーの撮影指導。1915年（大正4年）からは天活日暮里撮影所専任の撮影監督。1920年（大正9年）頃国活巣鴨撮影所で旧劇映画を監督
	福宝堂花見寺撮影所に撮影担当で参加
	福宝堂花見寺撮影所で小劇場の役者を契約して連れてくる。よく地方回りの劇団を一組いくらと仕切っては連れてきた
	福宝堂映画で声色がうまかった弁士。流しの芸人から，声色がうまかったところを見込まれ金龍館専属弁士となる
	福宝堂の事業拡張に伴い入社？
	福宝堂の事業拡張に伴い入社？
	福宝堂の事業拡張に伴い入社？

111	長井信一	160, 259, 278		1910	撮影？現像？
112	太田紹男	160, 196, 226		1910	撮影？現像？
113	高澤信一	164, 188		1910より以前	映画会社経営
114	内山梅吉	164		1910より以前	映画会社経営
115	百束持中	178		1910？	映画雑誌
116	桑野桃華	178		1910？	映画雑誌
117	山川吉太郎	196, 202, 225-229, 232		1910？	映画会社経営

ことがあげられる。1903年から1910年の7年間に映画業界に参入したと田中(1957a)から読み取れるのは99人で，それ以前の6年(1897〜1902年)の18人に比べ，5.5倍になっている。

　第二に，その職種も増加したことがわかる。常設映画館の設置と増加に伴い，多くの新作映画が必要になったため，簡易ではあったが曲がりなりにも常設の撮影所が設立され，継続して組織的に映画制作が行われるようになったこと，また制作される映画自体もある程度の長さのストーリーを伴う複雑なものへと発展したことにより，映画制作から派生するさまざまな職種が出現した。すなわち監督，脚本，俳優，道具係などであり，また，これは第一期にもあった職種だが，撮影（カメラマン）の人数が特に増加している。こういった役割による映画業界への参入が，参入人数を押し上げている。また，劇場経営や映画雑誌作成といった関連の職種も出現している。職種の人数をみると，撮影（カメラマン）が特にこの時期に多かったこと，次に多いのが俳優，弁士，脚本となっている。監督は当時できたばかりの職種で，撮影が監督的な役割を果たすことが多かったことを反映して，監督での参入は少なかったことがわかる。

　第三に，参入以前の経歴が判明している33人のうち，演劇関係からの転職

第3章　日本の映画産業黎明期にみる「ギョーカイ意識」の成立

○	福宝堂の事業拡張に伴い入社？　1917年（大正6年）1月公開の海外映画の影響を受けた革新的な映画『大尉の娘』（小林商会）の撮影を担当．その時，22歳（ということは15歳で福宝堂に入社？）。1919年（大正8年）設立の国活に，撮影係として入社
○	福宝堂の事業拡張に伴い入社？　その後，日活に入社？　1913年（大正2年）頃の東洋商会設立に伴い東京仮スタジオで映画制作。映画量産に迫られた天活が1915年（大正4年），日暮里撮影所に配属，専属カメラマンとなる
	エム・パテーの負債整理に当たり，新設のエム・パテー株式会社の役員となる
	エム・パテーの負債整理に当たり，新設のエム・パテー株式会社の役員となる
	エム・パテーの後援のもと，『活動写真』という雑誌を創刊
	エム・パテーの後援のもと，『活動写真』という雑誌を創刊
	福宝堂大阪支店長から日活大阪支店へ入ったが，小林喜三郎の再退社とともに日活を退社，山松友次郎とともに東洋商会を設立。福宝堂が取得していたキネトカラーの特許を継承し，他の福宝堂派の人々と，1914年（大正3年）天然色活動写真株式会社を設立，取締役となる。1915年（大正4年）より，天活の西日本部分を委任経営。連鎖劇を流行させる

が22人と多いことが指摘できる。最も多いのは俳優の15人，そのほとんどは元新派俳優である。他の職種でも，舞台の狂言方（監督）から監督，舞台の道具方から道具係，芸人から弁士など，舞台周辺の技能を映画に生かした転職が多い。人材やノウハウにおいて，映画制作が既存の舞台の資源とつながりを持ちながら行われたことを示している。

　第四に，この時期に参入した人のなかには，撮影や監督，俳優，脚本といった専門的な職種において長くそのキャリアを積み重ね，日本の映画業界のなかでも，その職種で名声を確立した人が少なからず存在することを指摘できる。特にそれが多いのが撮影（カメラマン）である。早くから組織的に映画製作を始めた吉澤商店で撮影のキャリアをスタートした，19 藤原幸三郎，24 千葉吉蔵，25 村上満麿，26 小西亮，27 枝正義郎は，合併や引き抜きなどで所属する会社を変えながらも，長く映画撮影に携わった。その他，福宝堂出身の111 長井信一，112 太田紹男，エム・パテー商会出身の43 藤野泰，45 玉井昇も同様である。俳優では，当初は横田商会，合併成立後は日活で，合わせて約1000本の映画に出演し（田中 1957a：216），目玉の松ちゃんと呼ばれる人気俳優となった87 尾上松之助がいる。他にも，吉澤商店の俳優養成所を指導し，

自らも長く映画俳優としてのキャリアを重ねた 77 関根達發，同じく吉澤商店の映画出演からはじまり，さまざまな会社の映画に出演した，55 中野信近，82 木下吉之助，83 五味國太郎，84 柴田善太郎，監督では，福宝堂出身の 101 田村宇一郎，104 吉野二郎，横田商会からの依頼で映画制作に携わった 59 牧野省三，脚本では，71 小口忠（後年は監督），75 桝本清などがいる。また，専門的な職種ではないが，いくつもの会社を設立し，アメリカの大作映画『イントレランス』の興行などで，その後の（特に大正期）の映画界に大きな影響を及ぼした，映画会社経営者の 66 小林喜三郎が，劇場廻りから横田商会の弁士，その後自らの映画会社を設立した後に，福宝堂の営業所長に迎えられたのも，この頃である。

　第五に，1910 年頃から，引き抜きが起こっていることを指摘できる。特に，後発のエム・パテーや福宝堂は，先行していた吉澤商店や横田商会などから，特に撮影（カメラマン）を引き抜いた。鶴淵幻燈店などで撮影を行った 65 杉山大吉は，福宝堂が 1910 年頃に花見寺撮影所を開設したのに伴い福宝堂に入社，吉澤商店で千葉吉蔵の弟子として技術を身につけた 27 枝正義郎もそれに続き，のちにはエム・パテーから 45 玉井昇も入社した（田中 1957a：159-160）。横田商会の 38 福井繁一は，当初は叔父の土屋常二の弟子として横田に入社したが，土屋が横田をやめた後にヒット作を撮影して頭角を現し，エム・パテーに移籍している（田中 1957a：133）。

　第六に，参入の経緯をみれば，依然，人のつながりや偶然によるものが多いことが指摘できよう。上記の演劇関係者，特に役者は，104 吉野二郎や 106 木下録三郎のような，演劇界とつながりを持つ人が連れて来ていた。尾上松之助は旅回りの松之助一座の座長で，その芝居を岡山県玉島町の金光教の本部詣での折に，偶然見た牧野省三が，自らの映画への出演を交渉し，映画に出演するようになったのである（田中 1957a：136）。その牧野は，京都西陣の劇場千本屋の経営者だったが，横田商会の興行に劇場を貸したことから横田と知り合いになり，横田の映画制作を請け負うことになった（田中 1957a：134）。福宝堂が 1910 年に日暮里の近くに設立した花見寺撮影所は，花見座という芝居小屋に

隣接して作られたものであり，巡回興行者小松屋の狂言方であった102 田村宇一郎や，花見座の道具方であった100 江川仁三郎は，このときに映画に参入している。撮影でも，19 藤原幸三郎は，もともと横浜の写真店の徒弟であったが，兄の18 大澤吉之丞が吉澤商店で技師長であったため，吉澤がニュース映画の製作をはじめたときに吉澤に入ったのであるし（田中 1957a：99），24 千葉吉蔵は，吉澤商店の幻燈部に所属していたが，会社が映画製作に注力するようになったのに伴いカメラマンになったのであった（田中 1957a：120）。

　第七に，その一方で，全体の数からすれば少ないものの，エム・パテー商会が1907年に設立した弁士養成所や，吉澤商店が1909年に設けた考案部や俳優養成所など，学校的な機関あるいは組織的な新規部門の設立により，8人や5人といった，まとまった数の制度的な採用が行われていることを指摘できる。エム・パテーの弁士養成所の出身者としては，47 水書未狂，48 西村楽天ら8名が言及され（田中 1957a：141），ある程度の成功を収めたといっても良さそうである。また，エム・パテーでは，大久保撮影所の設置とともに撮影（カメラマン）を一挙に5～6人養成した。入所すると，撮影の際に必要となるカメラの手回しに慣れるため，3～4ヶ月から1年程度，巡業興行の映写をやらされたという（田中 1957a：150）。吉澤商店の俳優養成所は，「練習生には，豆腐屋の小僧とか，大工の弟子とかの類が多く，質的にも見るべきものがなく，殊に女優志願者が皆無の状態だったので，結果はあまり良くなかった」（田中 1957a：129）との記述がある。この頃の映画俳優は，後年のように多くの人が憧れる人気の職業ではなかったことがうかがわれる。しかし，日活の最初のヒット映画『カチューシャ』(1914)に主演した女形俳優の94 立花貞二郎は，本郷座の新派の子役であったが，この養成所で映画俳優としてのキャリアをスタートさせている（田中 1957a：224）。いずれにせよ，学校的な組織により，ある程度の人数を特定の職種として育成しようという試みは，映画市場が拡張し（それに伴う企業の新規参入も一部にあり），新たに人材を必要としていたこと，該当の職種のあり方が学校という定型の知識伝達のあり方にそぐうほどに安定してきていたことを示すものである。

ここで7つの観点から指摘した動向は，常設映画館の設置をきっかけに，組織的に継続して行われるようになった映画製作や輸入，興行，それに伴う配給といった，現在まで続く映画のビジネスが，この時期に成立したことによると理解できる。映画の事業としての持続可能性，将来性が今や明らかとなり，福宝堂のように映画に事業としての魅力（投資利回り）を感じて新たに参入した事業者もあった。また，急速に増加する常設映画館や，それに伴って上映する映画が多く必要とされたこと，そもそもこれらの常設映画館を支えた映画市場が拡大したことが，多くの新たな人材を必要としたのである。学校的な人材の新規参入制度が，それが成功したかどうかは別としても，この時期に現れたのは，この（それ以前の時期と比べて相対的に）大量かつ特定の職種に対する需要に対応したものであると言えよう。そして，学校という定型の知識伝達の方法がとられたのは，それらの職種で必要とされる技能が固定化されつつあったことに対応している。

1903～1910年に「ギョーカイ意識」，ネットワークは存在したのか

　第一期に存在しなかった「ギョーカイ意識」やギョーカイ内のネットワークは，映画のビジネス・モデルの成立に伴い，映画産業に参入する人が増加するとともに退出が減少し，職種が安定してきた，まさにこの時期に成立したと言える。

　その証拠として第一に挙げられるのは，同時期の入社や，同じ会社に在籍し同僚だったこと，仕事を教えてもらった先輩，後輩といった，この時期にできた人間関係が，それ以降にも生き続けることである。例えば，その後の映画会社が乱立する時期（1910年代半ば以降）をみると，吉澤商店で先輩格のカメラマンだった千葉吉蔵，および千葉から撮影の技術を習得した枝正義郎，小西亮は，東洋商会が設立されると東洋商会に移っている。各人が東洋商会に移った時期は不明だが，東洋商会が存在していたのは1年ほどに過ぎないので，ほぼ同時期に移ったと考えられ，背景には吉澤商店時代のつながりがあったと考えるのが妥当であろう。その東洋商会は，日活に入社したため特許が使用できな

い旧福宝堂社長の田畑健造からキネマカラーの特許を譲り受け，旧福宝堂派の人々と合流し，天活に発展解消している（田中 1957a：202-203）。小林喜三郎と田畑健造のつながりや，旧福宝堂派というグループの存在を感じられる出来事である。また，エム・パテーに撮影として入社した男澤蕭は，1913年にエム・パテーの社長梅屋の紹介で日活から敷島商会に移っている（田中 1957a：197-198）。このように4社を統合した日活にも，旧横田，旧吉澤，旧福宝堂，旧エム・パテーといったグループが残り，それらのグループのつながりで，新会社の設立に加わることも多かった。

　第二に，最初の引き抜きが起こったのがこの時期であることである。後発のエム・パテーや福宝堂は，吉澤商店や映画制作を請け負っていた鶴淵幻燈店から，さらに福宝堂はエム・パテーなどから，特に技術が必要な撮影（カメラマン）を引き抜いた（田中 1957a：159-160）。これも映画のビジネスの方法，枠組みが確立したことに伴い，職種やそれに必要な技能についての共通認識が会社の枠組みを超えて共有されつつあったこと，新たに映画に参入した事業者であっても，既存の映画のビジネスのあり方をそのまま取り入れて事業を始めたことを示している。この時期に映画に参入した人々が，その後も多くの会社の存亡や技術の変化を乗り越えて長く活躍することができたのは，この時期に映画のビジネスが確立したことに伴って，職種とそのネットワークが確立し，それがその後大きく変わらなかったためであろう。

　引き抜きが行われたということは，そこには，その人物や技能に関する評判があったと考えられる。例えば，枝正義郎は，吉澤商店時代に，映画の特性を生かした新しい撮影を試みた「千葉吉蔵の指導を受け，カメラ技巧には早くから一見識を持っていた」（田中 1957a：276）との記述がある。そして，後年ではあるが，（1914年（大正3年）設立の天活において）枝正が撮影した映画は，場面転換が多く，撮影現像が美しいことですでに知られていた（田中 1957a：226, 276）という。少なくとも撮影（当時の撮影技師は現像も映写も行っていた）に関して言えば，上映される映画をみればその技能の程度が把握できたことであろうから，引き抜きが，まず撮影という評価のしやすい職種から始まったのは偶然

ではない。

　また，俳優などでみられる人のつながりによる採用は，それが演劇に連なるものであったとしても，映画に生かすことができる人のネットワークの存在を感じさせる。ここには，ある種の業界の評判，ネットワークが形成されつつあったことを感じさせるのである。

　第三に，雑誌の出現も，映画産業全体が明確な境界を持って認識されていたことの証拠として挙げられよう。日本で初めての映画雑誌は，1909年（明治42年）の『活動写真界』であるが，これは，輸入映画の製作会社，原作者，出演俳優等を解説する冊子が必要になり，映画会社が支援して制作した最初の雑誌で，吉澤商店の支援によるものである。同時期には，エム・パテーによる『活動写真』，横田商会による『活動写真タイムス』がある。このいずれも，半機関誌的な性格に留まり，すぐに廃刊となっている（田中 1957a：178）。しかし，1897年頃には映画を示す名称が統一されていなかったのが，これらの雑誌ではすべて活動写真の名称を使っており「活動写真」で用語と概念が統一されたこと，また「活動写真界」の名称は，この頃に映画業界という認識が出来ていたことを示している。

5　第三期，日活への統合と映画会社の乱立
　　　―1911〜1920年―

　しかし，4社体制も長くは続かなかった。きっかけとなったのは，1910年秋のエム・パテー商会の破綻である。エム・パテーの創業者である梅屋の側近は，新たにエム・パテー株式会社を設立して新たに資本金を集め負債を清算したのだが，梅屋本人は破綻を契機に4社を統合し独占的な大映画会社をつくろうと，財界や政界の有力者を巻き込んで奔走をはじめた（田中 1957a：164-166）。現状では「新作映画の濫造と，低俗趣味の洋画輸入に没頭して」（田中 1957a：165）日本映画が発展しないので，統一会社をつくろうというのであり，また，「全国にまだ百とは無かった常設映画館を四商社が競争して奪い合つたのでは

経営の不合理は目に見えているから、この統一会社には四商社双手をあげて賛成するであろうとの見通し」(日活株式会社：1952：40) もあった。当然ながら、他3社の強い反対もあったが、政財界の有力者も動かし、結局、新しく設立された会社がまずエム・パテー株式会社を50万円で買収、その後吉澤商店を75万円で、横田商会は45万円、最後まで抵抗した福宝堂をも97万6700円で買収し、日本活動フィルム株式会社と命名され発足した新会社は、1912年 (大正元年) 7月、日本活動写真株式会社 (以下、日活) と社名を改め、事業活動を開始したのである (日活株式会社：1952：40, 田中 1957a：185-190)。

　ところが、強引に社風も規模も異なる4社を統合したために、日活はさまざまな面、特に資金集めと製作の面で混乱を抱えた。三菱財閥の引き入れを条件に社長に就任した後藤猛太郎は、約束を果たすことができず3ヶ月で辞任、統合の中心人物であった梅屋も役員を4ヶ月で辞任 (田中 1957a：193)、創立1年後には人事をめぐり役員が総辞職するという事態に陥った (日活 1952：42)。製作では、福宝堂から直営館係長として入社した小林喜三郎が日活の官僚的な社風に合わずに退社すると、常設映画館の浅草常盤座の根岸浜吉の支援を得て、元福宝堂社員とともに常磐商会を設立し映画製作をはじめた。しかし、これは日活が営業をはじめてから2ヶ月にもならない1912年12月だったため、日活は常盤商会製作の映画をすべて買い取り、従業員と撮影所設備も引き受けることを条件に、常盤商会を解散させることとなった。その後、小林は再び退社、元福宝堂大阪支社長の山川吉太郎が設立した東洋商会と連携し、山川は大阪の鶴橋で、小林は日暮里で映画製作を行い、福宝堂時代から関係のあった12～3の常設映画館に配給を行った (田中 1957a：196, 日活 1952：42)。そのほか、巡業興行者の小松屋こと斎藤幸太郎が福宝堂の元社員らを招き直営の浅草館を開設して設立した小松商会、蓄音機と映画を連動させるエジソンのキネトフォンの権利を買い設立された日本キネトフォン株式会社などの小規模な映画会社が出現した (田中 1957a：197-201)。

　その後、東洋商会は、福宝堂がイギリスから特許を購入し準備を進めていたカラー映画、キネマカラーの権利を継承し、1914年 (大正3年)、新会社の天

117

然色活動写真株式会社（以下，天活）へと発展解消した。天活は，キネマカラーの映画を輸入興行するとともに，自らも数本製作し興行，それなりの成功を収め，日活の興行館を奪うこともあった。その後，ヨーロッパでの第一次世界大戦の勃発により生フィルムの価格が高騰，通常の倍のフィルムを使うキネマカラー[6]は採算が合わず製作されなくなったものの，天活は，松竹が登場するまでの6～7年の間，日活に対抗しうる唯一の映画会社であった（田中 1957a：205-206）。

　1916年（大正5年），小林喜三郎は天活と対立し小林商会を設立し独立するも，注力した連鎖劇[7]のブームが去り，警視庁により連鎖劇が禁止されたことから，小林商会は倒産した（田中 1957a：232）。この窮地に小林は，当時としては破格の大作映画『イントレランス』をアメリカから輸入，10円という高額の入場料で興行を行うという賭けに出て成功し，40万円もの利益を手にすることになった（日活 1952：43-44）。この利益を元手に，小林は関屋親次など周囲の協力を得て，1919年（大正8年）12月に，資本金1000万円で国際活映株式会社（以下，国活）を設立し，翌1920年（大正9年）1月には天活を買収，角筈十二社に撮影所を建設し，5月より映画製作を行った。しかし，1921年（大正10年）暮れには，一部役員の背任横領により早くも経営破綻状態となり，その後，数本の製作が行われたものの，1925年（大正14年）には天活は消滅した（田中 1957a：279-280）。

　また，1920年（大正9年）には，東洋汽船の浅野良三が出資して，大正活動写真株式会社（以下，大活）が設立された。大活の製作部門の中心は，1914年からアメリカのインス・プロダクションで俳優として活躍，プロダクションの解散後に帰国し，大活の前身となる小映画会社に協力していたトーマス栗原喜三郎であった（田中 1957a：282-283）。また，文芸顧問に谷崎潤一郎を迎え，栗原の徹底した演出とクロス・カッティングなどを用いた画面作りにより先進的な映画を製作したが，1922年（大正11年）から松竹キネマと提携，1925年（大正14年）には松竹のいくつかの映画館を経営する興行会社となり，映画製作は行われなくなった。

1920年（大正9年）2月，歌舞伎等の演劇興行の最大手，松竹合名会社がついに松竹キネマ合名会社を設立し映画製作に乗り出すことを新聞広告で明らかにし，土地や俳優，社員を募集した。松竹は小林喜三郎の有力な部下であった田口櫻村を入社させてアメリカに派遣，田口はハリウッドから，カメラマンのヘンリー小谷や，で1919年にユナイテッド・アーティスツの設立者の一人となったダグラス・フェアバンクスの秘書をしていた田中欽之，大道具師ジョージ・チャプマンらを引き連れ帰国した。田口らは，新設された蒲田撮影所で，脚本までローマ字という徹底したアメリカン・スタイルによる映画製作を行うも，日本的な演出がうまくできずお蔵入りとなったり，公開されたものも意図せざるところで観客が笑うなど，当初は苦難の連続であった（田中 1957a：298-302）。

　帝国キネマは，国活の天活買収に伴い，1919年（大正8年）12月に天活大阪支店長をしていた山川吉太郎が独立して設立した会社で，京阪地方に14〜5の劇場を持ち，大阪市外小坂の撮影所で映画製作を行った。出資者はアメリカ帰りの新進証券業者，小田末造であった（田中 1957a：363）。帝キネは，あまり質の良くない映画を量産したが，最終的には社内の内紛から1925年（大正14年）に消滅する。

　また，1920年以降となるが，日活京都撮影所所長として長い間，京都で時代劇映画を製作していた牧野省三も1921年（大正10年）独立し，牧野教育映画製作所を設立している。この会社は，国活の巣鴨撮影所を離れた役者や制作関係者が加わったことを契機に，1923年（大正12年）4月にマキノキネマ株式会社に発展した（田中 1957a：355-358）（日活 1952：45）。

1911〜1920年に映画業界に参入した人々の特徴

　この時期に映画業界に参入した人々を整理すると表3-4のようになる。
　この時期にみられる特徴を上げると，以下のようになる。
　まず第一に，1903〜1910年よりも基準となる期間が2年長くなっているものの，それを差し引いてもこの時期に参入したのは，233人と大幅に増加して

表3-4 1911～1920における新規参入者

通し番号	人名	田中発達史Ⅰページ	略歴，前職	映画界参入年	職種
118	米本鐵太郎	162		1911より以前	劇場経営
119	高瀬寅昌	162	京浜銀行行員	1911	劇場経営
120	土岐亮	164		1911	映画会社経営
121	古川孝七	164		1911	映画会社経営
122	田辺頼一	164		1911	映画会社経営
123	頼母木桂吉	184-185		1911より以前	映画フィルム輸入
124	後藤猛太郎	185, 190, 192		1911	映画会社経営
125	山崎長之輔	174, 191-192, 197, 228		1911より以前	俳優
126	鈴木陽	201		1911より以前	輸入
127	中里徳太郎	146		1912より以前	撮影
128	生田長江	176		1912	映画解説
129	馬場弧蝶	176		1912	映画解説
130	小山内薫	176, 177, 294, 296, 298, 300	1881年（明治14年）生まれ，東京帝国大学英文科卒	1912	映画解説，監督
131	鈴木要三郎	190, 192-193, 213？, 262	海軍主計	1912？	映画会社経営
132	桂二郎	190		1912？	映画会社経営
133	後藤勝造	190		1912？	映画会社経営
134	林謙吉郎	190		1912？	映画会社経営
135	高倉藤平	190		1912？	映画会社経営
136	郷誠之助	190		1912	映画会社経営
137	鬼頭磊三	191, 222		1912より以前	脚本・演出

第3章　日本の映画産業黎明期にみる「ギョーカイ意識」の成立

特記事項	参入時エピソード
	美音館の所有者で，美音館を買収した日本興業株式会社の役員となる
	日本興業株式会社の設立に伴い，銀行から入社，実際の経営に当たる
	新設エム・パテー株式会社監査役
	新設エム・パテー株式会社監査役
．	新設エム・パテー株式会社支配人
	映画の生フィルム輸入のジャパン・プレスの経営者。4社合併のために奔走する
	大日本フィルム機械製造の創立委員長で，日活の初代社長となる。三菱財閥の引き入れに失敗し，1912年（大正元年）12月辞任
キャリア	東京劇場組合の映画出演俳優の不雇用宣言により，福宝堂花見寺撮影所の専属となった，山崎長之輔一座長。日活創立に伴い日活に移籍，日活向島撮影所製作の映画に出演。その後，日活を退社し，関西へ移動，1913年（大正2年）6月神戸大黒座で連鎖劇の名称を創作する。この時の映画は東洋商会大阪撮影所に依頼したもの（p.228）。大阪楽天地劇場での連鎖劇が大入りとなる
	福宝堂ロンドン出張所勤務
	鶴淵幻燈店制作映画の撮影を担当。台湾に撮影のため出張中，死去
	1912年（明治45年）3月にエム・パテー階上で開催された，輸入映画を上映する文芸活動写真会で，上映前の演説を担当
	1912年（明治45年）3月にエム・パテー階上で開催された，輸入映画を上映する文芸活動写真会で，上映前の演説を担当
キャリア，高学歴	1912年（明治45年）3月にエム・パテー階上で開催された，輸入映画を上映する文芸活動写真会で，解説を担当。1920年（大正9年）当時，市村座にいたが，同年設立の松竹キネマに招聘され理事および俳優学校校長，撮影総監督に就任
	日活の初代取締役専務。主に会計を担当。1917〜1918年（大正6〜7年）頃の向島撮影所の拡充に伴い，製作担当重役となり，脚本の選定や配役の決定に立ち会う
	日活設立時の取締役
	日活設立時の取締役
	日活設立時の取締役
	日活設立時に発起人となる予定だったが辞退
	日活創立時に，吉澤商店より，脚本兼演出係として入社。その後，日活脚本部に所属。1917年（大正6年）当時，日活向島撮影所で，桝本清とともに活躍

138	新海文次郎	191, 213, 221		1912より以前	脚本・演出
139	森三之助	191, 224, 230		1912より以前	俳優
140	五味國太郎	191, 224, 229		1912より以前	俳優
141	横山運平	191, 221		1912より以前	俳優
142	青木仙八郎	192		1912より以前	俳優
143	山松友次郎	196		1912より以前	映画会社経営
144	山崎勝造	192, 205		1913以降	映画会社経営
145	佐藤亀蔵	196		1913？	大道具
146	高波定二郎	196	旅回りの一座	1913？	俳優
147	桃木吉之助	196	旅回りの一座	1913？	俳優
148	寺島倉次郎	196	旅回りの一座	1913？	俳優
149	越後源二郎	196	旅回りの一座	1913？	俳優
150	松本高麗三郎	197, 205, 229	旧劇役者	1913？	俳優
151	中村翫右衛門	197	旧劇役者	1913？	俳優
152	市川紋十郎	197	旧劇役者	1913？	俳優
153	齋藤幸太郎	197	巡回興行者	1913	映画会社経営
154	木元榮吉	198	女優劇興行	1913？	映画会社経営
155	澤田順介	198		1913？	撮影
156	秋元菊彌	198, 229		1913？	俳優
157	久保田清	198, 229		1913？	俳優
158	三宅豹三	198		1913より以前	不明

第3章 日本の映画産業黎明期にみる「ギョーカイ意識」の成立

	日活創立時に，吉澤商店より，脚本兼演出係として入社。その後，日活脚本部に所属。1917年（大正6年）当時，日活向島撮影所のただ一人の監督として映画を量産していた小口忠の助手として活動
	日活創立時に，吉澤商店より，俳優として入社。1917年（大正6年）に日活向島撮影所に在籍した24人の俳優の一人？　1916年（大正5年）本所寿座で，森興行部所属として連鎖劇に出演
	日活創立時に，吉澤商店より，俳優として入社。1917年（大正6年）に日活向島撮影所に在籍した24人の俳優の一人？　1916～1917年（大正5～6年）頃，大阪千日前楽天地で，連鎖劇を上映
	日活創立時に，吉澤商店より，俳優として入社。1917年（大正6年）に日活向島撮影所に敵役俳優として在籍
	新派俳優。小林喜三郎が日活退社後の1912年（大正元年）に設立した常盤商会の映画に出演
	興行館の蘆邊倶楽部，経営者？　山川吉太郎と共同で東洋商会を設立
	杉山茂丸の推薦で日活に入社し，向島撮影所所長を務める。専ら撮影所の従業員に睨みをきかせて，余計なものは買わず，ムダな入費はかけず，安い手当で休みなく人を使うのが，その身上であった
	東洋商会東京仮スタジオがおかれた稲穂座の大道具師で，東洋商会の映画撮影に協力
	東洋商会において吉野二郎が安く雇用した一座の旅役者
	東洋商会において吉野二郎が安く雇用した一座の旅役者
	東洋商会において吉野二郎が安く雇用した一座の旅役者
	東洋商会において吉野二郎が安く雇用した一座の旅役者
キャリア	東洋商会日暮里撮影所で映画に出演，1914年（大正3年）頃天活キネマカラー映画に出演。1916～1917年（大正5～6年）頃，大阪千日前楽天地で，連鎖劇に出演。1916年（大正5年）浅草宮戸座で，天活の連鎖劇に出演
	東洋商会日暮里撮影所で映画に出演
	東洋商会日暮里撮影所で映画に出演
	巡回興行者小松屋こと齋藤幸太郎は，小松商会を設立し映画製作をはじめる
	大阪千日前の劇場敷島倶楽部の経営者？　連鎖劇の流行に対応し，映画製作を始める
	敷島商会カメラマン男澤肅の助手として，敷島商会で仕事
	敷島商会の連鎖劇映画に出演した新派俳優。1916～1917年（大正5～6年）頃，京都新京極歌舞伎座で，連鎖劇に出演
	敷島商会の連鎖劇映画に出演した新派俳優。1916～1917年（大正5～6年）頃，京都新京極歌舞伎座で，連鎖劇に出演
	福宝堂の撮影部長だった瀧口乙三郎を中心に，浪花節の吉田奈良丸の映画製作を目的に作られた彌満登音影の設立に関わる

159	風間禮助	199		1913？	映画会社経営
160	和田禎純	199		1913？	映画会社経営
161	肥塚龍	199		1913	映画会社経営
162	岡部芳郎	199	アメリカのエジソン研究所	1913	製作
163	金子圭介	202		1913	映画会社経営
164	堀江知秀	202		1913	映画会社経営
165	皆川廣量	202		1913	映画会社経営
166	藤田繁之	202		1913	映画会社経営
167	森部發	202		1913	映画会社経営
168	坂東勝五郎	202		1913より以前	俳優
169	市川海老十郎	202		1913より以前	俳優
170	中村吉三郎	202		1913より以前	俳優
171	内田直三	206		1913	映画会社経営
172	藤田謙一	206		1913	映画会社経営
173	井伊蓉峰	228		1913より以前	俳優
174	澤村源之助	228		1913より以前	俳優
175	小島孤舟	229		1913より以前	脚本
176	滋野幸慶	269		1913	雑誌編集
177	帰山教正	267-276, 280	1893年（明治26年）東京生まれ，東京高師付属中学，東京高等工業学校機械科卒，天活輸入係社員	1913？	監督
178	細山喜代松	206, 278		1914より以前	演出
179	深澤恆造	227, 230		1914	俳優
180	中村秋孝	227, 230		1914	俳優

第3章　日本の映画産業黎明期にみる「ギョーカイ意識」の成立

	福宝堂の撮影部長だった瀧口乙三郎を中心に，浪花節の吉田奈良丸の映画製作を目的に作られた彌満登音影で専務を務めるも1年で倒産
	福宝堂の撮影部長だった瀧口乙三郎を中心に，浪花節の吉田奈良丸の映画製作を目的に作られた彌満登音影で取締役を務めるも1年で倒産
	エジソンが発明した映画＋キネトフォンの特許を買い，25万円の資本金で内幸町に日本キネトフォンを設立
	アメリカのエジソン研究所にいたが日本キネトフォン技術部に招かれる
	天活初代社長
	天活設立時の取締役
	天活設立時の取締役
	天活設立時の取締役
	天活設立時の取締役
	天活のキネマカラー映画に出演
	天活のキネマカラー映画に出演
	天活のキネマカラー映画に出演
	役員総辞職後の日活会長
	日活役員総辞職後に，新しく取締役となる
	日露開戦頃に真砂座で連鎖劇（当時の名称は「実物応用」）を上映
	日露開戦頃に真砂座で連鎖劇（当時の名称は「実物応用」）を上映
	連鎖劇を広めた山崎長之輔の脚色を担当，脚色の妙もありヒットした
	1913年（大正13年）帰山教正とともに雑誌『キネマレコード』を創刊する
キャリア，高学歴	1913年（大正13年）滋野幸慶とともに雑誌『キネマレコード』を創刊，1918年（大正7年）天活において，カット・バック，クローズアップ，ロングショットの手法，シナリオ，コンティニュイティなどを使った日本最初の映画『生の輝き』『深山の乙女』を作る。1920年（大正9年）国活による天活買収により国活に移るが，排斥の声により1921年（大正10年），松竹キネマと提携
キャリア	1914年の日活のヒット作『カチューシャ』で演出を担当。1919年（大正8年）設立の国活に，監督として入社
	1916年（大正5年），浅草鳥越の中央劇場で，天活の連鎖劇に出演
	浅草鳥越の中央劇場で，天活の連鎖劇に出演。1916年（大正5年）横浜喜楽座で，天活の連鎖劇に出演

181	井上正夫	227, 229, 231, 257, 259-260, 278		1914	俳優
182	青木鶴子	282, 307		1914	俳優
183	早川雪洲	282, 295, 306-307		1914	俳優
184	小谷ヘンリー	282		1914	俳優
185	阿部豊	282		1914	俳優
186	徳永フランク	282		1914	俳優
187	関操	282		1914	俳優
188	澤村四郎五郎	226, 280	帝国劇場俳優	1915	俳優
189	市川莚十郎	226, 279	左団次一座	1915	俳優
190	岡部繁之	226		1915より以前	撮影
191	大井新太郎	226, 229		1915より以前	俳優
192	山田九州男	226, 229		1915より以前	俳優
193	桂田阿彌笠	226		1915より以前	脚本
194	賀古残夢	226		1915より以前	脚本
195	羽様華香	226		1915より以前	脚本

第3章 日本の映画産業黎明期にみる「ギョーカイ意識」の成立

キャリア，引き抜き	1916年（大正5年）浅草のみくに座で，天活の連鎖劇に出演。1917年（大正6年）春に，小林商会の南千住新スタジオの第1回作品「此子の親」に出演。1917年（大正6年）1月公開の革新的な映画「大尉の娘」（小林商会）を制作，演出。その後，松竹を経て，1919年（大正8年）設立の国活に迎えられる。1920年（大正9年），国活の中心俳優の井上正夫とともに海外視察
女優	1914年（大正3年）から1917年（大正6年）の間にロサンゼルス（ハリウッド？）で制作された日本風俗映画に俳優として出演。1917年（大正6年）以後に，横浜の小映画業者，ブロドスキイに協力。早川雪州の妻で，川上貞奴一座の女優だった
	1914年（大正3年）から1917年（大正6年）の間にロサンゼルス（ハリウッド？）で制作された日本風俗映画に俳優として出演。1917年（大正6年）以後に，横浜の小映画業者，ブロドスキイに協力
	1914年（大正3年）から1917年（大正6年）の間にロサンゼルス（ハリウッド？）で制作された日本風俗映画に俳優として出演。1917年（大正6年）以後に，横浜の小映画業者，ブロドスキイに協力
	1914年（大正3年）から1917年（大正6年）の間にロサンゼルス（ハリウッド？）で制作された日本風俗映画に俳優として出演。1917年（大正6年）以後に，横浜の小映画業者，ブロドスキイに協力
	1914年（大正3年）から1917年（大正6年）の間にロサンゼルス（ハリウッド？）で制作された日本風俗映画に俳優として出演。1917年（大正6年）以後に，横浜の小映画業者，ブロドスキイに協力
	1914年（大正3年）から1917年（大正6年）の間にロサンゼルス（ハリウッド？）で制作された日本風俗映画に俳優として出演。1917年（大正6年）以後に，横浜の小映画業者，ブロドスキイに協力
	映画量産に迫られた天活が1915年（大正4年），日暮里撮影所に雇い入れた専属俳優。1920年（大正9年）頃国活巣鴨撮影所に所属
キャリア	映画量産に迫られた天活が1915年（大正4年），日暮里撮影所に雇い入れた専属俳優。1920年（大正9年）の国活による天活買収により？国活巣鴨撮影所に所属，その後，松竹入社。
	映画量産に迫られた天活が1915年（大正4年），日暮里撮影所に配した専属カメラマン
	新派俳優。1914年（大正3年）頃，大阪千日前の楽天地という天活直営の劇場で，連鎖劇に出演
	新派俳優。1914年（大正3年）頃，大阪千日前の楽天地という天活直営の劇場で，連鎖劇に出演。1916〜1917年（大正5〜6年）頃，大阪千日前敷島倶楽部で，連鎖劇に出演
	天活日暮里撮影所で制作される旧劇映画には，浅草封切館大勝館経営者の注文で，脚色を行った
	天活大阪撮影所脚本部で，連鎖劇を手掛けた
	天活大阪撮影所脚本部で，連鎖劇を手掛けた

196	川口吉太郎	226-227	大阪の連鎖劇劇場，楽天地の新派役者	1915より以前	演出監督・映画会社経営
197	金泉丑太郎	226	大阪の連鎖劇劇場，楽天地の新派役者	1915より以前	演出監督
198	秋月邦武	221，229		1916より以前	俳優
199	太田勇之進	228，277		1916より以前	映画会社経営
200	国松一	229		1916より以前	俳優
201	原田好太郎	229		1916より以前	俳優
202	市川鬼丸	229		1916より以前	俳優
203	村瀬蔦子	229		1916より以前	俳優
204	日疋重亮	229		1916より以前	俳優
205	池見成美	229		1916より以前	俳優
206	秋山十郎	229		1916より以前	俳優
207	河原市松	229		1916より以前	俳優
208	静間小次郎	229		1916より以前	俳優
209	井上春之輔	229		1916より以前	俳優
210	岡本五郎	229		1916より以前	俳優
211	木下八百子	229		1916より以前	俳優
212	藤村秀夫	229		1916より以前	俳優
213	武田清子	229		1916より以前	俳優
214	坂東彦十郎	229		1916より以前	俳優
215	澤村傳次郎	229		1916より以前	俳優
216	佐藤歳三	229		1916より以前	俳優
217	浅尾工左衛門	229		1916より以前	俳優
218	中村竹三郎	229		1916より以前	俳優
219	市川寿朝	229		1916より以前	俳優
220	實川延一郎	230		1916より以前	俳優
221	坂東左門	230		1916より以前	俳優
222	敷島大蔵	230		1916より以前	俳優
223	栗島狭衣	230		1916より以前	俳優

第3章 日本の映画産業黎明期にみる「ギョーカイ意識」の成立

	天活大阪鶴橋撮影所で演出監督を担当，その後，1916年（大正5年）に新設された天活大阪小坂撮影所の所長となる
	天活大阪鶴橋撮影所で演出監督を担当
	1916年（大正5年）浅草のみくに座で，天活の連鎖劇に出演。1917年（大正6年）に日活向島撮影所に二枚目俳優として在籍
	天活取締役，1916年（大正5年）10月の小林喜三郎の天活からの独立以降，大阪支店詰となり山川吉太郎の独立を阻止した。1919年（大正8年）頃には天活の製作担当重役
	1916〜1917年（大正5〜6年）頃，大阪千日前楽天地で，連鎖劇に出演
	1916〜1917年（大正5〜6年）頃，大阪千日前楽天地で，連鎖劇に出演
	1916〜1917年（大正5〜6年）頃，大阪千日前楽天地で，連鎖劇に出演。1916年（大正5年）浅草宮戸座で，天活の連鎖劇に出演
女優	1916〜1917年（大正5〜6年）頃，大阪千日前楽天地で，連鎖劇に出演
	1916〜1917年（大正5〜6年）頃，大阪千日前楽天地で，連鎖劇に出演
	1916〜1917年（大正5〜6年）頃，大阪千日前敷島倶楽部で，連鎖劇に出演
	1916〜1917年（大正5〜6年）頃，大阪千日前敷島倶楽部で，連鎖劇に出演
	1916〜1917年（大正5〜6年）頃，大阪道頓堀中座で，連鎖劇に出演
	1916〜1917年（大正5〜6年）頃，京都新京極歌舞伎座で，連鎖劇に出演
	1916〜1917年（大正5〜6年）頃，京都新京極歌舞伎座で，連鎖劇に出演
	1916〜1917年（大正5〜6年）頃，京都新京極歌舞伎座で，連鎖劇に出演
女優	1916年（大正5年）浅草のみくに座で，天活の連鎖劇に出演
	1916年（大正5年）浅草のみくに座で，天活の連鎖劇に出演
女優	1916年（大正5年）浅草のみくに座で，天活の連鎖劇に出演
	1916年（大正5年）赤坂演伎座で，天活の連鎖劇に出演
	1916年（大正5年）赤坂演伎座で，天活の連鎖劇に出演
	1916年（大正5年）赤坂演伎座で，天活の連鎖劇に出演
	1916年（大正5年）浅草宮戸座で，天活の連鎖劇に出演
	1916年（大正5年）浅草宮戸座で，天活の連鎖劇に出演
	1916年（大正5年）浅草宮戸座で，天活の連鎖劇に出演
	1916年（大正5年）浅草鳥越の中央劇場で，天活の連鎖劇に出演
	1916年（大正5年）浅草三友館で，天活の連鎖劇に出演
	1916年（大正5年）浅草三友館で，天活の連鎖劇に出演
	1916年（大正5年）浅草三友館で，天活の連鎖劇に出演

224	市川荒二郎	230		1916より以前	俳優
225	月岡一樹	230		1916？	俳優
226	桂寿郎	230		1916より以前	俳優
227	石井薫	230		1916より以前	俳優
228	市川海老十郎	230		1916より以前	俳優
229	市川松鶴	230		1916より以前	俳優
230	中村扇太郎	219		1917？	俳優
231	市川姉蔵	219		1917？	俳優
232	田中榮三	221, 262	土曜劇場その他の新劇運動に関係	1917	監督
233	大村正雄	221		1917より以前	俳優
234	藤川三之助	221		1917より以前	俳優
235	新井淳	221		1917より以前	俳優
236	土方勝三郎	221		1917より以前	俳優
237	五月操	221		1917より以前	俳優
238	東二郎	221		1917より以前	俳優
239	大井吉彌	221		1917より以前	俳優
240	佐久間一郎	221		1917より以前	俳優
241	木藤茂	221		1917より以前	俳優
242	東猛夫	261	大阪楽天地の女形	1917 or 1918, 9	俳優
243	山本嘉一	261-262	傑作座という劇団を率いる	1917 or 1918, 10	俳優
244	藤野秀夫	261	精美団の主催者	1917 or 1918, 10	俳優
245	衣笠貞之輔	261	山崎長之輔一座の女形	1917 or 1918, 10	俳優
246	亀原（龜原）嘉明	265		1917より以前	大道具
247	豊田正平	268		1918より以前	映画会社経営
248	岸田辰彌	270		1918	劇団関係者

第3章 日本の映画産業黎明期にみる「ギョーカイ意識」の成立

	1916年（大正5年）横浜喜楽座で，天活の連鎖劇に出演
	1916年（大正5年）深川の深川座で，エムカシー所属として連鎖劇に出演
	1916年（大正5年）神田の神田劇場で，エムカシー所属として連鎖劇に出演
	1916年（大正5年）神田の神田劇場で，エムカシー所属として連鎖劇に出演
	1916年（大正5年）浅草開盛座で，エムカシー所属として連鎖劇に出演
	1916年（大正5年）本所寿座で，森興行部所属として連鎖劇に出演
	松之助への牽制の意味で，牧野省三が舞台から招いた俳優。松之助ほどの人気はでなかった
	松之助への牽制の意味で，牧野省三が舞台から招いた俳優。松之助ほどの人気はでなかった
キャリア	土曜劇場その他の新劇運動に関係して，新しい劇芸術に新境地を見出そうとしていたが，1917年（大正6年）に日活向島撮影所に入社，映画の改革を試み，革新映画を監督する
	1917年（大正6年）に日活向島撮影所に俳優として在籍
	1917年（大正6年）に日活向島撮影所に俳優として在籍
	1917年（大正6年）に日活向島撮影所に俳優として在籍
	1917年（大正6年）に日活向島撮影所に女形俳優として在籍
	1917年（大正6年）に日活向島撮影所に女形俳優として在籍
	1917年（大正6年）に日活向島撮影所に女形俳優として在籍
	1917年（大正6年）に日活向島撮影所に女形俳優として在籍
	1917年（大正6年）に日活向島撮影所に女形俳優として在籍
	日活の業績向上に伴い向島撮影所への投資が行われ，その際，専属として雇用される
	日活の業績向上に伴い向島撮影所への投資が行われ，その際，専属として雇用される。川上音二郎一座出身で，いっしょに欧米の舞台を回り，新劇運動にも参加していたこともあり，日活映画の革新を桝本，田中と試みる
	日活の業績向上に伴い向島撮影所への投資が行われ，その際，専属として雇用される
キャリア	日活の業績向上に伴い向島撮影所への投資が行われ，その際，専属として雇用される。1920年（大正9年）頃から，監督となり，戦後は，カンヌ国際映画祭で受賞するなど名声を博した
	日活向島撮影所の大道具係で，セットを西に向け，西日を月の光にするなど，苦心の工夫を行った
	天活専務で，1918年（大正7年）に帰山教正に映画製作の許可を与える
	帰山教正の友人で，出演者を紹介

249	村田實	270, 298, 299	新劇団舞踏社俳優	1918	俳優，監督
250	青山杉作	270	新劇団舞踏社俳優	1918	俳優
251	近藤伊與吉	270	新劇団舞踏社俳優	1918	俳優
252	花柳はるみ	270	芸術座俳優	1918	俳優
253	石田雍	271		1918	俳優
254	大森勝	271		1918	撮影
255	鈴木照次郎	271, 278		1918？	映画会社社員？
256	加賀金三郎	272		1918より以前	映画会社経営
257	夏川静江	271		1918	俳優
258	夏川大吾	271		1918	俳優
259	林俊英（尾上英三郎）	276		1919	俳優
260	大山武	277		1919	俳優
261	葛木香一	277		1919	俳優
262	児玉玉枝	277		1919	俳優
263	岡田文次	278		1919	映画会社経営
264	関屋親次	278		1919	映画会社経営
265	佐々木杢郎	278		1919より以前	脚本
266	野村愛正	278, 279		1919より以前	脚本
267	畑中蓼坡	278, 279		1919より以前	脚本
268	水島亮太郎	278		1919より以前	監督・俳優
269	酒井健三	278, 279		1919より以前	撮影
270	武田春郎	278		1919より以前	俳優
271	兒島三郎	278		1919より以前	俳優
272	正邦宏	278		1919より以前	俳優
273	高瀬實	278		1919より以前	俳優
274	吉田豊作	278		1919より以前	俳優
275	林千歳	278, 279		1919より以前	俳優

第3章 日本の映画産業黎明期にみる「ギョーカイ意識」の成立

	岸田辰彌の紹介で，帰山教正映画に出演した，新劇団踏路社俳優。1920年（大正9年）設立の松竹で撮影監督
	岸田辰彌の紹介で，帰山教正映画に出演した，新劇団踏路社俳優
	岸田辰彌の紹介で，帰山教正映画に主役で出演した，新劇団踏路社俳優
女優	岸田辰彌の紹介で，帰山教正映画に出演した，芸術座出身の女優
	帰山教正映画に出演した，俳優
	帰山教正映画を撮影
	天活，帰山教正映画のマネージャー。1919年（大正8年）設立の国活に，撮影係として入社
	天活社長，帰山教正映画の撮影のため自宅の庭を使わせる
	帰山教正映画に出演した，子役
	帰山教正映画に出演した，子役
	1919年（大正8年）の天活，枝正義郎の映画『哀の曲』に出演
	1919年（大正8年），天活日暮里撮影所で作られた，田村宇一郎監督の新しい新派映画に出演
	1919年（大正8年），天活日暮里撮影所で作られた，田村宇一郎監督の新しい新派映画に出演
	1919年（大正8年），天活日暮里撮影所で作られた，田村宇一郎監督の新しい新派映画に出演
	1919年（大正8年）設立の国活社長
	1919年（大正8年）設立の国活で常務を務める
	1919年（大正8年）設立の国活に，脚本係として入社
	1919年（大正8年）設立の国活に，脚本係として入社
	1919年（大正8年）設立の国活に，監督として入社
	1919年（大正8年）設立の国活に，監督・俳優として入社
	1919年（大正8年）設立の国活に，撮影係として入社
	1919年（大正8年）設立の国活に，俳優として入社
	1919年（大正8年）設立の国活に，俳優として入社
	1919年（大正8年）設立の国活に，俳優として入社
	1919年（大正8年）設立の国活に，俳優として入社
女優	1919年（大正8年）設立の国活に，女優として入社。国活第3回作品『水彩書家』主演

276	英百合子	278		1919より以前	俳優
277	瀬川つる子	278		1919より以前	俳優
278	御園つや子	278		1919より以前	俳優
279	小松みどり	278		1919より以前	俳優
280	松島須恵子	278		1919より以前	俳優
281	水谷八重子	279		1919より以前	俳優
282	橘浩葉	304		1919より以前	映画会社経営?, 弁士?
283	中島常誠(石塚忠利)	304		1919より以前	映画会社経営?, 弁士?
284	高松豊次郎	304		1919	映画会社経営?, 弁士?
285	森岩雄	304		1919	俳優?
286	山根幹人	304		1919	俳優?
287	浅野良三	282, 289	東洋汽船経営者	1920	映画会社経営
288	小松隆	282		1920	映画会社経営
289	中谷義一郎	282, 289-299		1920	映画会社経営
290	志茂成保	282		1920	映画会社経営
291	関根要八	282		1920	映画会社経営
292	谷崎潤一郎	282-283, 285-287		1920	文芸顧問
293	トーマス栗原喜三郎	282-288, 307	1885年(明治18年)神奈川県秦野町生まれ, 少年時代に渡米し, ハリウッドで映画俳優となる	1920	監督
294	尾崎庄太郎	283	横浜喜楽座の舞台係	1920より以前	大道具
295	稲見興美	283		1920より以前	撮影
296	上山珊瑚	286		1920?	俳優
297	谷崎鮎子	287		1920?	俳優
298	内田吐夢	290		1920?	監督

第3章　日本の映画産業黎明期にみる「ギョーカイ意識」の成立

女優	1919年（大正8年）設立の国活に，女優として入社
女優	1919年（大正8年）設立の国活に，女優として入社
女優	1919年（大正8年）設立の国活に，女優として入社
女優	1919年（大正8年）設立の国活に，女優として入社
女優	1919年（大正8年）設立の国活に，女優として入社
女優	1919年（大正8年）設立の国活に，女優として入社？1920年の国活映画への出演が最初
	大阪千日前の敷島倶楽部の説明者。1919年（大正8年）11月，小西亮の撮影で純映画劇と名乗る『奮闘の生涯』を制作
	1919年（大正8年），古くからの説明者（弁士？）であった中島常誠が石塚忠利の本名で『国難』という大がかりな元寇映画を作った
	1919年（大正8年），社会批判を主題に活動写真資料研究会という小プロダクションを起こし，森岩雄や山根幹人の協力の下に第1回作品『労働問題』を作る
	1919年（大正8年），社会批判を主題に活動写真資料研究会という小プロダクションを起こし，高松豊次郎や山根幹人の協力の下に第1回作品『労働問題』を作る
	1919年（大正8年），社会批判を主題に活動写真資料研究会という小プロダクションを起こし，高松豊次郎，森岩雄の協力の下に第1回作品『労働問題』を作る
	1920年（大正9年）設立の大活に出資。その後の不況により，投資を減らし，大活の映画製作からの撤退のきっかけとなる
	1920年（大正9年）設立の大活の代表取締役
	1920年（大正9年）設立の大活の取締役。1925年（大正14年）の松竹との提携解消後は，芝園館外敷館を経営する興行会社となった大活を継承し，中谷興行部を経営
	1920年（大正9年）設立の大活の取締役
	1920年（大正9年）設立の大活の監査役
	1920年（大正9年）設立の大活の文芸顧問
	1914～1917年（大正3～6年）の間にロサンゼルス（ハリウッド？）で製作された日本風俗映画に俳優として出演。1920年（大正9年）設立の大活の撮影総監督，俳優養成所を指導
	1920年（大正9年）11月公開の大活第1回作品で，舞台，大道具を担当
	1920年（大正9年）11月公開の大活第1回作品で，撮影を担当
女優	1920年（大正9年）公開の大活第2回作品で主演した女優
女優	1920年（大正9年）公開の大活第3回作品で主演した女優
	1920年（大正9年）設立の大活横浜撮影所で映画に参入？

299	二川文太郎	290		1920？	監督
300	井上金太郎	290		1920？	監督
301	岡田時彦（高橋英一）	290		1920？	俳優
302	江川宇禮雄	290		1920？	俳優
303	渡邊篤	290		1920？	俳優
304	大谷竹次郎	292-, 298, 316	京都新京極の一芝居小屋の物売人から志を立て,京阪興行界を掌中におさめ,さらに上京して,東京においても演劇興行界を制覇していた松竹合名社社長	1920	映画会社経営
305	白井信太郎	292-294, 298		1920	映画会社経営
306	松居松葉	293-294, 298, 300		1920	映画会社経営
307	岡鬼太郎	293, 298		1920	映画会社経営
308	井上伊三郎	293		1920	映画会社経営
309	木村綿花	293, 298, 300		1920	映画会社経営,監督
310	アンナ・スラヴィナ	294		1920	俳優学校講師
311	久米正雄	294		1920	俳優学校講師
312	玉木長之輔	294, 298		1920	映画会社社員？
313	ヘンリー小谷倉市	295, 298, 300-301		1920より以前	撮影
314	田中欽之	295, 298	ダグラス・フェアバンクスの秘書	1920より以前	映画会社社員？
315	ジョージ・チャプマン	295, 298		1920より以前	大道具

第3章　日本の映画産業黎明期にみる「ギョーカイ意識」の成立

	1920年（大正9年）設立の大活横浜撮影所で映画に参入？
	1920年（大正9年）設立の大活横浜撮影所で映画に参入？
	1920年（大正9年）設立の大活横浜撮影所で映画に参入？
	1920年（大正9年）設立の大活横浜撮影所で映画に参入？
	1920年（大正9年）設立の大活横浜撮影所で映画に参入？
	1920年（大正9年）設立の松竹キネマの設立者。設立時は相談役，理事長。「良い映画」をつくろうというのが松竹キネマ設立の動機
	松竹オーナー大谷竹次郎の末弟。松竹キネマの1920年（大正9年）設立以前に，アメリカを視察。設立時に社長
	松竹キネマの1920年（大正9年）設立準備のために，アメリカを視察。松竹発足時に総務担当。松竹第1作となるべき『平家女護島』の監督・脚本を務めるも，ロケ地の天候により撮影できず，失敗。松竹俳優学校の校長に就任する予定だったが，病気により引退
	松竹キネマの1920年（大正9年）設立準備に参加，設立時に技術顧問
	松竹キネマの1920年（大正9年）設立準備に参加
	松竹キネマの1920年（大正9年）設立準備に参加。設立時に理事。第1回発表作品『島の女』で演出を担当
	松竹キネマの1920年（大正9年）設立とほぼ同時に開設された俳優学校で西洋舞踏を教える
	松竹キネマの1920年（大正9年）設立とほぼ同時に開設された俳優学校で脚本を教える
	松竹キネマの1920年（大正9年）設立に伴い，田口櫻村と3月からハリウッドに赴く。松竹設立時の理事
	松竹キネマの1920年（大正9年）設立に伴い，ハリウッドから帰国，松竹に入社，撮影技師長に就任
	松竹キネマの1920年（大正9年）設立に伴い，ハリウッドから帰国，松竹に入社，撮影所顧問に就任
	松竹キネマの1920年（大正9年）設立に伴い，ハリウッドから来て，松竹に入社，工務監督。蒲田撮影所のステージを設計

316	島津保次郎	296		1920頃	脚本
317	岡田宗太郎	297		1920	俳優
318	奈良真養	297		1920	俳優
319	鈴木傳明（本郷是也）	297		1920	俳優
320	諸口十九	297	舞台もしくは他撮影所の俳優	1920	俳優
321	勝見庸太郎	297	舞台もしくは他撮影所の俳優	1920	俳優
322	鈴木歌子	297	舞台もしくは他撮影所の俳優	1920	俳優
323	花川たまき	297	舞台もしくは他撮影所の俳優	1920	俳優
324	吉田克己	298		1920	映画会社役員
325	山森三九郎	298		1920	映画会社役員
326	井上宅治	298		1920	映画会社社員
327	前田長久	298		1920	映画会社社員
328	瀬川露香	298		1920	映画会社社員
329	中木貞一	298		1920	映画会社社員
330	人見直善	298		1920	映画会社社員
331	大久保忠素	298		1920	映画会社社員
332	六車修	298		1920	映画会社社員
333	田頭凱夫	298		1920	映画会社社員
334	水谷文次郎	298		1920	映画会社社員
335	吉田英男	298		1920	映画会社社員
336	碧川道夫	298		1920	映画会社社員
337	宮下吉蔵	298		1920	映画会社社員
338	荒木越	298		1920	映画会社社員
339	野村昊	298		1920	映画会社社員
340	斉藤佳三	298		1920	映画会社社員
341	安田憲	298		1920	映画会社社員
342	西田武雄	298		1920	映画会社社員
343	浅地豊治	298		1920	映画会社社員
344	牛原虚彦	299		1920？	映画会社社員

第3章 日本の映画産業黎明期にみる「ギョーカイ意識」の成立

	通信省の貯蓄奨励映画脚本で，2等となったことをきっかけに23歳の時に松竹に入社
学校	松竹キネマの1920年（大正9年）設立とほぼ同時に開設された俳優学校出身の俳優
学校	松竹キネマの1920年（大正9年）設立とほぼ同時に開設された俳優学校出身の俳優
学校	松竹キネマの1920年（大正9年）設立とほぼ同時に開設された俳優学校出身の俳優
	松竹キネマの1920年（大正9年）設立後の第一回作品（途中放棄）のために舞台もしくは他撮影所から引き抜かれた俳優
	松竹キネマの1920年（大正9年）設立後の第一回作品（途中放棄）のために舞台もしくは他撮影所から引き抜かれた俳優
女優	松竹キネマの1920年（大正9年）設立後の第一回作品（途中放棄）のために舞台もしくは他撮影所から引き抜かれた俳優
女優	松竹キネマの1920年（大正9年）設立後の第一回作品（途中放棄）のために舞台もしくは他撮影所から引き抜かれた俳優
	松竹キネマの1920年（大正9年）設立時の理事
	松竹キネマの1920年（大正9年）設立時の理事
	松竹キネマの1920年（大正9年）設立時の外交部長
	松竹キネマの1920年（大正9年）設立時の建築顧問
	松竹キネマの1920年（大正9年）設立時の常務主事
	松竹キネマの1920年（大正9年）設立時の撮影監督だったが一本も映画を作らず辞職
	松竹キネマの1920年（大正9年）設立時の撮影監督だったが一本も映画を作らず辞職
	松竹キネマの1920年（大正9年）設立時の撮影事務主任
	松竹キネマの1920年（大正9年）設立時の俳優監督
	松竹キネマの1920年（大正9年）設立時の技術部員
	松竹キネマの1920年（大正9年）設立時の技術部員
	松竹キネマの1920年（大正9年）設立時の技術部員
	松竹キネマの1920年（大正9年）設立時の技術部員
	松竹キネマの1920年（大正9年）設立時の技術部員
	松竹キネマの1920年（大正9年）設立時の技術部員
	松竹キネマの1920年（大正9年）設立時の技術部員
	松竹キネマの1920年（大正9年）設立時の美術部長
	松竹キネマの1920年（大正9年）設立時の美術部員
	松竹キネマの1920年（大正9年）設立時の美術部員
	松竹キネマの1920年（大正9年）設立時の美術部員
	松竹キネマの1920年（大正9年）設立時の社員

345	川田芳子	300		1920	俳優
346	水口薇陽	300		1920より以前	俳優
347	片岡十兵衛	300		1920？	映画会社社員？
348	中村鶴蔵	300		1920より以前	俳優
349	伊藤大輔	302		1920	脚本
350	津田秀水	304		1920	映画会社経営,俳優

いることが指摘できる。それ以前の時期に成立した，常設映画館による興行，それを前提にした映画製作という事業の枠組みはそのままに，この時期にさらに市場が拡大したことによる。

　第二に，職種別の参入状況をみれば興味深いことがわかる。俳優が最も多く119名，映画会社経営・役員69名，脚本（脚本・演出を含む）11名，監督（演出を含む）9名，1903～1910年の間に最も参入が多かった撮影（カメラマン）は7名となっている。映画会社経営・役員が第2位と多いのは，この時期に，多くの映画会社が設立されたこと，設立された映画会社は日活，松竹などの大手を含んでいること，またこの頃から映画産業においても会社としての体裁が整い役員名簿などが作られ，それに基づき田中（1957a）が記録していることなどを反映したものと考えられる。

　俳優が一番多く，それ以前の期間に最も多かった撮影（カメラマン）が少ないことに関しては，以下のような要因が考えられる。この期間は，新設された会社も多いが，撮影はそれ以前に参入していた既存の人材の移籍，引き抜きで対応する部分が多く，新規に雇用した数は少ない。その一方で，この時期の製作本数の増加と内容の多様化は，俳優の大幅な増加[8]により実現されたのである。これは，初期の映画は，芸者の踊りや，舞台そのままの撮影，相撲，ニュース映画など，映画専門の俳優が必要のない作品からはじまっており，まず撮影ありきでカメラマンは必須だが俳優は必要なかったため，最初に撮影の人材が求

第3章 日本の映画産業黎明期にみる「ギョーカイ意識」の成立

女優	松竹キネマ第1回発表作品『島の女』で主演
	1920年（大正9年）松竹第1作となるべき『平家女護島』に出演予定だったが，ロケ地の天候により撮影できず，完成せず
	1920年（大正9年）松竹設立後の最初の作品，『島の女』の助手
	1920年（大正9年）松竹第1作の『島の女』に主演
学校	松竹の俳優学校に俳優として入学したが，小山内薫に文才を認められ，脚本家に転身，第2回作品『新生』，第4回作品『鉱山の秘密』の脚本を執筆
	浅草帝国館の映画説明者で，1920年（大正9年）に小林喜三郎の支援を受けて，日本初の映画プロダクション？映画協会を設立

められたこと，そして，現在のように，映画産業全体として必要とされる人数が撮影は少なく俳優は多いという状況に，この時期に到達した結果，撮影と俳優で参入時期に差が出たものと考えられよう。これは新しい知見である。

第三に，映画をみて積極的に映画に携わりたいという思いから参入してくる人材が，少数ではあるものの，この時期からみられることを指摘できる。この代表例が，177 帰山教正と 130 小山内薫である。帰山教正について，田中は以下のように記している。1893年「明治二十六年東京に生まれ，東京高師付属中学を出て東京高等工業学校の機械科に学ぶうち，熱心な映画研究家となり，吉澤商店の機関雑誌『活動写真界』時代から有能な投書家として知られたが，大正二年には滋野幸慶等の友人と共に雑誌『キネマレコード』を創刊して，毎号の誌上に映画科学の研究を発表し，更に日本キネトホン会社に撮影現像に携わったりして実際方面にも手をつけた」（田中 1957a：269）。その後，日本キネトホンの倒産に伴い，1917年（大正6年），天活へ入社，翌1918年（大正7年）天活において，外国の先進的な映像表現と制作技法（カット・バック，クローズアップ，ロングショットの手法，シナリオ，コンティニュイティを使った制作）を用いた日本最初の映画『生の輝き』『深山の乙女』を監督した。1920年（大正9年）国活による天活買収により国活に移るが，国活内部に帰山排斥の声が高まったため，1921年（大正10年），松竹キネマと提携して映画制作を行った（田中 1957a：280）。

小山内薫は，1881年（明治14年）生まれで，東京帝国大学英文科を卒業後，演劇の革新活動を行い慶応大学講師に就任していたが（佐藤編 2007：139-140），シェイクスピアなど文芸的な外国映画を上映・紹介するために1912年（明治45年）3月に神田小川町のエム・パテー階上で開催された文芸活動写真会や，同年7月に有楽座で開催された泰西名作活動写真会などで外国映画の解説も行うようになった（田中 1957a：176-177）。こうした外国の映画や演劇に関する知識や脚本を中心とする新しい演劇を実現するための運動などが評価されて，1920年（大正9年），当時，市村座にいた小山内は同年設立の松竹キネマに招聘され，理事および俳優学校校長，撮影総監督に就任している（田中 1957a：294）。

　この二人の例は，それ以前の偶然による参入とは異なり，映画自体や映画制作への強い関心（と問題意識）を動機とした参入が1910年代から起こり始めたことを示している。映画の日本への導入から15〜20年ほど経ち，映画の形式が整い，外国映画も含めて，通算して上映されてきた量が映画自体への憧れを高め，映画について真剣に語れるほどに達したのが，この時期だったと言えよう。カットなどを使った当時としては先進的な映像表現を実現したい，ストーリーと日本映画の原始的な映像表現や看板俳優のみに頼ったあり方を改革したい，こういった動機を持ったのが，外国映画や演劇の影響を受けた高学歴者であったのも特徴である。これ以降，映画を愛する高学歴者による参入は，徐々に増加していくのである[9]。

1911〜1920年における「ギョーカイ意識」，ネットワークのあり方

　先の記述において，1903〜1910年の期間の後半に俳優を人のつながりで連れて来たり，特に撮影（カメラマン）の引き抜きが起こっていること，映画産業を意識した雑誌が出始めたことから，評判を伝えて仕事を紹介するような，会社を超えた人的ネットワークや，映画産業を包括するような「ギョーカイ意識」ができていたことを推測したが，この時期（1911〜1920年）には，映画産業全体を明確に認識し，人々の間につながりが出来ていたことの証拠が，より

強く，公式の形で現われる。

　第一は日活の成立である。日活は，当時のすべての映画製作会社を統合する独占企業として設立された。このような構想が考え出された背景には，当たり前であるが，映画業界を他の産業と区分する境界と，その境界の中の事業者がすべて認識されている必要がある。そして，一時的にせよ，さまざまな職種の映画会社の社員全員が日活という1社に籍を置くことになったことは，映画業界への帰属意識を高めたことだろう。

　第二は，映画規制の出現である。映画が多くの客，特に多くの子どもを集めるようになると（永嶺 2006：23-25），警察は子どもへの悪影響などを懸念し，規制を行うようになった。最初の大規模な規制は，1911年（明治44年）から1912年（明治45年・大正元年）にかけて流行した怪盗ジゴマの一連のシリーズ映画の上映禁止で，それ以前から各地の警察署のレベルで任意に行われたものと異なり，警視庁と内務省警保局による全国一律を目指した（永嶺 2006：145-160）。1917年（大正6年）には，警視庁により包括的な「活動写真興行取締規則」が制定される。この規制には，警視庁がフィルムの検閲を行い，甲種に指定した映画は15歳未満に観覧させないこと（永嶺 2006：172），当時流行していた連鎖劇の禁止（田中 1957a：232）が盛り込まれ，1917年と翌年に大幅な観客数の減少が起こるに至った。そして「活動写真業界では急激な観客減という危機的な状況に直面して，取締規則の改正を目指してさまざまな働きかけを行った。その結果，二年後の大正八年に規則の改正が実現し，甲種乙種制度は廃止され，活動写真界は再び反映の軌道に乗った」（永嶺 2006：175）。映画に限らず，一般に，規制等を社会的に要請されたり，規制のあり方を協議するなどにより対外的に対応する必要がでてくると，その産業全体で折衝等を行う必要がでて公的な業界の意識を強める。これが業界団体に発展する場合もある。こういった動きが映画産業においてはじめて起こったのが，1917〜18年頃と言えよう。

　第三に，映画産業全体を対象とする雑誌がこの頃に成立したことも指摘しておきたい。当初は同好誌だった『フィルム・レコード』（後の『キネマレコー

ド』）など，映画業界全体を対象とする雑誌が登場するのは 1913 年（大正 2 年）頃で（田中 1957a：238），現在まで続く『キネマ旬報』は 1919 年の創刊である。このように，映画産業全体の動向を広く知らせる雑誌が出現し持続したことは，映画産業という概念が編集者，読者ともに持ち得ていたことを明確に示しているし，そういった雑誌による情報が映画業界という認識を強めたのである。

　このように，1900 年後半に存在した「ギョーカイ意識」や人のネットワークなどが，公式な形でより強固に認識されるようになったのが，この時期だったと言えよう。

6　日本の映画黎明期の例から何が言えるのか

　本章では，これまで記したように，日本の映画産業の黎明期を 3 期に分け，各時期に新しく映画産業に参入した人の動向（参入人数，職種，参入の経緯，その後のキャリアなど）と，それぞれの時期に起こった出来事から，1903～1910年，特にその後半に映画に関する「ギョーカイ意識」や人のネットワークが形成され，1910 年代にそれが広く共有され公式のものになったと結論づけた。この節ではその後の映画産業の動向も踏まえた，より大きな観点から，どのような知見が得られるのか，以下で整理する。

　まず，第一に，「ギョーカイ意識」や人のネットワークは，映画が導入されてすぐに形成されたものではない。すなわち，その形成にはある程度の時間が必要ということである。本章の日本の映画の場合，導入後約 10 年という時間が必要となっている。このように，技術の導入と，「ギョーカイ意識」や人のネットワークの形成の間に時差ができるのは，それが産業が安定してからはじめて形成されるものだからである。「ギョーカイ意識」や人のネットワークのためには，お互いの仕事に関して知っている，知っていることでお互いの役に立つ，知りたいと興味を持つということが必要であるが，このためには，技術，仕事の手順，役割分担などに共通の基盤ができている必要がある。つまり，共通の仕事（職種）を違う会社で行っているから，お互いの仕事について知って

いて，その細部の差異がお互いの仕事のヒントとなり，仕事や人などについて評価ができるのである。そのためには，その共通の基盤，すなわちビジネス・モデルや技術，その産業や職種に携わる個人が，ある程度固まっている必要があるのであり，日本の映画の場合，このような要素が固まるまでに約10年を要したと理解できよう。

第二に，これが本章の発見にして結論になるが，このような「ギョーカイ意識」や人のネットワークの形成に決定的な影響を与えるのは，ビジネス・モデルの成立である，ということである。日本の映画の場合，1903年に最初の常設映画館が設立され1907年以降急速に増加したことにより，「映画製作―配給―（常設映画館での）興行」という現在まで続くビジネス・モデルが成立してはじめて，映画産業が株式会社のような組織を許容するほどの規模の，その後の成長も期待できる産業として多くの人に認識されるに至った。これにより，映画から退出する人が減り，映画産業に長く携わる人が多く現われるとともに，さまざまな職種も，その内容も安定したものとなった。日本の映画における「ギョーカイ意識」や人のネットワークは，まさにこの時期に成立したもので，映画のビジネス・モデルの成立とともに形成されたのである。

1920年以降の映画産業をみると，技術的にも産業組織的にも激しく変化していく。1923年9月に関東大震災が起こり，関東地方の映画会社や映画館，撮影所は大打撃を受け，関西の映画会社や撮影所が興隆する。マキノキネマは，八千代生命会社が設立した東亜キネマと1924年（大正13年）6月に合併するも（田中 1957a：388），一立商会を通じて自由に配給を行うようになった（田中 1957a：399）。牧野は東亜を正式に退社し，1925年（大正14年），マキノ・プロダクションを設立する。牧野が実現した自由配給は，製作のみを行うプロダクションを多く生み出すこととなる（田中 1957a：441-442）。特にマキノキネマの剣戟映画スターであった坂東妻三郎が1925年（大正14年）9月に設立した坂東妻三郎プロダクションは，のちに松竹と配給契約を結ぶなど，成功を収めた。その他，やはりマキノから1927年（昭和2年）6月に独立した市川右太衛門プロダクション，翌年設立の片岡知恵蔵プロダクションや嵐寛寿郎プロダクショ

ンなどである(田中 1957a:454-465)。

　1928年に最初のサウンドトラック映画『蒸気船ウィリー』をディズニーが製作し,興行でも大成功を収めると,日本でも1931年(昭和6年)に松竹が日本最初のトーキー映画『マダムと女房』を製作,それに続き続々とトーキー映画が作られるようになった。全国の映画館にトーキーの設備が普及する1935年(昭和10年)頃までの間,無声映画の製作,興行も行われたものの,それもだんだん減少していった。このような背景から,1936年(昭和11年),松竹は提携先の4つのスター独立プロダクション,坂東妻三郎プロダクション,高田稔プロダクション,市川右太衛門プロダクション,嵐寛寿郎プロダクションに提携打ち切りを通告,この4プロダクションは解散となり,製作スタッフや俳優の多くは松竹の系列の新興キネマなど,既存の大手映画会社に雇用されることになった(田中 1957b:195)。また,同じ頃に多くの小映画会社も解散などを余儀なくされ,大手映画会社による寡占体制が出現した。この,トーキーの出現時期に創業し,大手映画会社となったのがP.C.L.である。トーキー映画の音響等の技術を手掛ける会社であったP.C.L.は,当初,日活と提携する形で映画製作に参入したが,独自にトーキー映画の製作をはじめ,1937年東宝と改称,あっという間に大手映画会社となった。これにより,松竹,東宝,日活という大手,そのほか宝塚映画等の中規模映画会社による,製作から配給,興行まで垂直統合された寡占体制が成立した。

　このように,映画業界がさまざまに変化していく中でも,ビジネス・モデルの成立期以降に映画産業に参入した人々は,映画産業のさまざまな変化にもかかわらず,さまざまな会社を渡り歩きながら長く活動を続け,重要な役割を果たした人が多い。この例は,上記の牧野省三(監督・プロデューサー・映画会社経営),吉野二郎(監督),千葉吉蔵(撮影),枝正義郎(撮影・監督),関根達発(俳優),小林喜三郎(映画会社経営)など,1903～1910年に参入した人でも,数えきれないほどである。つまり,この頃に形成された人のネットワークや「ギョーカイ意識」は,新規に参入した会社,新技術に伴う人材などによって付け加わった部分があったにせよ,技術変化や産業組織の変化にもかかわらず

第3章　日本の映画産業黎明期にみる「ギョーカイ意識」の成立

途切れることなく存在し続けたと言えよう。また，映画業界を対象にした雑誌，『キネマ旬報』は，現在まで刊行され続けている。つまり，いくら技術や会社（産業組織）が変化しようとも，少なくとも日本の映画に関しては，映画の業界意識，人のネットワークは，「映画製作―配給―興行」という映画のビジネス・モデルとともに生まれ，それが存続している現在まで，つまり同じビジネス・モデルが存続している限り続いている。このような知見から，技術や会社組織ではなく，ビジネス・モデルこそが「ギョーカイ意識」を生むのだ，と結論づけることができるだろう。

付記
　表3-1，表3-3，表3-4の元となったExcelファイルを筆者のホームページにアップしておきますので，今後の研究にご活用下さい。またこのファイルの内容の修正や加筆も歓迎です。ご連絡は，BYA14202@nifty.comにお願いします。

注
(1)　映画に関係しない若干名の人物は省略している。
(2)　本章では，現在の日本の一般的な用法に従い，映画を作る際に資金を提供して，その映画の権利を保持すること（プロデュース）を含めた作業を「製作」，実際に映画を作ることのみを「制作」と記す。もっとも，本章で取り上げる時期に明確な区別があったわけではないので，単に映画が作られたことを示す場合や映画会社が関わる場合などは「製作」，個人の作業に関連したものは「制作」などと，状況から筆者が適切と推定する語を用いることとする。
(3)　この筆者紹介欄によれば，1980年当時の田中の経歴は以下のようになっている。「明治三十五（一九〇二）年，群馬県新田町に生まれる。本名，松倉寿一。東洋大学在学中，同人雑誌『映画時代』を創刊，傍ら日本映画史の研究を志す。卒業後文芸春秋社，国際映画通信社，キネマ旬報社を経て，昭和十年新興キネマ企画部長，同十二年東宝映画総本社，直営館支配人，移動映画本部長，同十七年社団法人映画配給社山梨県支部長。戦後はキネマ旬報社編集責任者を経て，現在，日本大学芸術学部講師，毎日新聞・キネマ旬報優秀映画選奨委員」（田中 1980：筆者紹介欄）。
(4)　吉澤商店は，シネマトグラフの興行を東京神田の錦輝館で行おうとしたが，荒居商会がヴァイタスコープの興行を先約していたため，横浜で興行を行っている（田中 1957a：43）。さすがに，同じ会場で同時期に鉢合わせともなれば，他社の動向を知ることとなった（知らざる得ない）。しかし，その彼らも大阪の動向など，日

本における映画の動向を広く知ることはなかった。

(5) 敷島商会は，大阪楽天地劇場での連鎖劇の成功に対抗して，大阪千日前の劇場，敷島倶楽部が1913年設立した映画会社である。関係のあった中村歌扇一座の連鎖劇を制作した。連鎖劇については，注(7)参照のこと。

(6) 赤のフィルターを通して撮影したコマと，緑のフィルターを通して撮影したコマを交互に連続させ，映写でも赤と緑のフィルターを交互に通して映写するという形式で，通常の2倍のフィルムを必要とした。また，色彩がにじみ，見にくいことがあった（田中 1957a：204）

(7) 一つの物語を，場面により映画と演劇を組み合わせて，上映する形式。「例えば実演で屋内の場面を演出し，つづいて物語が屋外へ発展するようにして，舞台を暗くし，ステージの前面へスクリーンを吊るして，あらかじめ同じ俳優を使って撮影しておいた屋外場面の映画をうつし，今まで舞台に出ていた俳優はスクリーンの裏へ集まって，映画の中の人物に科白をつける，という仕組みになっている」（田中 1957a：197）

(8) ただし，ここでいう俳優は，定義によりその数が増減するだろう。当時の状況は，映画会社に専属で雇用される俳優のほか，旅回りの一座をそのまま出演させる場合，演劇の俳優を1本ごとの契約で出演させる場合などがあり，結果として映画出演と演劇の参入退出を繰り返すケースなどがある。このような場合，すべての俳優，一人一人のキャリアを踏まえて，一番最初に映画に参入した時期を特定できれば一番良いが，これは不可能である。そこで，田中（1957a）に基づき，キャリアが記述されている場合は，そのキャリアを踏まえて最初に映画に参入した時点，それまでのキャリアが記述されていない場合は，田中（1957a）に初出の時点で整理している。このため，119名という数字は目安であるが，それでもこの時期に他の職種と比べて俳優の参入が多いという傾向には間違いはないと言えよう。

(9) そのピークは，1950年代の各映画会社による新卒採用であろう。

(10) 『怪盗ジゴマ』（Zigomar）は，変装の巧みな凶賊ジゴマと探偵ポーランの対決を描くもので，1911年にフランスのエクレール（Éclair）社が製作し（フランスでは9月公開），福宝堂が1911年（明治44年）11月に浅草金龍館で公開した。公開直後から非常な人気となり，シリーズ作品や類似作の女ジゴマが上映されたほか，日本の他の映画会社が製作した和製ジゴマも登場した（永嶺 2006：33, 37, 43-55, 65）。また23点にものぼるジゴマの探偵小説も出版され，これも爆発的な売れ行きとなり（永嶺 2006：102-122），ジゴマは当時の日本の社会現象となったのであった。

文献

永嶺重敏，2006，『怪盗ジゴマと活動写真の時代』新潮社。

日活株式会社，1952，『日活四十年史』日活株式会社（編集兼発行人　坂本正）。
佐藤忠男編，2007，『日本の映画人——日本映画の創造者たち』日外アソシエーツ。
田中純一郎，1957a，『日本映画発達史Ⅰ』中央公論社。
田中純一郎，1957b，『日本映画発達史Ⅱ』中央公論社。
田中純一郎，1980，『日本映画史発掘』冬樹社。

第4章
音楽の生産と人的ネットワーク

木本玲一

1 音楽を成り立たせるもの

　音楽とは，聴覚情報の一定のパターンである。メロディ，ハーモニー，リズムなどによって，パターンが形成される（と社会的に認識される）とき，音楽は生まれる。つまり社会的にパターンが認識されるか否かが，音楽か単なる音かの分かれ目になるのだ。

　例えばコンサート・ホールで，演奏者が静かに座っているだけの状態は，一般的に音楽とは考えられない。しかし音楽家，ジョン・ケージ（Cage, John）の"4分33秒"であれば，意味は変わってくる。この曲は「演奏をしない」というコンセプトに基づく楽曲であり，無音の音楽である。"4分33秒"の演奏者や聴衆は，沈黙や静寂といった非音楽的な体験自体を音楽として受け止める。ケージは，この曲について次のように述べている。

　　実際この音のない作品で私が気に入っていることは，これを演奏することはいつでもできるのに，それは演奏されたときにしか生き始めないという点です。そしてそれが実際に演奏されるたびに，驚くほど生き生きとした経験をすることができるんですよ。（Cage 1976 = 1982 : 151）

　ケージの「演奏することはいつでもできるのに，それは演奏されたときにし

か生き始めない」という発言は、"4分33秒"のみならず、社会における音楽の有り様を示している。つまり音楽は、聴覚情報そのものや、音を発生させた人、さらには作品などに内在するわけではない。"4分33秒"という作品が、演奏者や聴衆にそれと認識されてはじめて意味を成すように、音楽は聴覚情報が社会的に処理される過程で生まれるのだ。

そして聴覚情報を音楽に変換するのは、音楽に関わるさまざまな人々である。かつて社会学者のハワード・ベッカー（Becker, Howard S.）は、社会的に芸術とされる作品の生産過程を「芸術世界（art world）」という概念とともに包括的にとらえ、そこに関わるさまざまな行為者の集合的な営為（collective activity）を議論の対象とした（Becker 1982）。ベッカーの議論は、芸術が自明なものではなく、さまざまな人々の集合的な営為によって生産され、社会においてそれとして意味づけられることではじめて芸術たり得ることを示唆している。

筆者もベッカーと同様の視点に立つ。本章では、そうした営為の具体的な事例として、特に音楽の生産に関わる人々の人的ネットワークに注目する。

社会的に活用し得る資源としての人的ネットワークに関しては、すでにピエール・ブルデュー（Bourdieu, Pierre）によって社会関係資本（capital social）に関する議論がなされている（Bourdieu 1979 = 1990）。ブルデューは、社会階層の階層の区分を規定するものとして文化資本、社会関係資本などをとらえ、特に「もしもの場合には役にたつ"援助"を与えてくれるかもしれない社会関係の資本、上流社会の信用をひきつけ獲得し、それによって顧客たちをもひきつけ獲得するためにしばしば欠かせない名誉と尊敬の資本、そしてたとえば政治家の世界では現金という形をとるかもしれない資本」のことを社会関係資本と呼ぶ（同：185）。それは「家名の著名度とか人間関係の広さ・質などを介して、その階級にどれくらい昔から属しているのかということに密接に結びついている」という（同：190）。

また人的ネットワークは、より一般的な社会理論の文脈においても議論されている。ジェームス・コールマン（Coleman, James S.）は、市場における完全競争をめぐる経済学理論などにおいて顕著な、独立した個人が社会をつくるとい

う 17 世紀以降の発想を否定し,「個人にとって役に立つ資本である,社会的に構築された資源」を指す社会資本 (social capital) という概念を提示する (Coleman 1994 : 302)。コールマンによるとそれは,「社会構造のいくつかの側面より成るものであり,その構造内にいる個人の特定の行為を手助けする」とされる (ibid. : 302)。またそれは物理的な資本などと同様に,特定の目的の達成を可能にし,ある程度は交換可能なものであるが,「人々の関係構造の中に本来備わっているもの」であるという点において,他の資本とは異なっているという (ibid.)。

これらの議論にはそれぞれ細かな差異があるものの,それを活用することにより,時に行為者個人の資質を超えた力が生み出されるという共通する含意が見られる。本章における人的ネットワークという用語の定義も,基本的にこうした先行議論の含意を踏まえている。すなわち人的ネットワークとは,ミュージシャンや音楽産業の従業員などを結びつけ,ライブやレコーディングなどの音楽の生産を可能にするネットワークである。

人的ネットワークは,序章で述べられた「ギョーカイ」を形成する重要な要素のひとつである。音楽の生産は,一握りの才能ある「天才」などによってのみなされるわけではない。むしろいくら才能があるミュージシャンでも,関係者たちが交錯する音楽の生産プロセスに関わらないことには,楽曲の発表やライブ活動を行うこともままならない。「ギョーカイ」を形作り,音楽の生産を可能にするもの,それが人的ネットワークなのである。

本章では,レコード産業関係者とアーティストを中心とした人的ネットワークの有り様を描くとともに,その意味について考察していく。次節ではレコード産業による音楽の生産の状況を概観する。そのうえで3節,4節では,A&R――詳しくは後述する――の営為に注目し,彼ら彼女らの関わる人的ネットワークを介した音楽の生産について,インタビュー・データをもとに議論を進めていく。また5節では,アーティストの側から,人的ネットワークの有り様に注目する。さらに6節,7節では,ネットメディアを介した人的ネットワークの有り様に言及する。そして最終節では,これまでの議論を整理しなが

ら，あらためて人的ネットワークの意味について考察していく。

2　レコード産業による音楽の生産

　メジャー・レコード会社で要職を歴任してきた生明俊雄は，レコード産業の営為を制作，宣伝，販売，録音，製造，配送の6つのプロセスに分けている（生明 2004：106）。生明によると，制作，宣伝，録音は「商品としての音楽を扱うレコード会社の基幹的プロセス」であり，録音，製造，配送は基幹的プロセスを支える「商品としてのレコード＝モノの生産・物流にかかわるプロセス」であるという（ibid.）。

　大手レコード会社は，かつてこうしたプロセスを自らの手で行おうとしてきた。しかし現実的には，これら各プロセスは，アウトソーシングすることが可能である[1]。

　パッケージ販売のプロセスは，より具体的には図のようにまとめられる（図4-1参照）。

　ここからは市場の動向を踏まえながら企画が立てられ，会議を経て適正と判断された予算や人員の配置がなされ，並行して広報活動が進められるという流れがわかる。これは一般的な消費財の開発や販売のプロセスに近いものであるが，音楽において特徴的なのはA&Rという人々が重要な役割を担っている点である。

　A&Rとは「アーティスト・アンド・レパートリー」の略であり，レコード会社の社員として，またはレコード会社と契約して，アーティストの発掘育成やマネジメントを手がける人々を指す[2]。A&Rは，企画に深く関わりながら，役員や各部門の担当者などと交渉を重ねていく。彼ら彼女らは，ある時は産業の代弁者としてアーティストと交渉し，またある時は，アーティストの代弁者として産業と交渉する。

　A&Rはアーティスト，産業などを相互につなぎ，音楽の生産を媒介する重要な存在である。そのような意味で，A&Rの営為を検討していくことは，音

第4章 音楽の生産と人的ネットワーク

	広告・宣伝			
6ヶ月～1年 (1)企画立案 (2)企画会議 (3)企画決定	6ヶ月～1年 (1)予算書（コスト，販売見込）承認 チーム編成→原盤制作 (2)進捗会議（役員，プロデューサー，財務，法務，営業）	1～2ヶ月 焼き付け	販売1～4週間 販売総数の大半が売れる	販売3ヶ月～ 継続的に売れるものはミリオンタイトル中心

図4-1　CD制作販売の流れ
出所：監査法人トーマツ編（2003：42）をもとに作成。

楽をめぐる人的ネットワークの有り様を考えるうえで意義深い。

　以下では，産業内，産業外におけるA&Rの営為をそれぞれ検討し，彼ら彼女らを取り巻く人的ネットワークの有り様を描いていく。

3　A&Rと組織内の人的ネットワーク

　レコード産業内において，A&Rは「売れるか売れないかわからない」という商品の不確実性を軽減させる存在としてとらえられている。

　キース・ニーガスによると，レコード市場においては，取り扱う商品の性質，市場の動向，新奇なテクノロジーに起因する不確実性が恒常化している。そのためレコード産業は，一部のアーティストのヒットにより，採算の取れないアーティストの損失を補塡するというビジネスを続けてきた（Negus 1999：ch.2）。

　実際に音楽ビジネスでは，思いつきで作った楽曲が大ヒットすることも，時間をかけて作った楽曲が売れないこともある。それゆえ音楽の価値は，労働量や労働時間への対価としては決定されず，通常の経済学的な概念ではとらえきれない（阿部 2003：33-34）。

　そのため，どのようなアーティスト，作品が，ヒットするかを予測することは困難である。例えばメジャー・レコード会社を舞台にしたビル・フラナガンの小説，『A&R』の中には，次のような記述がある。

　　なんてすてきなビジネスなんだ。金とエネルギーをひたすらつぎこんだ

のに，まったく売れないときもある。一方で，クソを通りに投げ捨てたら，誰もがそのまわりにひざまずき，あんたは新人発掘の天才だと崇めたてまつられることもある。まさにファンタスティックとしかいいようがない。この業界には天才と呼ばれる者がわんさかいるが，じつはどいつもなにもわかっちゃいないのだ。(Flanagan 2000 = 2002：237)

　ここで印象的なのは，「どいつもなにもわかっちゃいない」という状況下で，ビジネスが展開されているということである。『A&R』はフィクションであるが，前述のニーガスの指摘などを踏まえれば，真実味を帯びてくる。すなわち音楽ビジネスは，売れるか売れないかわからないものを売るという性格を持っているのである。
　このような音楽ビジネスの性格は，結果的に，A&R に与えられている裁量を大きいものにする。私がインタビューしたメジャー・レコード会社の制作宣伝部門の責任者A氏は，次のように述べている。[3]

　　音楽って，10 人集まって 10 人が良いって言ったものが果たして売れるかっていう問題があるじゃないですか。1 人が良いって言って，9 人がダメって言っても売れてるものはあるわけで。だからそこは多数決で決められるものじゃないわけです。「皆が反対しても，これは売ってやる！」っていうディレクターの熱意のほうが（重要である）。

　この発言からは，上述の不確実性に対応するものとして，ディレクターの裁量が位置づけられていることがわかる。またA氏は，ディレクターは「売れるものを出さないと，ディレクターとしての素質が無いと判断されて，配置転換される」と述べる。このことは「売れるものを出す」ことができると判断された者が，必然的にディレクターをつとめるということを意味する。
　こうした発言からは，組織内におけるフォーマルな人的ネットワークにおいて，A&R は，ある音楽が「良いか悪いか」という文化的な真正性に関わる判

断が下せ，また売れる音楽を見極めることができると考えられていることがわかる。そのために A&R は，組織内において相対的に大きな裁量を与えられているのである。

4　A&R と組織外の人的ネットワーク

A&R にとっては，自身が所属する企業組織にとどまらない人的ネットワークをどれだけ有しているかということも重要な意味を持つ。例えばメジャー・レコード会社でディレクターをつとめる細田日出夫は次のように述べる。

> （引用者注：A&R は）キャリアのある人が業界内を移り回るという構造なんでしょうね。即戦力が必要とされる世界ですから。あと，制作に関していえば，ネットワークをどれだけ持っているかで判断されますから。（浜田 2010：325-326）

この発言からは，A&R の持つ外的な人的ネットワークが，産業内における重要な資源として位置づけられていることがわかる。アーティストが作曲や演奏の力量を求められるように，A&R は音楽ビジネスにおいて活用できる有用な人的ネットワークの有無が重要視されるのである。

そうした組織外の人的ネットワークは，まず新しいアーティストを発掘する際に活用される。例えばインディ・レコード会社の A&R，B 氏は，私がインタビューした際に，自身の姿勢について次のように述べている。[4]

> 例えば（大手）レコード会社の人で，クラブとかタダで入って，いかにも業界人っていう人がいるじゃないですか。自分的には，シーンっていうのはそういう人たちがつくっているっていう感覚があって。でも僕は，業界人が行かなさそうな，若い子たちが普通にやってるような平日のイベントとかに金払って行ったりしている。だからそこではいち早く良いの（ア

ーティスト）がいたら見つけられる。で，「見つけた！」というのを広げたいというか，色々な人に教えたいんです。

B氏の発言からは，A&Rとしての差異化志向がうかがえる。すなわち，自身が「良い」と判断したあまり知られていないアーティストのレコードを売り出すことを通して，国内の「今の流れ」に対して差異化を図るという志向である。そしてこのような差異化志向は，B氏の人的ネットワークにも反映される。結果として他の「業界人」たちの人的ネットワークとは異なるB氏独自の人的ネットワークが構築され，それがB氏の手がける作品を大きく規定するのだ。

加えて，A&Rの持つ組織外の人的ネットワークは，ストリート・プロモーション，ストリート・マーケティングを行う際にも活用される。

ストリート・プロモーションとは，中長期的に楽曲やアーティストに関する関心を構築させることを目的としたプロモーションで，具体的には，有力なイベント・オーガナイザーへのレコード・CDの配布，クチコミのネットワークの利用，ローカル・ラジオ局やカレッジ・ラジオへの働きかけ，フライヤーやステッカーを効果の見込まれる場所に配布することなどが挙げられる（Negus 1999：97）。またストリート・マーケティングは，大学，近所のレコード店，クラブ，遊び場やパーティに足を運び，そこでなされるインフォーマルなコミュニケーションから，市場や消費者に関する情報を集めることを目的としている（ibid.：99）。

ストリート・プロモーション，ストリート・マーケティングは欧米由来のプロモーション，マーケティング手法であるが，日本でも1990年代以降は一般的に行われている。ただし日本の場合は，ローカル・ラジオ局やカレッジ・ラジオなどの役割が相対的に小さいといえる。

ストリート・プロモーション，ストリート・マーケティングを行うにあたっては，A&Rの人的ネットワークがそのまま活用される場合も少なくない。例えばインディ・レコード会社でA&RをつとめるC氏は，プロモーション用の音源を優先的に配布するDJのリストを持っていたが，そうしたリストは「ラ

イブのあと、店がクローズになるまで親しく交流して、住所とか交換したりとかして、地道につくってきたもの」、すなわちクラブなどにおける対面的なコミュニケーションを前提として構築してきたものだという。C氏は、そうした活動の意義について、次のように述べる。⁽⁵⁾

　地方のみならず、東京にいるときもそうですけど、クラブ行って飲んだくれながら、いろいろなアーティストと話をしたりするところもプロモーションだったりするんですね。そうやって普段から交流しといて、絶対損はないっていうか。まぁ、そこまで打算的でもないんですけど、そういうところから自然につながってきたりもするんで。最近出てきた人（新人アーティスト）とかでも、そういうところ（クラブ）に遊びに行くことによって、紹介してもらったりとかあるんで、そこからリストが増えていくっていうことはありますね。

　この発言からは、「飲んだくれながら」の対面的な話のような、インフォーマルなコミュニケーションや、その結果として構築された人的ネットワークが、ストリート・プロモーション、ストリート・マーケティングに活用されていることがわかる。
　またストリート・プロモーション、ストリート・マーケティングの枠を超えて、人的ネットワークが活用される場合もある。例えば前述のB氏によると、A&Rとしてあるアーティストの作品を売り出すにあたって、当初は営業部門からの反発があったという。B氏は経緯を次のように説明する。

　自分としては（担当するアーティストの作品を）多く出したいから、たとえば半年で3000枚（の売り上げがみこめる）とか、そういうプレゼンをするわけですよ。でもそれは通らない。営業担当から「名前がない」とか、そういうふうに言われちゃって。だからそこでどれだけプレゼン材料を持っていけるかというか、説得力のあることを言えるかということは（重要

な意味が）あると思います。

　ここで述べられている「プレゼン材料」を用意するため，B氏は自費で宣伝用のCDをつくり，「それを（社外の）いろいろな人に配って，そうするうちにどんどん名前が広まっていって，雑誌でも取り上げられ」るようになったと述べる。そしてそうした状況を「プレゼン材料」として，再度，営業部門などと交渉したところ，発売にこぎつけたという。
　こうした事例からは，組織内，組織外の人的ネットワークが相互に絡まりながら，音楽の生産が行われている状況がうかがえる。音楽の生産プロセスにおいて，A&Rの持つ人的ネットワークは，それ自体重要な資源であるといえる。

5　アーティストと人的ネットワーク

　前節までで，A&Rにとっての人的ネットワークの意味を検討してきたが，人的ネットワークが音楽の生産に関わる重要な意味を持つということは，アーティストにとっても同様である。
　筆者はかつて，インディで活動するアーティストに対する参与観察，インタビューを行った。[6]そのときアーティストたちは，ライブや作品の発表の機会が，人的ネットワークによってもたらされていることを繰り返し語った。ここであるラップ・グループのケースをみてみよう。
　二人組ラップ・グループのX（仮名）は，それぞれ別のラップ・グループのメンバーとして出演した東京郊外のクラブ・イベントをきっかけに，以前から顔見知りであったD氏とE氏によって1997年に結成された。当時，D氏は自ら商店を経営しており，またE氏は飲食店のアルバイト従業員として生計を立てていた。
　グループ結成のきっかけは，ライブなどでお互いのラップを目にするなかで，それぞれ「ラッパーとして自分にないもの」を相手に見いだしたことにあるという。以後，二人は，練習を続けながら，特に横浜のクラブを中心にライブ活

動を行っていく。横浜のクラブが選ばれた理由として，D氏の人的ネットワークが指摘できる。[7]

　D氏は，ラッパーとして活動する以前，横浜のチームのメンバーだった。チームとは，暴走族などの既存の不良グループとは一線を画し，1980年代後半から1990年代にかけて首都圏を中心に拡大していった不良グループの総称で，そのメンバーはチーマーと呼ばれる[8]（宝島社刊 2001：30-33）。D氏によると，チームはその活動の一環としてクラブ・イベントを主催し，イベントのチケットを売ることで資金を得ていたという。この点に関し，D氏は「当時，クラブには悪いやつが集まっていた」と述べ，チームとクラブの結びつきを強調する。チーム自体は1990年代後半になると徐々に衰退していったが，かつてのチーマーの中には，その後もイベントの主催を続ける者が少なくなかったという。

　D氏にとって，そうしたイベント主催者はかつての「悪仲間」でもある。例えばD氏のチーム時代からの友人であるF氏は，横浜を中心にさまざまなクラブ・イベントを主催しており，Xは彼の主催するイベントにも出演している。F氏は自分の主催するイベントにXの出演を依頼した理由のひとつとして「やっぱり前からの友達だったから，というのはある」と述べる。D氏もまた「イベントをやろうとする中，立ち止まってみたら，まわりに人脈はたくさんあった」と述べ，チーム時代の人的ネットワークが，Xのライブ活動においても活用し得るものであったことを認めている。

　ただそうした人的ネットワークは，他方で「しがらみ」，つまり否定的な側面を持つものとしてもとらえられた。例えばXのE氏によると，彼らがライブ活動を行っていた横浜では「上が同じ」，すなわち比較的少数の人々がイベントを主催していたため，同一の主催者による複数のクラブ・イベントがある場合，仮に出演したくないイベントがあっても，「好きなイベントだけ出るということはできない」という。こうした発言からは，彼らの音楽実践において，人的ネットワークが常に自分たちの思惑どおりに活用できるものではないととらえられていることがわかる。

　さまざまなクラブ・イベントでライブ活動を続けるなかで，Xはラップ作品

などを数多くリリースしているレコード・レーベルのA&R，J氏の目に止まる。彼らはJ氏から「技術はまだまだだけど，存在感は群を抜いている」という高評価を受け，作品を発表しないかと持ちかけられる。その提案を受けたXは，楽曲制作に伴う約1年の試行錯誤の結果，J氏の紹介で別のレコード・レーベルから作品を発表していたDJのH氏と会い，H氏の制作した楽曲を用いて，インディ・レーベルからシングル作品を発表する。

さらにXは，作品の「プロモ盤（宣伝用のアナログ・レコード）」を無料で配布していく。それはまず彼らの友人などに配布されたが，E氏はさらに「(Xが)横浜では名が売れていたが，東京では無名だった」ため，東京のクラブ・イベントなどに積極的に足を運び，そこでライブ活動などを行っているラッパーやDJに「名刺代わりに」，すなわちXの自己紹介のためにレコードを渡すことによって「人脈をつくろう」としたと述べる。

また同時期，D氏も，かつての「悪仲間」のイベントに出演するだけでなく，自分からさまざまなクラブ・イベントに足を運び，そのイベントを「一番上で仕切ってるやつを紹介してもらう」，つまり有力なイベント主催者と知り合いになることで，音楽実践において活用し得る人的ネットワークを拡張しようとした。そうした活動を行った理由として，E氏は「やっぱり知り合いだからイベントに出るとかのほうが多いから，（イベントに出るために）人脈をつくろう」という意識があったと述べる。

これらのことからは，Xが彼らの人的ネットワークを音楽実践において活用してきたこと，そして人的ネットワークを拡張することが，彼ら自身の音楽実践のために有効であると理解されていることがわかる。加えてXは，そうした人的ネットワークが構築されるにあたって，とりわけクラブという場の重要性を強調する。E氏は次のように述べる。

> レコード会社の人で現場（クラブ）に行ってる人とか，だいたいどこかでつながってるからね。「誰々の友達」とか，そういう感じで。だからクラブでそういう（自分たちの）人脈がつくられていくというのは大きい。

このようにE氏はクラブにおける「人脈」構築の重要性を指摘するが、さらにD氏は、クラブでライブ活動などを行うことを、新たなライブ活動の展開や作品の発表の契機としてもとらえている。D氏は、Xがクラブでのライブを行っている中で、前述のJ氏や、自らもレコード・レーベルを運営するアーティストのI氏から作品発表の誘いを受けたという経験に触れながら、クラブでライブを行うことが、そうした「有名な人と知り合うチャンス」にもなると述べる。この場合の「有名な人」とは、単に名が知れているというだけではなく、大規模なクラブ・イベントでのライブや作品発表の機会を与えてくれる有力者を意味する。D氏は次のように述べる。

> 皆、（作品発表などの）チャンスないって言うけど、チャンスはいっぱいあるよ。でもそういうことは、クラブでイベントとかをやっていないとできない。だからたとえば、凄いテクニックがあって、知識もあって、どんな曲かけても知ってるっていえるようなDJがいたとしても、現場にいない人間は、その時点でゲームオーバー。

これらの発言において、クラブは「人脈」や「チャンス」と結びつけてとらえられており、ラップ実践との関連において、そこに足を運ぶことの重要性が強調されている。

さらにE氏は、クラブにおける実践を行う中で、「現場で認められてこそ（意味がある）」と述べ、またD氏は「やっぱりクラブでライブをやる（ことを重要視する）というのは、他のジャンルに比べて、ヒップホップが一番強いんじゃないですかね」とそれぞれ述べ、クラブにおける実践それ自体の重要性を強調する。

ちなみに筆者は、2000年前後から、断続的にクラブでDJをつとめてきた。しかしいきなりDJに「なれた」わけではない。筆者の場合、客として通っていたクラブ・イベントで、友人知人に自身のDJプレイを自宅録音したテープを配布したところ、イベントのオーガナイザーをつとめるDJに声をかけられ

たことがきっかけになっている。

　その後，筆者はさまざまなオーガナイザーから誘われる形で，首都圏を中心にヒップホップやレゲエ，レア・グルーヴを中心としたDJ活動を行った。また筆者自身がオーガナイザーとなってイベントを企画することもあった。その際には，まず筆者の友人知人のDJに声をかけた。

　しかし大学教員の仕事が忙しくなってきた2010年前後からは，以前ほどクラブに足を運べなくなり，かつての友人知人とも疎遠になった。このことは，クラブに行かなくなったことで，かつての人的ネットワークが維持できなくなったことを意味する。結果，筆者がクラブでDJを行う機会は激減した。クラブにおける人的ネットワークを重要視するD氏，E氏の認識は，筆者自身の経験に照らし合わせても，納得できるものである。

　無論，例えば演歌のようにクラブで実践されることが少ない音楽ジャンルには，クラブの重要性は指摘できない。しかし特定の空間が，人的ネットワークが構築される重要な場所になるという点は，他の音楽ジャンルにも共通する傾向といえよう。

　例えばロックなどの場合には，ライブ・イベントの後に，アーティストやレコード会社の関係者，熱心なファンなどが集って「打ち上げ」を行うことが多く，そうした場で人的ネットワークの構築，維持，強化が行われていることが観察される。

　そのような意味で，ラップとクラブの結びつきは，ラップというジャンルにおいて特殊な傾向でありながらも，同時に他の音楽ジャンルとの連続性を持った傾向として理解できる。

6　人的ネットワークとネットメディア

　前節まで，レコード会社，アーティストにとっての人的ネットワークの重要性について検討してきた。人的ネットワークが重要な意味を持つのは，他の音楽関係者，例えばイベンターなどにとっても同様であるといえる。

第4章　音楽の生産と人的ネットワーク

しかし近年，レコード会社のような存在は，しばしば批判の対象とされる。

例えば批評家のジョン・ペアレス（Pareles, Jon）は，2000年代がネット技術やICTガジェットの進化が導いた「中抜きの10年（disintermediation decade）」であったと分析する（Pareles 2009）。つまり，ネットワーク技術を用いることで生産，消費サイドがダイレクトにつながるようになった結果，アーティストとファンの間に入っていたレコード会社のような存在が，一種の中間搾取と見なされるようになり，権威や影響力を減少させてきたという議論である。

なるほど現在では，高価な機材がそろったレコーディング・スタジオにこもるのではなく，Pro Toolsに代表されるさまざまなソフトウェアを活用し，自宅のPCで手早く安価に楽曲を制作することが珍しくない。制作した楽曲も，アグリゲーターと契約することで，有料配信することができる。会費を支払えば，データにトラブルが無いか，著作権制度に抵触していないかといった簡単な審査のみで配信ができるため，レコード会社と契約して作品をリリースすることに比べて，大幅にハードルが低い（サウンド＆レコーディング・マガジン編集部編 2010：10-11）。

またアーティスト個人が，アップローダーや動画サイトなどを利用して，楽曲を公開するケースも珍しくない。そしてブログや各種SNSなどをはじめとする多様なネットメディアを複合的に利用する形で，プロモーションが行われる。ファンもまた，アーティストがネット経由で発信する情報をフォローすることで，より「直接的」にアーティストと関われるかもしれない。

ペアレスのような立場からすれば，レコード会社をはじめとする「ギョーカイ人」の営為は中間搾取と取れるかもしれない。またネットメディアを積極的に活用して音楽活動を行っているアーティストも同様に考えるかもしれない。しかしペアレスに代表される議論は，PCやインターネットが自由で公正な社会を導くという，古典的なネット・ユートピア論のバリエーション以上のものではない。

現実的にいえば，「中」は消滅したわけはなく，既存のレコード会社などが担ってきた役割の一部をネットメディア，ネット・サービス事業者などが代替

するようになったということにすぎない。代表的なものが前述したアグリゲーターであり，配信会社であり，動画サイトである。

　そもそも楽曲制作，流通，プロモーション，マーケティングなどの営為は，一定以上の活動規模のアーティストにとっては，いかにネットメディアを活用しようとも個人でカバーしきれるようなものではない。同様に，本章が焦点をあててきた人的ネットワークにしても，ネットメディアを利用するだけで，構築，維持，拡張できるわけではない。[13]

　なるほど，特に近年の音楽ビジネスにおいて，レコード産業が中心的役割を果たしてきたこれまでの構図は，変わりつつあるといえるだろう。しかしそれは，ネットメディア，ネット・サービス事業者が音楽ビジネスに関わるようになったというだけであり，「ギョーカイ」の再編として理解されるべきであろう。

7　ネットメディアの可能性

　ネットメディアは音楽の生産を媒介するものの，「中抜き」や「ギョーカイ」の消滅を導くものではない。しかしネットメディアは，これまでの産業的な基盤によって生産されてきた音楽とは異なる，草の根的な音楽実践を加速させてもいる。

　それは既存の音源を組み合わせて編集したマッシュアップや，音楽ファイルとアニメ，映画，特撮などを編集した MAD や AMV（Anime Music Video）と呼ばれる音楽群，動画群に代表される。ネット以前，マッシュアップや MAD, AMV は，主に音楽や映画などの愛好者によってつくられ，愛好者たちの間で密かに流通していた。しかし現在では，それらはネット動画のひとつの潮流となっている。

　マッシュアップや MAD, AMV の多くは，YouTube，ニコニコ動画などの動画サイトにアップロードされる。そうした動画サイトでは，第三者が動画に対するコメントや評価を付けることができる。特にニコニコ動画は，コメント

第4章 音楽の生産と人的ネットワーク

図4-2 ニコニコ動画に投稿されたマッシュアップ作品上を流れるコメント

が動画上を流れる機能を特徴としている。時には動画画面を覆い尽くすほどにコメントが流れ，それは視聴者の「熱気」を表現する（図4-2参照）。また「出来がよい」と判断されれば好意的なコメントが並ぶが，反響がなかったり，批判されたりすることも少なくない。

　ファイルをアップロードする草の根の制作者たちが目指すのは，数多く再生され，好意的な評価を得ることである。例えば音楽市場における100万枚の売り上げを意味する「ミリオン」と同様に，動画にも「ミリオン」という言葉が存在する。これは100万回以上再生されることを意味し，オンラインの用語集「ニコニコ大百科（仮）」によると，「100万という数字は多くのユーザー，動画で指標にされている値の一つで，突破するとその時は祭り状態となり盛大にその偉大な記録をたたえることが多い」とされる（ニコニコ大百科（仮）2013）。ニコニコ動画では，2013年6月6日時点で，1452作品がミリオンを達成している（同）。

　マッシュアップやMAD, AMVは，多くの場合において，経済的な対価を得ることは想定されていない。その理由のひとつは，それらの多くが，無許可

167

で既存の動画や音源を使用しており，著作権制度との間に大きな矛盾をはらんでいるためである。

端的にいって，現行の著作権制度は，伝統的な意味でのコンテンツの生産・消費に関わる主体を特定できるという前提に立っている。それに対して，マッシュアップや，MAD，AMVの場合は，既存のコンテンツを流用しているため，生産者と消費者が判然としない。ゆえにそれら動画の制作者は，使用されるコンテンツの生産・消費に関わる主体を結ぶ存在であると同時に，両者にとっての異物となる（遠藤 2004：165）。つまり彼ら彼女らの営為は，コンテンツの生産・消費過程を伝統的な形で想定する著作権制度には，なじまない存在なのである[14]。

こうした点を踏まえれば，音楽によって生計を立てることを目指さないインディの活動以上に，マッシュアップやMAD，AMVによって金銭的対価を得ることは困難であるといえる。またそれらは，著作権制度の下で事業を展開する一般的な音楽産業ともなじまない[15]。

ミリオン動画や，動画上で流れゆく無数のコメントは，伝統的な意味で音楽の生産・消費とは異なった人的ネットワークの有り様を示唆する。それは音楽の生産を媒介するとも，消費を媒介するとも，またどちらでもないともいえる。むしろそこでは他者とのつながりが重要であり，音楽はその「手段」にすぎないともいえる。例えば「ニコニコ動画」を運営するニワンゴの取締役であった西村博之は次のように述べる。

> お茶の間でテレビを観ながら友達と話しているとき，テレビに映っている映像が何であろうと関係はない。ニコニコ動画の場合も，ただ会話がしたい，ただそのネタが欲しいというだけであって，動画の内容はどうでもいいことが多いのです（中略）ニコニコ動画の場合はコメント機能がついているので，面白い動画を載せると，ユーザーが反応してくれる。ユーザーは動画が観たいわけではなく，あくまでもユーザー同士がメッセージのやり取りをしたいだけなのです。（西村 2007：66）

代替的な「ネタ」を介して「ただ会話がしたい」という志向は自己目的的である。そのような意味で、マッシュアップやMAD、AMVに関係する人的ネットワークは、本章で論じてきた音楽の生産を媒介する目的合理的な人的ネットワークとは明確に異なっている。ただしそれらが、何らかの形で音楽産業的な人的ネットワークと合流するとすれば、新たな音楽の生産・消費が導かれるかもしれない。

8 人的ネットワークの意味

　キース・ニーガスは、レコード産業の従業員が「単なる"選別"や特定の"製品イメージ"に貢献する」だけではなく、「組み立てられているサウンドやイメージに積極的に介入し、それらを変化させる」と述べる（Negus 1996：58-59）。本章でみてきたのは、まさにそうした関係者の営為であった。

　それは「天賦の才を持った者によって音楽が創られる」といった素朴な発想に比して、いくらか夢のない議論に聞こえるかもしれない。しかし冒頭で述べたように、音楽は、メロディ、ハーモニー、リズムなどによって、聴覚情報のパターンが形成されると社会的に認識されるときに生まれる。そのような社会的な認識の具体的なあらわれが、音楽文化であり、音楽市場であり、人的ネットワークなのである。音楽文化も、ミュージシャンの才能も、音楽市場も、「ギョーカイ」も、いずれも自律的で自明なものではありえない。それらは、人的ネットワークを規定するとともに、人的ネットワークをはじめとする諸条件の結果として更新されるのだ。

　なお本章で述べてきたことは、音楽の事例ではあるが、音楽に限定される話ではない。社会、文化、経済といった諸システムは、無媒介に存在するわけではなく、さまざまな制度や慣習、歴史、そして人的ネットワークを含めたさまざまな社会関係によって媒介されることで、それとして立ち現れる。そのような意味で本章の議論は、音楽をはじめとする文化に関する議論のみならず、より一般的な事例においても参考になるといえよう。

最後に今後の課題についても言及しておきたい。本章では，人的ネットワークと音楽の生産に注目してきたため，本書のキーワードのひとつである「ギョーカイ」意識などについては，あまり言及できなかった。人的ネットワークが「ギョーカイ」を媒介することは確認したが，個々のアクターが「ギョーカイ」内の自己をいかにとらえ，自己呈示を行っているのかについては，今後の議論が必要である。

　また本章では，もっぱら音楽の生産に焦点をあててきた。しかし反対の極である消費に関しても，人的ネットワークを抜きに考えることはできない。なるほど，一人で音楽を聴くという行為を思い浮かべてみれば，人的ネットワークがどこに関わるのか理解しにくいかもしれない。しかし私たちは，スピーカーやヘッドフォンから流れてくる音楽を聴くことで，音楽市場や音楽文化の広がりの中に身を置き，アーティスト，産業，ファンとつながっている[16]。そうした消費局面における人的ネットワークの有り様については，今後の議論が必要である。

注
(1) 例えば生明は，レコード会社がかつて集約していた音楽制作機能が，近年は分散化していることを指摘している（生明 2004）。
(2) レコード会社によっては，ディレクターと称される場合もあるため，本章ではA&R，ディレクターを交換可能な用語として用いる。
(3) インタビューは2003年7月に都内で行った。以下，（　）は筆者による。
(4) インタビューは2003年3月に都内で行った。
(5) インタビューは2003年3月に都内で行った。
(6) インタビュー，参与観察は2000年から2003年にかけて断続的に行った。
(7) E氏はかつて渋谷を拠点に活動するチームの一員だったが，「(自分が）少年院に入っている間に，それまで遊んでいた連中とほとんど音信不通になった」ため，「(自分は活用し得る人脈をあまり持たず）Xの人脈はほとんどDの人脈」であると述べる。
(8) 一般的にチームは，暴走族などの他の不良グループに比べて，メンバーの帰属意識があいまいであるという。そのため，例えばD氏は自分がチーマーであったと述べるが，後述するF氏は必ずしも自分がチーマーだったわけではなく，「そういう

連中(チームの人々)と遊んでいただけ」と述べる。
(9) E氏は「試行錯誤」の理由として,「それまでは"ありもの"のトラックでラップをやっていたから,(オリジナル)トラックが無かった」ことに加え「(自分たちの)スタイルも確立されていなくて,パーティーを盛り上げることはできても,作品にするレベルにはいっていなかった」ことを挙げる。
(10) レア・グルーヴとは,主に1960年代から1970年代にかけてのソウル,ファンク,ジャズなどを再評価するムーブメントとそこでかかるレコードを意味する。1980年代から1990年代にかけて,イギリスを中心に世界的な盛り上がりを見せた。
(11) 例えば浪曲などの伝統的な興行の世界では,浪曲家のみならず,やくざ組織などとのつながりも含めた広範な人的ネットワークが重要な意味を持っていた(猪野2004)。また日本で最大級の音楽イベント,フジロック・フェスティバルを主催する日高正博は,長年にわたって音楽業界で培ってきた人的ネットワークを生かし,多忙な大物アーティストのブッキングを行っている(日高 2003:61)。イベンターやプロモーターもまた,人的ネットワークを利用して,ライブ・ビジネスを進めているといえる。
(12) アグリゲーターとは,データ配信ビジネスをサポートする流通会社を意味する。
(13) 実際にネットメディアを活用しているアーティストの事例をみても,それらの多くがオフラインにおける音楽活動に根ざしている(木本 2008,2009参照)。
(14) 本章では詳述しないが,マッシュアップやこれらの動画は,二次創作同人誌(既存のマンガ作品を基にしたファンによる創作物)などとも同じ性格を持つ。それらは既存の文化製品を流用することによって,新たな文化的構築物を制作することを想定した〈生産=消費モデル〉によってとらえることができる(木本 2005参照)。
(15) ただし数は少ないものの,オンラインで名声を獲得した後に,メジャー契約を獲得する者もいる。例えばミュージシャンであり,アイドル・グループ,ももいろクローバーZなどの楽曲プロデュースも手がける前山田健一は,「ヒャダイン」名義でゲームのBGMをアレンジした楽曲をニコニコ動画などに投稿し,人気を得たことを現在のキャリアにつなげている。またニコニコ動画で人気を得たラップ・グループ,らっぷびとは,後にメジャー契約を手にしている。
(16) 同じ音楽を「共有」する者同士のつながりに関しては,グレイトフル・デッドの事例が象徴的である。1960年代から活動を続けるロック・グループ,グレイトフル・デッドは,ライブでの録音を推奨し,またデッド・ヘッズと呼ばれる熱心なファン同士で,グッズの交換や売買が行われることで知られる(Scott, David M., Halligan, Brian. 2010 = 2011)。

文献

阿部勘一,2003,「ポピュラー音楽と現代消費社会——音楽が消費される社会」東谷

護編著『ポピュラー音楽へのまなざし』勁草書房，29-57。
生明俊雄，2004『ポピュラー音楽は誰が作るのか——音楽産業の政治学』勁草書房。
Becker, Howard. S., 1982, *Art Worlds*, University of California Press.
Bourdieu, Pierre. 1979, *La Distinction : Critique sociale du jugement* Paris. Editions de Minuit.（＝1990，石井洋二郎訳『ディスタンクシオンⅠ，Ⅱ』藤原書店。）
Cage, John（青山マミ訳），1976＝1982，『小鳥たちのために』青土社。
Coleman, James. S., 1994, *Foundations of Social Theory*, Harvard University Press.
遠藤薫，2004，『インターネットと〈世論〉形成——間メディア言説の連鎖と抗争』東京電機大学出版局。
Flanagan, Bill, 2000, *A&R*, Random House.（＝2002，矢口誠訳『A&R』新潮社。）
浜田淳，2010，『ジョニー・B・グッジョブ——音楽を仕事にする人々』カンゼン。
日高正博，2003，『やるか Fuji Rock 1997-2003』阪急コミュニケーションズ。
猪野健治，2004，『興行界の顔役』ちくま書房。
監査法人トーマツ編，2003，『コンテンツビジネス・マネジメント』日本経済新聞社。
木本玲一，2005，「文化製品の流用をめぐる考察——DJ文化におけるサンプリング・ミュージック，オタク文化における二次創作を事例に」『ソシオロゴス』29号：250-263。
木本玲一，2008，「ポピュラー音楽とネットワーク」東谷護編『拡散する音楽文化をどうとらえるか』勁草書房：25-46。
木本玲一，2009，『グローバリゼーションと音楽文化——日本のラップ・ミュージック』勁草書房。
Negus, Keith, 1996, *Popular Music in Theory*, Wesleyan Unversity Press.
Negus, Keith, 1999, *Music Genres and Corporate Cultures*, Routledge.
ニコニコ大百科（仮），2013，「100万再生」http://dic.nicovideo.jp/a/100%E4%B8%87%E5%86%8D%E7%94%9F, DL：2013/06/07
西村博之，2007，『2ちゃんねるはなぜ潰れないのか？——巨大掲示板管理人のインターネット裏入門』扶桑社。
Pareles, Jon. 2009, "A World of Megabeats and Megabytes" *The New York Times*, 2009/12/30（http://www.nytimes.com/2010/01/03/arts/music/03tech.html?pagewanted=all DL；2012/8/14）
Scott, David M., Halligan, Brian, 2010, *Marketing Lessons from the Greatful Dead*.（＝2011，渡辺由佳里訳，糸井重里監修・解説『グレイトフル・デッドにマーケティングを学ぶ』日経BP社。）
サウンド＆レコーディング・マガジン編集部編，2010，『ネットとライブで自分の曲を売る方法』
宝島社刊，2001，『1990年大百科』。

第5章

二層性のなかの記者クラブ

森　暢平

1　ギョーカイと業界／本音と建て前

　本書は，メディア・コンテンツ産業において，業界団体・会社を超えた特権的・閉鎖的なつながり意識（ギョーカイ意識）がなぜ存在するのかを問うもので，本章が対象とするのは新聞産業である。メディア・コンテンツ産業のなかでも最も歴史が深く，業界内秩序が安定的・静的である新聞産業は，編集・販売・広告……と業務範囲が広いが，中心は記者による情報収集である。本章は，現場記者の活動拠点であり，多くの批判が向かう記者クラブを通じて，記者のギョーカイ意識を考えていく。[1]

　ところで，はたして記者にギョーカイ意識があるのだろうか。特権的地位をアイロニカルに披瀝しギョーカイ人として振る舞うテレビ・広告産業の従事者と違い，市民革命の伝統を刻印された記者は，ギョーカイ人たることを認めたがらないのではないだろうか。ジャーナリスト（≒記者）たるもの，市民を代表して真実に迫り，それを世に問うことで公論を耕すとの規範があるからである。こうした規範は，特権的なギョーカイ意識とは対立的である。

　しかし，新聞記者にも，記者だけのつながり，同業者意識はある。記者の日々の活動の場は，主に行政官庁，捜査・司法機関であるが，こうした官公庁において記者の身なり・風貌は公務員のそれとは微妙に異なる。着崩したスーツ，緩めに締めたネクタイに，場合によっては髭を生やしたフォーマルななか

のカジュアルさ。ギョーカイに身を置く記者ならば，一目で同業者と認識するはずである。どんな若手記者でも新聞社の名刺一枚で，大臣なり，事務次官に，一対一で取材ができる。記者は特権を持つのだ。『朝日新聞』の社内報タイトルが『朝日人』であることからエリート意識が批判されるように，記者のギョーカイ人性・特権性は常に批判の対象である。例えば，マンガ『ドラゴン桜』の続編『エンゼルバンク』で主人公・桜木健二は記者をこう懐疑の目で見ている。

> 記者クラブにいるマスコミの人間はジャーナリストを気取るがそれ以前に会社員だ／会社員が最も優先するのは保身／毎日の仕事に支障がでる情報は書かない／大切なのは真実の追求よりも毎日の仕事のやりやすさだ／もしも官僚を批判して記者クラブから外されると自分だけ情報がもらえなくなり会社から怒られる／これだけは絶対避けたい／自分だけがミスしても怒られるから記者クラブのメンバーは協力し合う／……だから日本のマスコミはどこも同じようなニュースを流していて違いがほとんどない（三田 2010：186-187）

官僚・政治家といった権威ある情報源の近くにいる特権を利用し，横並び情報しか流さない記者を，桜木は批判する。競争しながら記事を書いているはずなのに，同業他者，あるいは情報源と癒着し，談合のなかで仕事をしている。桜木が見てとったものこそ，記者のギョーカイ意識である。本章はたとえ記者からの反発を受けようとも，これらを記者のギョーカイ意識と呼ぶ。

　本章を以上のような言い訳から始めたのは，記者ギョーカイにおける建て前と本音の分裂を確認したかったためである。建て前としての記者クラブは，取材権の確保・拡大を要求する組織だ。ところが長らく「親睦団体」と規定され，現在は記者による「自主的な組織」と位置付けられている。「親睦団体」にしろ，「自主的な組織」にしろ，事情に詳しくなければ意味するところが理解できないであろう。逆に，実態を隠すためにわかりづらい定義をしているとも言

える。あいまいな定義の下には，記者たちが享受するメリット，秘めた存在理由（レゾンデートル）が隠されているのである。つまり，記者クラブを正当化する言い分は多分に建て前（オフィシャル）であって，その下層には本音（アンオフィシャル）が隠蔽されている。建て前と本音からなるこの構造を本章は，記者クラブをめぐる〈第一の二層性〉と呼ぶ。

　さらに，記者クラブには別の二層性がある。記者クラブは，実態的にも，名目的にも，現場記者がつくる組織であり，加盟は記者個人単位で行われる。名義は新聞社名ではない。新聞社および業界の元締めである日本新聞協会は，「われわれのコントロールが及ばない組織だ」と主張する。特に外部からの批判があったとき，責任逃れの態度を取りがちである。民主党政権のもと，インターネット・テクノロジーが進化する状況下でのメディアのあり方を検討するために，総務省の研究会「今後のICT分野における国民の権利保障等の在り方を考えるフォーラム」（2009～2010年）が開かれた。「旧態依然の記者クラブが存在する現状では，ネットメディアは自由に取材できないし，情報の流通も妨げられる」と主張する一部の参加者は，「記者クラブ問題を議論のアジェンダに乗せるべきだ」と主張した。回答を迫られた日本新聞協会は，「個別の記者クラブや記者会見の在り方は，それぞれのクラブが判断することであり……コメントできることはない。なお，各記者クラブは独立した存在であり，当協会に指導等を行う権限はない」との見解を寄せた（今後のICT分野における国民の権利保障等の在り方を考えるフォーラム　2010：20-21）。「われわれは関係ない」とのスタンスである。

　注目すべきは，記者という情報屋の世界と，新聞社業界が区別されていることだ。記者クラブをめぐる〈第二の二層性〉である。あとで検討するようにブンヤ稼業（ギョーカイ）と新聞産業ビジネス（業界）とは異なった利害を持つことがあり，記者クラブには両者にとっての意味のズレや潜在的な対立性が内包されている。さらに，新聞社業界が「われわれは関係ない」と主張するもとにも，そう主張することで享受できるメリット，隠された本音が存在するはずである。

つまり，記者クラブは，記者ギョーカイと新聞社業界がそれぞれの本音と建て前を交錯させる不思議な場なのである。ギョーカイと業界，本音と建て前，アンオフィシャルとオフィシャル——。その相克が観察される場として記者クラブがあり，この〈二重の二層性〉にこそ，記者クラブが長きにわたって存続してきた要因があるのではないだろうか。本章の目的は，記者クラブに負の烙印を押し非難することでも，記者クラブ改善のために何がしかの提言をなすことでもない。〈二重の二層性〉という構造のなかにこそ，100年以上にわたり記者クラブが存続し，今後も存在し続けるであろう理由を探す試みである。そのことによって記者のギョーカイ意識とは何かを突き止め，それが新聞産業の業界利益とどうズレるのかを考えていきたい。

　2節では記者から見た記者クラブ，3節では新聞社業界から見た記者クラブを検討するが，対象となるのは明治期から昭和の占領期までである。これは，ギョーカイと業界の現在の本音は，ほとんど表に出てこないという事情に基づく。遠い過去の事例のなかに，それぞれの本音と軋轢を見ていく手法を使う。それはむろん，記者クラブの歴史を叙述する目的ではない。あくまで記者クラブをめぐる〈二重の二層性〉を浮かび上がらせるためである。そしてまとめにあたる4節で，現在や海外の文脈と比較し，記者の文化，およびインターネット時代のギョーカイ意識が，はたして変わっていくのかを考えていきたい。

2　記者たちのシェルター

ジャーナリズムという建て前

　記者の仕事は，ニュースとなるべき情報を入手して記事を書くことにある。ではニュースを早く察知するために，どうすればよいだろうか。事件・事故ならば警察・消防・検察・裁判所，行政的な政策のことなら中央官庁・都道府県庁・市町村役場に網を張っておくのが効率的である。しかしながら，官公庁が常に取材に協力的であるとは限らない。

　日本に記者クラブが生まれたのは，明治中期，取材に協力的でなかった官

第5章　二層性のなかの記者クラブ

僚・政治家に報道の大切さを認識させ，取材の権利を確保・拡大するためであった。帝国議会が開設され内政・外交に関する議論空間が広がっても，取材，あるいは逆に取材拒否のルールは確立されていなかった。例えば1891年，榎本武揚外相は，欧化主義を攻撃する陸羯南の『日本』の記者に対し，外務省への出入禁止を命じた（『日本』1891年9月13日）。記者会見がまだなく，恣意的な取材拒否が横行していた時代である。記者は団結し，取材の自由を確保・拡大する要求を掲げた。

　記者にとっての記者クラブは，権力監視（ウォッチドッグ機能）のための組織であり，「省庁の内部に打ち込んだ楔」（北村 1996：116）である。役所内部に，記者クラブという「目の上のこぶ」（ibid.）が存在することで，官僚・政治家は，読者・有権者・納税者を常に意識しなければならない。これが，記者クラブ正当化の理由となる。確かに，記者クラブには発足時からジャーナリスティックな意識が刻印されていた。記者クラブ批判に対して，上記のような設立の経緯がしばしば言及される。『産経新聞』記者だった花岡信昭は，記者クラブの始まりを説いたうえで「『由らしむべし，知らしむべからず』の官側に対し，報道の自由，国民の知る権利を武器に勝ち取った権利が記者クラブ制度」だと強調する（上杉 2010：117）。

　ここでは，官庁にできた最初の記者クラブである外務省担当記者の「外交研究会」（1899年発足）の活動を通じて，当時の記者意識を具体的に見ていきたい。ときは1899年6月。日清戦争・三国干渉を経た当時，日本の朝鮮半島政策は揺れていた。ロシアに対抗する軍事力を有しない日本は，この大国を牽制しながら半島での地歩を固める舵取りを強いられていた。そのとき発生したのがソウルにおける爆弾事件で，日本人壮士に容疑がかけられる。もし日本人が関与していたら問題が複雑となる。4年前の閔妃殺害事件に日本人が絡んでいたことから，韓国を親露政策に追い込んだ苦い経験があったからである。そのため外務省は口を堅く閉ざした。外務省の担当記者たちは，政府の対応をまったくつかめない。そこで，『報知新聞』記者だった国木田哲夫（のちに作家となる国木田独歩）が，記者クラブを代表して外務省の事実上のナンバー2，赤羽四郎

に取材した。国木田が無策を非難すると、赤羽は立腹し「君等は新聞記者の癖に那麼(そんな)に事理に暗くては困るぢやないか、当局には当局丈の考がある」として「渡韓條例」を策定中であると口を滑らせた。日本人の韓国渡航を原則禁止する緊急勅令である。「しめた」と思ったであろう国木田は記者クラブの部屋に帰り、秘密であった「渡韓條例」情報を仲間の記者に報告し、それぞれが記事にした（村上 1908＝1967：172-173）。

　このエピソードは興味深い。記者クラブ代表が情報源に取材し、得られた情報が共有されている。記者の社会的地位が低かった明治期において、団結して取材にあたること、言い換えると、取材権を確保することの意味は重かった。ジャーナリズムという文脈を離れても、協力して情報源（国木田の例では外務省官僚）との交渉力を高めた方が、自分たちの仕事には有利である。記者クラブは一面では、情報を引き出すための記者の互助組織なのである。

　さきに「外交研究会」が官庁における最初の記者クラブであると書いたが、記者クラブという名前自体は、それ以前にも、記者の運動体や政治的組織に名付けられていた。例えば、帝国議会が開会する1890年、議会取材のための傍聴券が20枚しか配布されず、交渉のため「共同新聞倶楽部」「議会出入記者団」が生まれ、のちに「同盟記者倶楽部」となった（後藤 1915：49）。また1898年、大隈重信の憲政本党に近い記者が「同志記者倶楽部」を結成し、藩閥や旧自由党に反対する言論・政治活動を繰り広げた（酒田 1978：188-191）。「倶楽部」とはもともと、欧米の社交機関を見本に明治初期から日本でつくられ始めた社交のための団体である。だが、国会開設前後になると、政党に類似した団体として「大同倶楽部」「庚寅倶楽部」などが政界に生まれた。集会及政社法に基づき政治団体（政社）と認定されないよう、あえて「倶楽部」の文字が使われたのである。記者クラブという名前には、団体の目的をあいまいにし、緩やかな結び付きを強調する意図が潜んでいる。戦後に存在した「二院クラブ」「新自由クラブ」と同様、記者クラブの「クラブ」とは、政界用語なのである。いずれにしても、情報を引き出すとか、より多くの傍聴券を求めるなど、記者側の要求がまずは存在して、広い意味での記者クラブが組織されてい

第5章　二層性のなかの記者クラブ

った。そして明治後期以降，官庁における記者クラブが続々と誕生していく。[(2)]

同業他者との関係――競争抑制と連帯／監視

　ここまで記者クラブには取材の権利を獲得するオフィシャルな意味があることを見てきた。次に，その下に隠された本音レベルの存在理由を考えてみる。まずは，記者同士の競争抑制・同志的連帯／相互監視という記者クラブの別の意味を考えていこう。

　昭和期の記者で，言論弾圧で有名な横浜事件（1944年）で検挙された酒井寅吉という人物がいる。酒井は大卒者の就職先が少なかった1933年に早稲田大学を卒業し『東京朝日新聞』に入社，初任地である長野支局に赴任した。初任給が70円と新卒として高給だったことを踏まえ酒井は以下のように書いている。

　　三食つき，時々おまけに銚子がついて，月に十七円という高級下宿に落着いた。同業の若い記者と毎晩飲み歩くことになった。ところが彼らの中には月給十五円などというのがザラであって，勘定はほとんど私が払うことになった。すると自然の感情として，私が親分〔と〕なって，飲ましてもらっている彼らは私への義理だてに，仕事の方でも助けてくれた。中には自社へ書く特種を先に私に呉れたりした。私は豊富な月給で，通信を買っているようなものであった。（酒井 1956：24）（〔　〕は引用者による。）

酒井は24歳で長野に赴任していたから，他の若手より兄貴格だったのだろう。酒井たちは，日曜ごとに長野市近郊の温泉に行き，冬はスキーで遊んだ。酒井は「青春の歓びを満喫した最も楽しい時代」だったと書く。入社後数年，地方都市で取材の基礎を学ぶのは，全国紙の記者養成の伝統である。本社から遠く離れた場所での若手記者同士の交わりが最も楽しいと感じるのは今の記者も同じだ。記者クラブで出会った別々の会社の独身男女が結婚するケースも少なくない。加えて取材の現場では，同業他者との協力関係が重要になる。あの家の

男性はよく話をしてくれるとか，家宅捜索は何時になりそうだとか……。本来はライバルである同業他者が貴重な仲間となる。

　情報交換が重要となるさらなる理由は，記者が，情報という特殊な対象を扱う点自体にも求められよう。一般の会社員の多くは商品を買ったり売ったりするが，記者が扱う対象は情報である。現場記者は，情報を入手し，記事の形に加工して，編集者（デスク）に投げる。記者にとって，生の情報（ギョーカイ用語ではネタ）が最も大切なものである。ネタとは，種（たね）を倒置した，いかにもありがちなギョーカイ用語だ。種から芽が出て植物が育つように，ネタから記事が生まれる。だからこそ，ネタ取りが一番重要なのである。ネタを取るには取材をする。取材という行為こそ，ジャーナリズムを基礎付ける方法である。ところが，取材だけが情報収集法のすべてではない。情報は，別の情報と照らし合わされることで付加価値が高まる。あるいは，必要でない情報は他者が持つ情報と交換される。自然科学の実験と違い，自らの取材という行為だけでは，得られた「情報」の客観性は担保できない。だからこそ，情報マンにとって情報交換がとても重要な作業になる。つまり，情報は，さまざまな人の手を経ることによって客体化され洗練される。情報はより磨かれていかなければならない。情報マンには危うい情報交換が付きものなのである。

　だからこそ，同じ情報マンであるスパイの世界では，ダブルスパイの危険性が常に潜んでいる。自分の雇用主の利益のために（CIAのスパイならばアメリカのために）情報を集めているはずなのに，いつの間にか雇用主を裏切って重要な情報を誰かに渡してしまう。記者の雇用主は新聞社であるが，取材源，あるいはライバル記者に重要な情報を教えることは頻繁に行われている。そして現場では，その現場を知る者にしかわからない苦労があるはずである。秘密と苦労を共有することも，同志的な連帯が生まれる土壌となろう。

　ただし，記者クラブにおいては，協調と競争は隣あわせである。大正期，宮内省担当の「坂下倶楽部」は，主に発表ネタを扱う，競争の少ない記者クラブであった。ところが1918年，皇太子（のちの昭和天皇）の婚約内定を『東京朝日新聞』がすっぱ抜いて以降，本格的な競争が始まる。3年後，『読売新聞』

記者の岩田豊秋は，皇太子妃に内定していた久邇宮良子が色盲の家系であることから山縣有朋が辞退を迫ったいわゆる「宮中某重大事件」をスクープし，それ以降，岩田が宮内省内で取材を始めると「坂下倶楽部」の誰かが尾行した。岩田が巻こうとトイレに入ると，廊下の左右に監視役の記者が複数立ったという（春秋生 1921＝1985：142-143）。同じ建物で取材しているから独自取材は目立つ。抜け駆け取材を監視するために記者クラブは役に立った。

　こうした実態，非正規な情報交換や相互監視は，表立っては語られない。情報マンだけが知っているギョーカイの秘密だからである。ジャーナリズム論の研究者・林利隆は，記者は競争相手について観察可能だし，見えなくても推察可能なほど共通の土俵で戦い，相互観察／監視・競争と協調こそその日常である（林 2006：92）と述べている。ライバルでありながら，いや，ライバルであるからこそ情報を共有し，競争を抑制しながら限られた局面で戦うのが，情報マンの世界である。

情報源との関係——互恵性

　記者クラブを通じた横並びのシステムは，情報源（官僚・政治家）側にとっても都合がよかった。一斉に同じ情報を流せるからである。こうした実態はすでに明治期から批判されている。次にあげるのは1911年，当時のオピニオン誌『新公論』に掲載された記者クラブ批判である。

> 其省に隷属せる記者団に対し一斉に同じ種を供給す，抜け駆けの功名は全く不可能となれるなり，故に該会若くは該倶楽部に名前を載せ，紋日物日に顔出しさへして居れば，馬鹿でも阿呆でも白痴でも腕利機敏な記者と同じ種を取り得るなり（鉄如意禅 1911＝1994：220）

記事はさらに，大臣・次官・局長との懇親会について，「威厳を撤して胡坐で君僕の無礼講〔，〕芸妓も揚げて都々逸の歌ひ合ひなど却々盛んなもの」と記したうえで，次のように茶化す。

古来より金，酒，女，此三種の魔力には大抵の男は敵し得ぬ事と相場が定
　　まり居れるか，政府は暮夜実に此三大魔力を巧みに使ひ分けして当世新聞
　　記者の良心を麻痺せしめ，首尾能く一種の去勢術を掛け了し，扨て白昼
　　堂々として政府筋に利益ある種のみを供給す〔.〕誰れか政府筋に不利益
　　なる記事を掲ぐるものあらんや（鉄如意禅 1911 = 1994：220）

政府は金・酒・女の3つの魅力で記者の良心を麻痺させていたというのだ。別の例をあげよう。逓信省の記者クラブ「三角会」は1921年，秦豊助次官とともに埼玉県川口町の荒川で芸妓付きの舟遊びを催した。『時事新報』記者が妙齢の芸妓と親しく話しているのを，次官が素知らぬ顔で聞き耳を立てあとで冷かしていたエピソードを業界誌『新聞及新聞記者』が面白おかしく記事にしている（春秋生 1921：1985 = 141-142）。政府高官との芸妓遊びなど仲間内では隠すことでもなかった。

　記者が取材する際，取材源と接触する。社会科学の観察・実験でさえ，被験者との意識・無意識レベルでの相互作用が結果に予期しない影響をもたらす。社会科学の手法よりも制約が少ない取材という行為では，記者と情報源の間にはさらに強い相互作用が起きる。記者は常にニュース素材を必要としており，メディアを使って影響力を及ぼしたいと考える情報源との間に，互恵的関係が生じる。ある情報源を継続的に取材するとき，良好な関係を保った方が，情報を引き出しやすい。官僚・政治家を厳しく追及する方法はその場限りの取材で多用されるが，権威ある情報源は往々にして継続取材が必要となる。

　さらに，情報源と抜き差しならぬ関係にあることは，外部には知られたくない。そこで部外者を排除する記者クラブは便利な組織である。戦前の日本においては，ある官庁の記者クラブに属さない記者がその官庁を取材することは，たとえ会社の同僚がクラブ員であっても難しいことであった。雑誌記者や小新聞の記者など自分たちと発行形態が違うメディアを排除し，日刊の中央紙・地方紙の記者だけのインナーサークルをつくっていったのである。

第5章　二層性のなかの記者クラブ

会社との関係――独立性

　この節の最後に，記者クラブが，会社に対する記者の独立性・自律性という意味を持っていたことを見ていく。先ほどの酒井寅吉であるが，長野支局にはニュースになる事件がなく閉口したと回想する。そして，記事が夏枯れのとき，記者クラブの一室で「また戸隠山に熊を出そうよ」と相談が行われたと告白している。すると，翌日，各紙に次のような記事が出るのだという。

>　×月×日×時×分ごろ，××村字××地先××番地××××さん方の畑に目方五十貫の大熊があらわれ，これを発見した同村××××さんの急報で直ちに消防団，青年団など百五十余名がこの熊を包囲したが，×時×分ついに取逃がした。今後の熊の被害対策について同村××××村長は次のように語った。（酒井 1956：24-25）

　記者は，記事を書くことを求められる。書かなければデスクに叱責される。しかしながら，材料（ネタ）がなければ記事は書けない。そこで，記者クラブで談合が行われ，熊が出たことにして記事が書かれる。各紙に同じ情報が載るのだからデスクは疑わない。今から見れば報道倫理が疑われるエピソードだが，酒井は「こんな記事なら，誰の名誉を損うものでもなし，人畜に害があるわけでもないからよい，それに結構夏枯れの紙面では，三段みだしぐらいのスペースは稼げるという次第なのである」（酒井 1956：25）と悪びれる様子もない。デスクにとっても記事が手元に来れば新聞という商品ができる。どのように取材したか，情報源は誰かなど，細かいことは現場に任せておいた方が気楽だ。

　記者クラブで，「夏休みはスクープ禁止」と約束していた記者たちもいた。1933年夏，日本銀行担当の記者クラブ「金融同志会」で，暑休中は取材競争を止め発表ネタに限って共通報道を行うとの協定が結ばれ，記者たちはスクープ（＝特ダネ）を自粛していた。ところが『東京日日新聞』記者が「三菱商事」重役人事のスクープを放ち（1933年7月27日付），触発された『東京朝日新聞』記者は「横浜倉庫」株譲渡に関する特ダネを書いた（1933年7月29日付夕刊）。

183

2つの記事が特ダネ制限協定に違反するとして，「金融同志会」は処分を検討する。除名など重い処分が下されれば，別の記者の加入が認められるまで，2紙は日銀での取材ができなくなる。結局処分はなかったが，現場レベルの協定に不満な新聞社幹部は，日本銀行以外の記者クラブに同種の協定があるかを調査した。すると，ほとんどの記者クラブで，特ダネ制限の夏休み協定があった（『新聞研究所報』1933年7月29日および8月3日）。

　記者と，編集幹部・経営幹部の利益は同一ではない。記者は，できるだけ楽をして仕事をしたがる。そのため，情報収集の最前線である記者クラブでの実態を上司に知られたくはない。記者の取材の現場は，本社や支局からは実は見えない。そのため，同業他者が同じ記事を書いている，あるいは逆に，書いていないことは，自らの仕事の有力な言い訳となる。ここに見られるのは記者の独立性・自律性の意識である。現場レベルでの協定は会社に知られてはならない。記者たちが独立の意識を持って働く記者クラブは，対新聞社という意味で記者の強力なシェルターになる。

　以上，見てきたとおり，記者クラブは一義的には取材権を守る組織である。しかし一方で，情報マンとしての同志的連帯を確認しながら同業他者と親睦を深め，相互監視しながら特オチ（他が報道しているのに，自紙に記事を書けないこと）を防ぎ，情報源との関係を深め，さらには会社からの自律性を高めるための組織でもある。閉鎖的・内向的で，談合体質を持つシェルターなのである。記者はそこで「友人をつくり，ゴシップを広め，習慣と秘密を共有する」（Feldman 1993：69）。外部からの批判に対してはジャーナリスティックな意義（建て前）を説き，実態は内向きに身を隠す（本音）という二層性こそ，記者にとっての記者クラブの特徴である。

3　新聞社にとっての両義性

占領軍の追及

　この節では，新聞社にとっての記者クラブの意味と記者にとっての意味のズ

レ，すなわち，業界団体・新聞社と記者との間の〈第二の二層性〉について考えていきたい。はじめに新聞社およびその業界団体である日本新聞協会は，なぜ記者クラブを，記者の「親睦団体」，あるいは「自主的な組織」と位置付けてきたのかを考える。そのメリットはどこにあったのだろうか。

まずは「親睦団体」と定義した経緯である。記者クラブは第二次世界大戦中，当局の発表をそのまま伝達し，敗戦後「大本営報道」の原因と批判を受けた。連合国軍総司令部（GHQ）が主導する戦後改革のなかで，記者の報道姿勢にも改善が求められ，矛先は記者クラブに向かう。改革の主導者は現場記者であり，協議会（のち日本新聞記者聯盟）が組織され，次の方針が決まった（宮本 1949 より抜粋）。

・記者クラブはこれまで戦争中において自らの手で取材や報道の自由を制限していた過誤を直ちに清算することを決意した
・そのために記者クラブは取材上の便宜機関，官庁の所属機関のような在り方を一てきして新聞記者相互の親睦機関という性格に改める

この方針にのっとり 1946 年 10 月，東京の記者クラブは，新しい性格の組織として再発足する。GHQ で新聞を指導する民間情報教育局（CIE）新聞出版課長のダニエル・インボデン（Daniel C. Imboden）は，米国にあるような記者の社交クラブに衣替えすることを目論んだ。「各官庁のクラブは廃止し，東京は一カ所ないし二カ所程度のプレスクラブを作ることが適当」（宮本 1949）というのがインボデンの意見だった。ところが，空襲の影響で官庁が都内各所に散在し，記者用自動車も不足していた現状から，「止むを得ない措置として所要官庁に『帽子掛程度の記者だまり』よりもやや強度の団体的な『親睦機関』を設けることになつた」（ibid.）のである。ここまでは日本新聞協会の関与はない（森 2007b）。戦前からの経緯を見ても記者の要求から始まった組織であるし，そこを拠点に業界・会社からの自律性を高めていたのだから，自然なことだろう。

ところが，こののち日本新聞協会が記者クラブの性格を規定することになる。

きっかけは 1949 年，『朝日新聞』記者が「釧路司法記者会」から一方的な処分を受けたことであった。具体的には，『朝日新聞』北海道版（1949 年 7 月 24 日）に「網走市警察の署長らが告発される」との記事が掲載されたことが端緒となる。自治体警察トップの不正についての記事中に釧路地検次席検事の談話があった。「国家警察と自治体警察には感情のわだかまりがある」という趣旨であった。『朝日新聞』釧路通信部の小野吉郎が単独取材した談話だったが，この抜け駆けが「釧路司法記者会」の他メンバーの怒りを買う。「検察当局が一つの事件を捜査する場合，新聞記者はそれに対し協力を惜しむべきではあるまい，かゝる見地に立つてわれわれはしばしば共同会見をやる」「はからずも今回の事件が契機となつて，その後当局の発表は必要以上に慎重になつた，これが各社記者の取材に影響するところが極めて大きいのを惧れる」（『新聞之新聞』1949 年 9 月 21 日）という理由であった。つまり，この種の事件では共同取材が基本なのに，小野は暗黙のルールを破ったということである。結果として，小野のクラブ員資格が 3 ヶ月停止される（森 2008）。

これを悪質な取材妨害と判断した CIE は，日本新聞協会に対処を指示する。現場記者が改革を進めてきたが，しばらく経つと競争制限や現場協定など戦前の慣行が復活していた。現場に任せきりでは民主的なプレスなど生まれないと CIE は苛立ち，日本新聞協会を動かすのである。同協会はそこで，記者クラブを「親睦団体」と定めた有名な見解を発表する（1949 年 10 月）。

> 記者クラブは公共機関に配属された記者の有志が相集り親ぼく社交を目的として組織するものとし取材上の問題にはいっさい関与しないことにする（従って記者クラブは一官庁につき一クラブ以上組織されることがあり得る）記者クラブには記者室の一部を利用せしめる（『新聞協会報』1949 年 10 月 31 日）

問題は釧路で起きたが，潜在的には全国に存在する。そこで，業界団体としては，記者クラブはあくまで現場の親睦団体であり，取材の諸問題には関与していない（＝取材競争抑制の実態はない）ことを確認した。なおかつ新聞協会およ

び新聞社は，記者クラブとは無関係との建て前をつくり上げたのである。占領軍からの追及をかわすためにも方便を編み出す必要が生じていた。

　日本新聞協会は，この「親睦団体」見解を長く保持し続けた。高まる批判のなかで1997年になって「親睦団体」の看板を下ろし，取材拠点であることは認めた。オフレコ懇談のような秘密の情報収集や記事解禁日設定など，情報をコントロールしていることを，しぶしぶ認めたのである。しかしながら，記者の「自主的な組織」であるとの建て前は変えていない。見解は2002年にも改訂され，現在は「取材・報道のための自主的な組織」と位置付けられている。「親睦団体」にせよ，「自主的な組織」にせよ，日本新聞協会が言いたいことは，業界団体・新聞社との関係性の否定である。

　それは，建て前を置くことで享受できるメリットがあったからだ。例えば，記者会見への参加を拒否されたフリーランス記者が民事訴訟を提起しても，記者クラブは法人格がない任意団体（記者の「自主的な組織」）のために訴えは却下される。日本新聞協会・各新聞社とも責任を取る必要がない。記者クラブは，新聞業界とは何のつながりもないと言い張った方が，日本新聞協会と各新聞社にとっては好都合なのである。

記者クラブの利用価値

　ところで，日本の新聞は，政論新聞から始まった。末広鉄腸・福地源一郎・尾崎行雄らは，みな記者であり政治家であった。続く時代に多く見られたタイプは国木田独歩，あるいは正岡子規・佐藤紅緑のような文士である。政論タイプにしても，文士タイプにしても，「新聞社社員」にはおさまりきらない。新聞学の祖と言われる小野秀雄も，東大独文科を出た後，イプセンなどドイツ文学翻訳を手掛けた典型的な文士タイプである。はじめ『萬朝報』にいたが，のち1917年に『東京日日新聞』に移った。同紙は当時，『大阪毎日新聞』に買収され系列下に入っていた。小野は，『東京日日新聞』入社2週間後，大阪から上京した本山彦一社長にこう忠告されたと書く。

わが『大阪毎日新聞社』は，一般の事業会社と同じく早くから予算制度を実施して発展したのであるから，記者も木鐸では困る。営利会社と同じく社員として，本社の繁栄のために努力してもらわなければならない。ゆえに東京日日新聞社は，他の新聞社のように支局とは言わず，『大阪毎日新聞東京支店』という看板がかけてある。あなたも支局記者というのでなく支店員という心掛けでやってもらいたい。（小野 1971：52-53）

　『萬朝報』で，マムシの周六と恐れられた黒岩涙香から黒岩イズムを叩きこまれていた小野は，「納得がいかなかった」と続けている。黒岩イズムとは，独立独行・道理一筋・偏頗の論をなさず……など記者としての独立精神である。筆を持つためのこうした信念は記者の多くが共有していたし，社の方針が肌に合わないための移籍は普通のことだった。記者は，社長の言い分に唯々諾々と従う存在ではなかったのである。
　ところが，壮士や文士タイプが安穏としていられない時代が到来していた。日清・日露の戦間期から，新聞は「政論」から「報道」の時代に変わる。変化を後押ししたのは，戦争に伴う部数急増であった。日露開戦後，「都下の新聞紙は皆な非常急転の勢を以て其紙数を増加」（『報知新聞』1904 年 3 月 10 日）した。1909 年の発行部数を見ると，『大阪朝日新聞』が 30 万部，『大阪毎日新聞』が 28 万部であった。帝国議会開会前の 1889 年，東京で最も多い『報知新聞』『やまと新聞』が 2 万部前後だったから，戦争とともに日本にもマスメディアの時代が到来した（山本 1981：404-405, 412）と言ってよい。
　政論時代の新聞は，生の情報はそこそこでよかった。評論の切れ味こそ勝負だったからである。しかし，報道の時代となれば，生の情報こそ新聞の命となる。そこで，新聞社は記者の担当分野を細分化し，多くのニュースをカバーしようとした。1900〜1901 年頃，ある新聞の担当は，「内閣，政友会」「外務省，農商務省」「実業」「逓信省，司法省，警視庁」「貴族院」「衆議院」「大蔵省，進歩党」「内務省，宮内省」「海軍省，陸軍省」「文部省，其他教育方面」「社会瑣事」「各警察署」「市政」「遊軍」となっていた（小野 1922 = 1982：272）。新聞

の企業化の開始である。記者の担当分けが明確になったこの時期は、各省に記者クラブができていったときと重なっている。効率のよい情報収集が可能になるのであれば、新聞社は記者クラブを歓迎したのである。

　商品としての新聞を差別化するには情報の正確さ・多様さ・迅速さが必要となる。戦争時においては、戦地や現地司令部に特派員を送り、さらに版建てを複数にしてなるべく新しい情報を遅刷紙面に入れ、号外を頻繁に印刷する。これらは実際、日露戦争時の新聞社業界で起きたことである。旅順陥落が予想される直前、予定号外が日付を替えて毎日印刷され、実際に陥落するといち早く号外が売り出された。競争は激化していたのである。こうした時代には、資本力が大きい新聞社が有利となる。大阪では『大阪朝日新聞』『大阪毎日新聞』の２大紙が他紙を駆逐し、寡占化が進んでいた。だが、政論新聞の伝統を持つ東京の新聞には突出した大新聞社はなかったし、売ることを第一に考える大阪的発想への反発さえあった。大阪の２大紙が東京の官庁での取材競争に本格参入しつつあった当時、迎え討つ東京側は対応を考えなければならない。このとき、たまたま記者たちがつくり始めた記者クラブというシステムは、東京の各新聞社にとって都合がよかったに違いない。

　さらに、「一日」を単位に商品を生産する新聞社にとって、記者クラブは利便性が高いシステムであった。情報源に近いところに拠点を置き、その動きを日々フォローすることができるからである。企画性や評論性が重要な雑誌社ならば、情報源と距離を保つためにも、また無用な人員を割かないためにも、会社に拠点を持った方がよいだろう。しかし、日々の生の情報が重要な新聞社にとっては、記者クラブがあった方が有利である。また、記者クラブがあれば、少なくとも役所での公報入手という最低限の横並びは保障される。新聞社にとっても、記者クラブは戦線を拡大しないためのシステムだったのである。恩恵にあずかったのは『大阪朝日新聞』『大阪毎日新聞』のような独自の特派員を豊富に派遣できる新聞社ではなく、逆に部数競争で不利な中小の新聞社であった。

　むろん、記者クラブに競争がなかったわけではない。日露が開戦すると、

「何時公報が来るか分らぬ為め新聞記者は昼夜〔記者クラブに〕つめ切」るようになった。急ぎの発表は口頭の場合があり，最後まで聞いて原稿にしては他紙に遅れる。そのため2～3人の記者が分担し半分だけ聞いては社にメモを持ち帰り，直ちに印刷所に回して新聞や号外を発行することもあった。必然的に記者数が多く，高性能の印刷機を導入した新聞社が「勝を占める」結果になった（新聞大通 1904＝1995：83）。各新聞社は競争を勝ち抜く必要があるが，一方で戦線の無限の拡大は，特に中小新聞には痛手である。そのため新聞社は記者クラブを利用した。記者が現場で怠惰をむさぼることがあっても，効率よく情報を集める仕組みはぜひ利用したかったのである。

経費削減

　新聞社が記者クラブを必要としたさらなる理由は，経費削減であろう。記者クラブに対しては，官庁が部屋（記者室）を提供している。これに家賃・部屋代を払っている例はほとんどない。そのおかげで，新聞社は自社オフィスにすべての記者のワーキングスペースを置く必要がない。なぜなら記者は通常，記者クラブに直接出勤し，そこを拠点に取材に出る。打ち合わせなどで「社に上がる」ことはあっても，終われば記者クラブに戻る。膨大な人数の記者が働く場所を，全国の役所が提供しているのだ。さらに昭和初期まではもっと深刻な実態があった。新聞社は，金銭を伴う記者の不正行為を黙認していたのである。不正はなかなか発覚することはないが，いくつかの事例が残っている。

　最初に取りあげる例は，警視庁担当の記者でつくる「丸の内倶楽部」での出来事である。当時，事件記者には，事前の捜査情報を得て被疑者に秘密で接触したうえで，「記事にしない」と約束して金銭を受け取る悪習があった。全クラブ員が談合しないと「記事にしない」約束は成り立たないから，クラブ員の共謀である。1921年夏も，「丸の内倶楽部」の記者が日本橋の電話問屋経営者の詐欺事件を聞きつけた。そこで，『毎夕新聞』『二六新報』などの記者5人が中心となって，被疑者である経営者から1400円を受け取り，記者仲間の飲食に使ったり，懐に入れたりしていた。だが，このときは金銭授受に関係しない

クラブ員もいて,『報知新聞』『萬朝報』の記者が詐欺事件を記事化した。経営者は「約束と違う」と怒り,恐喝だと訴えたのである。刑事部長は 1921 年 8 月,記者クラブに対して,「他にも色々面白からぬ事件を耳にして居る……諸君が将来決して左様の事を再びせぬと誓ひ,倶楽部として謝罪するならば今回だけは或は大目に見る」と謝罪を要求した。「丸の内倶楽部」は総会を開き,謝罪するかしないかについて揉め,回答しないうちに警視庁は事件の中心となった記者 5 人を拘禁してしまう。残るクラブ員たちが協議し,始末書提出とクラブ解散を決め,5 人は釈放された。「丸の内倶楽部」はそのまま解散し,関与した記者を解雇した社もあった(『新聞及新聞記者』1921 年 10 月号)。

同じ年,東京市政疑獄の裁判中,東京瓦斯会社の値上げ問題に絡み,新聞記者に計 8 万円余の大金が渡っていたことが予審記録のなかで明らかになった。各方面の記者に広く金がばらまかれていたが,特に東京市政担当記者には東京市庶務課長を通じて金が配られていた(『読売新聞』1921 年 8 月 12 日)。「醜名を謡はれた」東京市役所の記者クラブ「武蔵野倶楽部」は,1921 年 9 月に解散した(『新聞及新聞記者』1921 年 10 月号)。

もっとも,こうした記者たちの行状を世間はよく知っていたと思われる。そして不祥事が報じられても,悪行がすぐになくなったわけではない。例えば,1925 年の段階でも以下のような言説が見られた。

> 社交機関だとか親睦を図るとか表面の声明はよいが,内を割つて見ると,ユスリ団であるのが少くない。断つて置くが記者団全部,倶楽部全体がそうだといふのではない。中にこうした不良のものが少くないといふまでだ。
> (有馬 1925：86)

ユスリによる副収入(当時は「利権」とか「役得」とか言われた)は事件担当・道府県担当・鉄道担当や,経済関係の記者クラブに多かった。『新聞研究所報』(1930 年 9 月 23 日)も「所謂利権の伴ふところ,必ず記者倶楽部が跋扈し,時折り出頭するだけで名義を倶楽部員の名簿に残し置き,利権の吸収に努めんと

してゐる向き」があると指摘する。例えば，鉄道省の記者クラブでは，取材用の国鉄無料パスの転貸で利益を得ていた記者がいた。記者クラブを舞台にしたこうした事件は日中戦争が始まってからも続いた。1938年には大阪米穀取引所と株式取引所の両クラブのメンバーが，当局の不祥事に付け込んで恐喝し10人以上が身柄を拘束されたり，予審に付された（森 2006，森 2007a）。

　新聞社としては，記者の不正・不良記者の存在は，頭の痛い問題ではあったが，一方で経営上のメリットもあった。大阪の取引所事件について次のような評論があった。

> 不正な金でも貰はなければやつて行けないやうにした新聞社の責任も当然問はれなければならない問題だ。大新聞の記者でも決して楽な生活をしてゐないことはチヨツトその内部に入つて見れば直ぐに分ることだ。またたちの悪い中小新聞社になると，月給は御覧の如く少いから，不足の分はよそから貰つて来いといふ社も現にあつたと聞いてゐる（吹田 1938 = 1995：240）

中小新聞社のレベルになると，少ない給料を補ったり，経費削減の意味もあって，記者が出先で不正を働くのを見て見ぬふりをしていた。新聞社による不正黙認は，太平洋戦争直前の記者クラブ統合まで続いた。1941年，全国に乱立していた記者クラブは，メンバーシップを制限されたうえで強制的に統合された。その名目は，不良記者の根絶と記者クラブの「浄化」であった。戦時下の政府が強制的に「浄化」するまで，記者クラブは汚れた存在だったのである。新聞社は記者クラブの暗部を知っていながら放置し，経済的な恩恵を受けていた。

全面対決

　記者クラブをめぐり，記者と新聞社の利益は異なる。実際に，記者クラブ記者と新聞業界・新聞社が全面対決したこともある。それは，1931年の「新聞

通信記者団総聯盟」が関わる事件（以下、「総聯盟事件」と略す）である（森 2006）。事件を見る前に当時の新聞社業界の状況を概観すると、昭和初期、新聞各社は企業化の完成段階に来ていた。経営者のなかには、「各社の記者が官公署政党会議所等各種の団体から一定の玄関種を得る為めに多人数群をなして貴重の時間を費すが如き、人物経済上から非常の損失である」（大西 1925：2）という考えがあった。記者クラブは一部で厄介者扱いされ始めていたのである。企業化が完成に近づき、さらなる競争に備えるとなると、紙面を積極的に転換しなければならない。そのためには記者同士が競争を抑制する記者クラブのあり方には改革の必要があった。

特に一部の経営者にとっては、記者クラブメンバーの記者が総会と称し年に2回、新聞社の経費で近郊の温泉地に行くことに我慢がならなかったようだ。そこで、編集幹部でつくる「廿一日会」は 1926 年、総会を温泉地で行うことを禁止したが記者たちはこれを無視、「当局との宴会には出席する必要がある。〔政府高官からの〕従来の好意に酬ゆる為めに、又将来、ニユウスを得る便宜の為めに」（財政倶楽部当番幹事 1927：17）と主張した。

そこに発生したのが「総聯盟事件」である。きっかけは 1931 年 4 月、浜口雄幸首相をめぐる報道だった。前年に狙撃され容態が一進一退を繰り返していた首相は 4 月 4 日夜、東京帝大附属医院に緊急入院。主治医は集まった記者に対し、すぐに手術はない旨を答えたため、通信社「日本電報通信社」（以下、「電通」）の松本福次郎・網谷順一の両記者は現場から引き揚げた。ところがライバル通信社「新聞聯合社」は念のため警戒していたため、緊急の手術開始を察知し情報を配信することができた。一方の「電通」は朝まで手術に気付かず、同通信社からしか情報を受け取っていない地方紙はことごとく特オチとなってしまう。2 人の記者は上司から辞表を出すように求められ従った。ところが、松本が所属する警視庁の「日比谷記者会」、網谷が所属する東京府市庁の「同気倶楽部」が処分に猛反発する。「こんな事で一々記者の首が飛んでゐては、吾々としても安心して働けぬ」（『新聞研究所報』1931 年 4 月 8 日）との怒りが前線記者に広がったためである。「日比谷記者会」は数回、「電通」と話し合いを

持ったが,「記者会の運動に依り両君の復職を聴許するが如きことあらんか,後日に悪例を貽す」(『新聞研究所報』1931年6月1日)との理由で復職は認められなかった。そこで2つの記者クラブは「電通」のクラブからの排除を決議する。

こうした動きを見た「廿一日会」は,記者クラブを記者個人ではなく会社単位で構成する「取材協力機関」とすること,記者クラブにおける決議や申し合わせはすべて社の承認を得ること,編集局長の許可がないのに温泉場での総会(宴会)を開くのを禁止することなどを一気呵成に申し合わせた。記者クラブから,記者の自律的な組織としての性格を剝ぎとり,会社に隷属する組織に改編しようとしたのである。改編案のなかには「記者会室……に於て勤務中に麻雀の如き長時間を要する娯楽を為すこと」の禁止も含まれていた(『新聞研究所報』1931年4月22日)。

記者たちの反発は激しかった。在京の各記者クラブを束ねた「新聞通信記者団総聯盟」(総聯盟)が結成され,編集幹部との全面対決に至る。ポイントは記者クラブの独立性侵害に対する怒りである。「出先の記者に対する従来の自治権は全く剝奪されて仕舞ふ」「倶楽部総会を認めず……といふ如き,全く以つて不名誉極まる条文を附して居り,或ひは娯楽の禁止をしたり,全く記者としての人格も,権威をも蹂躙してゐる」(『新聞之日本』1931年4月24日)などの主張が記者の間に巻き起こり,「総聯盟」は改編案撤回を求める運動を始める。結局,「廿一日会」が改編案を撤回して事件は終わる。現場の反発があまりに強く,「『時間潰しだから中止しよう』といふ退却論が現はれ,結局有耶無耶に終り,事実は廿一日会の敗北に帰した」(伊藤 1947:179)のである。記者を「社員」化しようとする新聞社業界の意図に対し,独立と自律の伝統がある記者たちは簡単に従わなかった。業界としても,全面対決してまで改編を実行するよりも,競争抑制・費用削減などの他のメリットの存在が大きかったのである。

新聞社にとって記者クラブは両義的な存在である。紙面が他紙と差別化できない原因であり,記者の怠惰を許してしまうシステムである。しかしながら,

第5章 二層性のなかの記者クラブ

	記者にとって記者クラブ	新聞社にとっての記者クラブ
建て前	取材権の確保・拡大	取材権の確保・拡大
本音	(A)競争抑制 (B)同志的連帯・情報交換／相互監視 (C)情報源との関係確保 (D)独立性・自律性の主張	(a)競争抑制 (b)外部への説明としての責任回避 (c)効率性の追及・経費削減

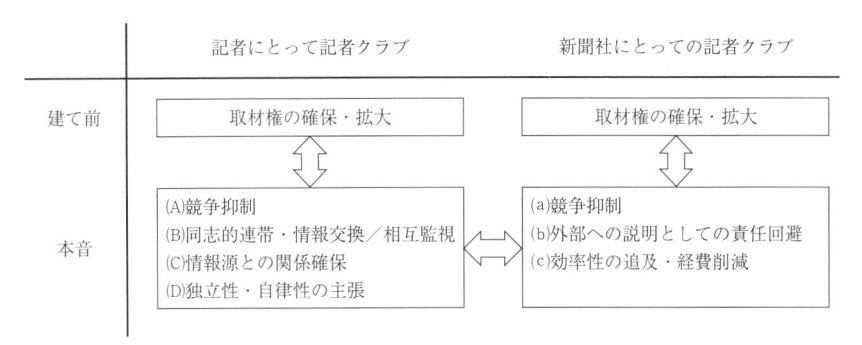

図5-1 記者クラブの二重の二層性

そのメリットもまた享受する価値がある。業界団体と新聞社は，「親睦団体」「自主的な組織」と名目上の性格を規定することによって社会からの批判をかわそうと腐心する。しかし，記者クラブをなくしたり，現場レベルでの競争抑制をやめさせるなどの根本的な改革ができないのは，失うものもまた大きいからなのである。

4 記者の文化と新聞社

記者の仕事に内在するもの

2節では記者にとっての記者クラブについて考え，3節では新聞社にとっての記者クラブおよび，記者と業界との軋轢を見てきた。ここまでの議論を図にまとめてみよう（図5-1）。

新聞記者のレベルと新聞社・業界団体のレベルでは，記者クラブが持つ意味合いが違う。さらにそれぞれに建て前（オフィシャル）の下に，本音（アンオフィシャル）の存在理由が潜んでいる。まず記者にとっての記者クラブ（図の左列）だが，取材の権利の確保・拡大というジャーナリスティックな建て前の下にある本音レベルには，(A)同業他者との競争抑制，(B)同業他者との同志的連帯・情報交換／相互監視，(C)情報源（官僚・政治家）との関係確保，(D)新聞社に対して独立性・自律性の主張，のそれぞれのレゾンデートルがある。新聞

社・業界団体にとっては（図の右列），建て前として現場記者の「親睦団体」「自主的な組織」との位置付けをして新聞社・業界団体との関係性を否定するが，その下に(a)他紙との競争抑制，(b)外部への説明としての責任回避，(c)会社としての効率性追求・経費削減，のそれぞれのメリットが存在した。これらが〈二重の二層性〉である。

多くの記者クラブへの批判は表の下段の本音部分に向かい，特に，(A)(a)競争抑制，(C)情報源との関係確保が，横並び体質・発表依存・当局との癒着として批判され，ギョーカイと業界は建て前としての意義を強調して反論するという構図になっている。

本章が最後に注目するのは，

・外部からは見えにくい，(B)同業他者との同志的連帯・情報交換／相互監視
・記者クラブ批判の根幹とも言える，(C)情報源との関係確保
・新聞社業界との対立のもとである，(D)新聞社に対して独立性・自律性の主張

——の3点。いずれも記者にとっての存在理由である。なぜなら，いずれも記者の仕事に内在する文化で，簡単に変えられるとは考えられないからである。

連帯／相互監視

第一に，(B)同業他者との同志的連帯・情報交換／相互監視である。ここでは『共同通信』の新人記者用の教科書を取りあげよう。「他社情報も重要」という項目に次のようにある。

> いざという場合の〔同業の〕仲間を作れ。少人数でやってる共同〔通信の〕支局では会見などカバーしきれないことも。加盟社記者は記者の先輩であり，地元に詳しい記者。仲良くしてほしいし，いい意味で頼ってほしい。地元のことは詳しいし，転勤後も一生の付き合いになることも多い。共同と加盟社の関係だけにいろいろと教えてもらえると思う。全国紙にも親し

い記者をつくり，万一の際には，助け合うことも大事。独自ダネは「潜行取材」が基本だが，共通ネタは困ったときは教えあえばいい。（共同通信社編集局編 2010：101）

　記者稼業には同業他者の情報が大事だし，共通ネタは教え合えばいいと，社内用資料だからこその率直さで書かれている。日本においては，記者クラブが新人教育の場となる。自社の先輩だけでなく他社の記者から教えられることも多い。たとえ直接教わらなくても仕事ぶりから影響を受けることは少なくない。
　記者が現場で協力し合う現象は日本だけにとどまらない。タックマンは1970年代，ニューヨーク市役所の記者室で参与観察を行った。その結果，異なる社の記者たちが基礎データを教え合ったり，原稿まで見せ合う事例を確認したほか，ライバル紙がトイレでいない間に緊急記者会見があったらトイレのドアを叩いて知らせるだろうなどの証言を得ている。アメリカでは記者同士が友好関係を築くと転職の際に有利だし，締切に間に合わせるという新聞社のニーズにも役立つのだという（Tuchman 1978＝1991：101-105）。
　ブルデューは「競争は，他の領域では，独自性，異色なものを生み出す」が，「ジャーナリズムにおいては，画一性と凡庸さをもたらす」と指摘する。新聞という商品が他紙と差別化できない理由について，ブルデューは「他者を出し抜き，他者より前を行こうとし，あるいは他者と違うことをしようとして，互いが互いの真似をして，結局はみんなが同じこと」を行っているからだ（Bourdieu 1996＝2000：31）と強調する。ブルデューは，フランスのメディア状況を踏まえて発言しているのだが，他者を出し抜きたいのに同じことをしているというジレンマは，護送船団意識が強い日本の記者により強く見られる。同業他者を意識し横並びになってしまうことは，記者の職業文化とつながっているのである。こうしたギョーカイ意識は，談合体質・内向きの論理・癒着・馴れ合いに陥りやすい。だが，現場の情報マンである記者は，ギョーカイ的つながりを利用しながら，24時間いつ突発の事件事故が起こるかもしれない緊張のなか，協調／競争しながら仕事をしている。ギョーカイ意識が強くなるのは，

そうした記者の文化が背景にあるからだ。

情報源との関係

　第二に，(C)情報源との関係確保だが，これは，記者と情報源の関係性の問題に行きつく。記者クラブを接点に記者・新聞と権力が結び付くこの国のジャーナリズムを，柴山哲也は「日本型メディア・システム」と呼ぶ（柴山 1997，柴山 2006）。しかし，記者が権威ある情報源にコントロールされる現象は，日本特有なのだろうか。アメリカの社会学者モロッチとレスターは，石油流出によって汚染されたカリフォルニア州の海岸の汚染除去完了を宣言するニクソン大統領のニュース（1969 年）の際，まだ海岸に油層やごみが残るにもかかわらずニクソンの宣言がそのまま報道された事例を紹介している（Molotch and Lester 1975）。記者は疑いのない情報を求め，権威ある情報源に頼る。地元自治体や環境保護団体の主張より，権威のある「汚染除去」宣言を優先してしまうというのだ。

　編集デスクのよくある嘆きに「最近の記者は発表がないと事件原稿が書けない」というのがある。だが，火事原稿を書く際，焼失面積など当局が事実を「確定」しないと書けないのは，そのデスクが若手だったときも同じだろう。権威ある情報源は，ニュースを提供する権限・資源・組織を持ち，恒常的に記者にアクセスできる。一方，記者の側でも情報源を序列化している。例えばデモの参加人数について，警察発表の数字が主催者発表の数字より重要視されるように。

　アメリカでも，取材者と当局者の関係が長期にわたることは少なくない。若いときに知り合った情報源が出世して高官となれば，記者のメリットは大きくなる。情報源の地位が高く，地位に伴う管轄範囲が広ければ広いほど記者のステータスも上がるからだ。

　古今東西の記者は，情報収集のため権威ある情報源と良好な関係を築こうと努力しているはずだ。『毎日新聞』の新人記者用の教科書には，警察官と仲良くなる方法として，自宅への取材（夜討ち・朝駆け）の際，警察官の妻に嫌われ

ないことが大切と書かれている。具体的には，妻への誕生日プレゼント，子どもへの家庭教師などの方法が載っている。付き合いは心を込め「利害打算で訪ねてくる記者」ではなく，「親しき友として訪ねてくる記者」になれと勧めている（毎日新聞社東京本社編集局編　1987：53）。

記者の独立性

　第三に，(D)新聞社に対する独立性・自律性の主張であるが，昭和戦前期の「総聯盟事件」のように記者と新聞社業界が組織的に全面対決することはなくなっている。新聞労働者による労働運動も弱くなっており，記者が経営幹部と衝突する場面は多くはない。ただし，ジャーナリズムというプロフェッションの論理と，新聞経営の論理は必然的に対立的になる。経営者は，ニュース生産の効率性・迅速性，あるいはニュース生産労働者の代替可能性を求めるが，記者は自分の専門を生かしたい，速報を重視しつつも深い内容の記事を書きたいと思うだろう。稲葉三千男は，メディア企業は資本主義社会の維持と利潤の追求を目標としており，社会的現実の認識者・表現者としての記者はこれらの制約を突破すべきだと説いている（稲葉　1976：46）。こうしたマルクス主義的な言い方をしなくとも，記者たちは，企業内表現者としての内部的自由の保障を，意識的にも，無意識的にも求めている。ニュースの生産は，新聞社という官僚組織のなかの日常業務として行われるが，一方で創造的かつ何者からも独立した仕事が求められる。『北海道新聞』記者だった高田昌幸は，北海道警の記者クラブを拠点に道警の裏金問題を追及するキャンペーンを続けたが，道警からの圧力，名誉毀損での提訴などに経営的に屈した新聞社幹部に嫌気がさし，結局退社することになった（高田　2012）。ジャーナリストとしての仕事をしていくとき，新聞社という官僚組織と対立する事態は今後も十分あり得る。

　「最近の記者はサラリーマン化した」という言説は，新聞の企業化が始まった明治後期から存在し，そうした言説が紡がれ続ける背景には，記者はサラリーマンではなく独立したジャーナリストであるべきだという規範が存在する。会社に隷属したくないという記者の意識もあるはずだ。些末な例だが，フリー

記者の上杉隆によれば,「国税庁記者クラブ」では最近まで,夏休みの「特ダネ禁止協定」が存続したという。税務調査は秋口に本格化するのでネタのない8月は休暇を取り合うため休戦するという（上杉 2010：49）。戦前からの慣行がそのまま存続していたのである。

記者クラブ的なもの

　記者の現場は波乱に富んでいる。予想のつかないことが次々に起こり,対応しなければならない。記者は新聞社員としては会社内部の固定化された組織に縛られているが,流動化する事態のなかでは,現場での組織を超えた関係が大切になる。記者の資産は人的ネットワークである。記者仲間・情報源とのつながりは,会社の資源ではなく,記者個人のものなのである。

　加えて記者の細かい仕事は,読者から評価される機会がそう多いわけではない。注目される大きな特ダネ,目立つ記事ばかりを書いているわけではないからである。だから,記者内部,あるいは,日常的に接する情報源からの評価がとても重要となる。日本の記者にとっての最高の評価は,業界内基準で選ばれる日本新聞協会賞であることを思い出してほしい。記者は内部の評価を非常に気にする。

　〈二重の二層性〉を持つ記者クラブは,記者のギョーカイ意識,記者文化をシステム化したもので,だからこそ簡単にはなくならないだろう。業界団体・新聞社としても,読者が激減している現在,経費削減のメリットが大きくなっている。フリー記者の岩瀬達哉は1995年に全国の536の記者クラブを調査し,記者室の実質的な賃料,受付職員の人件費,電気代など本来支払うべき便宜受給総額は業界全体で約110億円だと試算した。全国紙3社（朝日・毎日・読売）を見ると,1社あたりの便宜受給額は平均5億3000万円だ（岩瀬 1998：92-94）。花岡信昭は「記者室の家賃を各社が払わなければならなくなったら,新聞社はみんな潰れ」ると証言する（上杉 2010：120）。記者クラブがなければ,日本の新聞産業は経営的に成り立たないようになっている。

　近年ではインターネット経由のニュース流通が増え,フリーランスの記者た

ちが記者クラブを通じた取材に対抗しようとしている。また，ブロガーたちも記者が紡ぐよりも良質な言説を世に送り出し始めている。記者というプロが書く記事が読まれなくなりつつあり経営破綻していく新聞社も出ている。こうした時代，ギョーカイ意識を持つ「記者」という内向きのプロたちが，このまま存続するのかどうか，予見するのは難しい。

　ただし，記者が紡ぐ記事というコンテンツは，新聞がなくなりメディアがどんな形になろうと必要となるだろう。プロであれ，アマチュアであれ，ジャーナリズムがジャーナリズムたる根本には，取材という行為がある。取材のプロたちが集まる記者クラブは当面なくなりそうにはないが，仮になくなったとしても，取材という行為に伴う「記者クラブ的」なものは，これからも続いていくはずである。

注
(1) すべての記者が記者クラブに所属しているわけではないが，取材活動の中心である政治部・経済部・社会部，あるいは地方支局においては，記者はほぼどこかの記者クラブに身を置き，取材活動をしている。記者の世界には「遊軍」と呼ばれ，記者クラブに所属せず（担当分野を固定的に持たず），機動的に取材する記者もいるが，人数で見ると多くはない。
(2) メディア史の通説では，1890年の帝国議会の「共同新聞倶楽部」が，日本における最初の記者クラブと位置付けられることが多い。しかし，そもそも議会は議論を戦わせる本質的に開かれた場であり，傍聴席に記者が座り，取材することはある意味当然である。「共同新聞倶楽部」は帝国議会に記者のための一室が設けられたものだ。オープンさが原則の議会に記者室ができたことと，本質的にクローズな行政官庁が部外者である記者に一室を与えるのとは，便宜供与の質が異なるはずである。そのため「共同新聞倶楽部」が結成されても，官庁での記者クラブ創設までは9年の歳月を要する。本章は1899年から始まる官庁における記者クラブと，それ以前の広義の記者クラブを分けて考える。
(3) 戦後にできた日本新聞協会のような本格的な業界組織は戦前には存在せず，経営者が個人的に集まった任意団体である「廿一日会」が事実上の業界団体であった。

文献
有馬秀雄，1925，『新聞記者の裏おもて』三宝閣。

Bourdieu, Pierre, 1996, *Sur la télévision : suivi de L'Emprise du journalisme*, Liber-Raisons d'agir.（＝2000，櫻本陽一訳『メディア批判』藤原書店。）
Feldman, Ofer, 1993, *Politics and the News Media in Japan*, The University of Michigan Press.
後藤三巴樓，1915，『新聞及新聞記者』二松堂書店。
林利隆，2006，『戦後ジャーナリズムの思想と行動』日本評論社。
稲葉三千男，1976，『現代マスコミ論』青木書店。
伊藤正徳，1947，『新聞五十年史新版』鱒書房。
岩瀬達哉，1998，『新聞が面白くない理由』講談社。
北村肇，1996，『腐敗したメディア――新聞に再生の道はあるのか』現代人文社。
今後のICT分野における国民の権利保障等の在り方を考えるフォーラム，2010，「第3回会合」議事録（http://www.soumu.go.jp/main_content/000060311.pdf, 2014.12.1）。
共同通信社編集局編，2010，『新・通信社記者読本――多メディア時代の取材の手引』非売品。
毎日新聞社東京本社編集局編，1987，『新人記者のための取材入門読本』非売品。
三田紀房，2010，『エンゼルバンク――ドラゴン桜 外伝』12，講談社。
宮本基，1949，「記者クラブのあり方――東京各クラブの現状はどうか」『新聞協会報』560(4)。
Molotch, Harvey and Lester, Marilyn, 1975, Accidental News : The Great Oil Spill as Local Occurrence and National Event, *American Journal of Sociology*, 81(2) : 235-260.
森暢平，2006，「昭和戦前期の記者倶楽部――新聞企業化への抵抗と限界」『成城文藝』197：1-34。
森暢平，2007a，「戦時期の記者倶楽部再編」『成城文藝』200：17-45。
森暢平，2007b，「戦後日本の記者クラブ――その歴史と構造1　昭和二一年の『民主化』運動」『朝日総研リポート』211：2-25。
森暢平，2008，「戦後日本の記者クラブ――その歴史と構造2　昭和二四年の新方針と混乱」『朝日総研リポート』212：102-120。
村上政亮，1908，「報知社時代の独歩氏」『新潮』9(1)（＝1967，国木田独歩全集編纂委員会編『国木田独歩全集』10：172-174，学習研究社）。
大西理平，1925，「新聞界の整理と善処策」『新聞及新聞記者』6(8)：2-3。
小野秀雄，1922，『日本新聞発達史』大阪毎日新聞社・東京日日新聞社（＝1982，復刻版，五月書房）。
小野秀雄，1971，『新聞研究五十年』毎日新聞社。
酒井寅吉，1956，『ジャーナリスト――新聞に生きる人びと』平凡社。

酒田正敏，1978，『近代日本における対外硬運動の研究』東京大学出版会。
柴山哲也，1997，『日本型メディア・システムの崩壊——21世紀ジャーナリズムの進化論』柏書房。
柴山哲也，2006，『日本型メディアシステムの興亡——瓦版からブログまで』ミネルヴァ書房。
新聞大通，1904，「新聞の新聞」『新公論』19(8)（＝1995，復刻版3：83-84，ゆまに書房）。
吹田三郎，1938，「相場記者の疑獄事件——多年の醜事実明るみへ」『現代新聞批判』108（＝1995，復刻版4：240，不二出版）。
春秋生，1921，「記者倶楽部総まくり㊀」『新聞及新聞記者』2(9)（＝1985，『日本新聞年鑑』1：141-144，日本図書センター）。
高田昌幸，2012，『真実——新聞が警察に跪いた日』柏書房。
鉄如意禪，1911，「新聞記者去勢術」『新公論』26(4)（＝1994，復刻版24：219-221，ゆまに書房）。
Tuchman, Gaye, 1978, *Making News: A Study in the Construction of Reality*, Free Press.（＝1991，鶴木眞・櫻内篤子訳『ニュース社会学』三嶺書房。）
上杉隆，2010，『記者クラブ崩壊——新聞・テレビとの200日戦争』小学館。
山本武利，1981，『近代日本の新聞読者層』法政大学出版局。
財政倶楽部当番幹事，1927，「記者の紳士的良心」『新聞及新聞記者』8(13)：16-17。

第**6**章

テレビ業界における「ギョーカイ」の形成とゆくえ

阿部勘一

1　本章の目的

　本章では，放送業界，なかでも日本のテレビ業界の組織文化について考察する。具体的には，テレビ業界を「文化産業」としてとらえ，「文化産業論」の先行研究に見られる組織の特徴や組織文化に関連する理論を概観しながら，テレビ業界のイメージとして語られている「ギョーカイ」の特徴を明確化する。そのうえで，テレビ業界における「ギョーカイ」的なものがどのように形成されてきたか，日本でテレビ放送が開始された頃から実際にテレビ制作に携わってきた人々の言説を紐解きながら考察する。最後に，「ギョーカイ」的な組織文化を持つテレビ業界の現状とそのゆくえについて考察する。

　なお，本章で対象とするテレビ業界とは，テレビ局における番組制作部門，あるいは番組制作会社を中心としたテレビ放送番組を制作する現場とする。したがって，本章で，カタカナで「ギョーカイ」という場合，主として，テレビ番組制作に携わる人々や組織，番組制作と関係する芸能産業に携わる人々や組織，およびそれにまつわる文化を指すものとする。

2 「文化産業論」からみた「ギョーカイ」の組織文化的特徴

メディア・コンテンツ産業としてのテレビ業界

　テレビは，番組という娯楽としての情報を生産している。それは，番組を受け取る大衆によって同時に共有され，社会の中で培われていく文化となる。つまり，テレビは，（大衆）文化としてのコンテンツを生み出す産業，つまり文化産業であり，テレビ業界は，文化を生産する企業と人々の集まりによって構成されるのである。

　文化産業の研究として，古くは，ホルクハイマーとアドルノの『啓蒙の弁証法』における「文化産業論」や，アドルノの『音楽社会学序説』において断片的に論じられている音楽の商品化とその消費にかんする論考がある。アドルノらの文化産業にかんする論考には，芸術や文化が市場に供され，商品化されることに対する強い抗いが窺える。しかし，その後，文化産業は，アドルノらの抗いもむなしく大きく発展し，メディア・コンテンツ産業という名でまさに現代の経済活動の一翼を担っている。

　ところが，実際に産業として発展してきたにもかかわらず，経済学や経営学的な見地からの研究は，あまりなされてこなかった。その理由には，テレビ（局）が，稀少な電波を使用した免許事業を展開する公共的な企業組織だということがある。公共性が担保されているNHKは別にして，民間放送の場合は，営利を目的とした組織である一方，国から免許を授かったうえで公共的な役割を担うべく運営している組織でもある。そのためか，テレビ業界を，利潤追求することを前提にした組織として論じることは必ずしも多くはなかった。もちろん，テレビ業界をケースとした産業論や組織論も同様である。

　メディア・コンテンツ産業にかんする研究は，文化産業研究のように，むしろ文化そのものを対象とした社会学的な研究の中で培われてきたといってよい。文化を創造する担い手という見地から，文化産業とそれに従事する人々を対象とした文化産業論として研究が行われてきたのである。だから，テレビ業界を

研究するに際しては文化産業論にかんする学説を概観しておく必要がある。

メディア・コンテンツ産業に従事する人々の特徴

　イギリスのキース・ニーガスは，音楽産業を例に，文化産業における生産者，すなわち創造の担い手にかんする研究を行っている社会学者で，商品としての音楽を創り出し，流通させる文化産業としての音楽産業について分析をしている。その中で，音楽産業「業界」に従事する人々の特徴について，「生産の文化」というアプローチを採用し，既存の音楽産業研究に新たな見地を提唱した。

　ニーガスは，通常の産業の分析で通用している企業組織にかんする理論よりも，企業文化や組織文化など，生産の現場における「関係者の文化実践」や，そのような職業人の特徴，実践における役割について考えなければ文化産業の特徴が見えてこないのではないかと考え，生産の場における文化や慣習から，文化が生産されるところ，すなわち文化産業について考察しようとした。

　ニーガスの指摘で興味深いのは，文化産業という職種へ参入する音楽産業従事者の特徴にかんする指摘である。ニーガスの指摘を忖度すれば，音楽産業従事者の特徴には，①仕事と余暇との区別の曖昧性，②個人的嗜好(テイスト)と職業的判断との強い関係性，③音楽産業におけるアーティストと管理者，聴衆との融合性を見て取ることができる（Negus 1996 = 2004：103-104）。

　ニーガスの指摘は，映画や演劇，テレビ業界の特徴にも当てはまるだろう。テレビ業界と芸能業界を含めた意味での「ギョーカイ」には，例えば，「交友関係やそうした集団内で形成される」共通の隠語を用いることで，「共通の価値観や生活経験」を共有する（本章3節参照）ように，さまざまな場面で，独自の価値観や振る舞いなどによって成り立っている印象がある。ニーガスから見れば，それは，まさに文化産業としての音楽産業に従事する人々の特徴なのである。現在のテレビ業界では，音楽業界ほど「個人的嗜好」が「職業的判断」に直結するわけではないだろうが，テレビ制作に従事している人々の「個人的嗜好」や人間関係が，さまざまな番組コンテンツの企画や制作といった創造性を生み出すことに関与していそうなことは，「ギョーカイ」の一般的なイ

メージ[3]としてあるはずである。

「ギョーカイ」の組織文化を考察する手がかりとして，もうひとつの先行研究について整理しておく。ニーガスと同様，「文化の生産」という観点からポピュラー音楽産業について実証的な研究を重ねているアメリカの文化社会学者リチャード・ピーターソンの研究である。彼は，一連の研究の中で，「文化の生産」という，共同作業が促進され抑制される要因について，6つの変数を抽出している。その6つの変数とは，「技術」「法制度」「市場」「職業意識」「組織構造」「産業構造」である（生明 2004：31）[4]。

ピーターソンの変数で注目したいのは，「職業意識」である。ピーターソンは，職業意識について，「四つの一般的な職務経験のパターン」として，「職人（craftsman），芸人（showman），起業家（entrepreneur），役人（bureaucratic functionary）[5]」を挙げ，音楽産業に従事する人々の特徴は，4類型のいくつかが結びついたものであるとしている（Peterson 1990＝2006：151）。

テレビ制作に従事する人々も，これらの類型が組み合わされた職業経験と，それに基づく職業意識を持っているといえるのだが，なかでも，どの要素が強く見られるのかによって，テレビ業界の組織文化の特徴を位置づけることができるだろう。もちろん，4類型の組み合わせは，時代背景によって異なってくる。しかし，現在のテレビ業界には，テレビ放送が始まった頃に従事していた人々によって形成された組織文化が根強く残っているはずである。それが，テレビ業界における，まさに「ギョーカイ」の特徴として今でも生きていることは，想像に難くない。

ピーターソンの4類型の中で，いわゆる「ギョーカイ」的な職業意識の中心となるのは，やはり「職人」と「芸人」であろう。加えて，企業に属していることから，「役人」よりもむしろ「起業家」的な精神（-ism）を持っていることが推察される。ピーターソンによれば，「文化産業の起業家たちは，満たされないままになっている聴衆の需要を察知し，創造性，財務，マーケティング，配給などの諸要素を，他にはないやり方で結び付けていくような人々」だとしている（Peterson 1990＝2006：152）。文化産業において，受け手である消費者の

第6章　テレビ業界における「ギョーカイ」の形成とゆくえ

需要を察知するためには，文化産業に従事している人々自身が，ニーガスのいう文化の媒介者として機能する必要がある。つまり，受け手／送り手，職人／芸人（アーティスト）／管理者といった職業意識に一律に区分されないあいまいな媒介者として機能する必要があるのだ。

　起業家的な意識や，多様な職人が集まってできる「文化の媒介者」的な組織文化は，業界の草創期に生まれるものだろうが，テレビ業界の場合，その組織文化が長年にわたり培われてきたところがある。それが，まさに芸能界とも媒介したテレビ業界の「ギョーカイ」的な特徴として見出されるものだといえる。

文化産業に従事する人々の特徴——梅棹忠夫の研究から

　梅棹忠夫は，草創期の日本のテレビ放送に携わる人々の特徴について，独自の観点から考察をしている。梅棹は，放送業にかかわる人々を，先行するマスメディアである新聞業界の人々と区別して「放送人」と定義し，放送業界にかんして自らの論を展開している。その中で梅棹は「放送人」について，以下のように言及している。

　　　わかい放送人に接して，たいへんおもしろくおもったことがひとつある。それは，かれらが放送の仕事をすこしも専門的な職業とかんがえていないことだ。「ひととおりの教養があれば，こんな仕事はだれでもできる」というのである。
　　　…（中略）…放送のほうはなにもかもひじょうにアマチュアじみている。じっさい，ずいぶんおもいきった配置転換も平気でおこなわれているようだ。はじめてのものでも，やったらなんとかできるような仕事ばっかりなのだ。この点，放送事業というものは偉大なるアマチュア産業といってよい。（梅棹 1988：21-22，傍点引用者）

　梅棹は，テレビ制作に携わる人々のアマチュア性に注目している。これには，テレビに先行する新聞や映画に携わる人々に比して，という意味が込められて

いる。梅棹の論考は，テレビの本放送が始まってから 10 年弱の時期に書かれたものであるが，(6)その頃は，テレビの可能性自体がまだ手探りの状態であったことは確かである。しかし，梅棹は，テレビが新しいメディアであり新しい業態であるからこそ，テレビに従事する人々がアマチュアじみていると指摘したわけではない。梅棹は，テレビ業界は，アマチュアじみた人々の集まりによって独特の組織文化が形成され，文化産業の従事者に必要な創造性を生み出す素地を持っているだろう，という意味で，アマチュアじみた面を評価していたのである。

　実際，梅棹は，「偉大なるアマチュアこそは，フロンティーア・インテリゲンチャの特性である」（梅棹 1988：24）と，むしろその開拓＝「フロンティーア」性を積極的に評価している。梅棹は，アマチュア性の具体的な特徴を次のように述べている。

　　　放送人のアマチュア性は，しかし，この職業集団に異常なあかるさをあたえているようにおもえる。かれらの職場には官僚的なくらさがきわめてすくない。上司と部下，あるいは同僚間の人間関係が，これほど親密感にあふれている職場はほかにはすくないだろう。（梅棹 1988：23，傍点引用者）

　テレビ制作に従事する人々が，文化産業である音楽産業従事者と同様，文化媒介者としての役割を持っているとすれば，この指摘は正鵠を射ている。テレビ制作に従事する人々が，官僚的な人間関係のように形式的な制度や組織的な因習に縛られるのではなく，上司と部下といった形式的な区分をあいまいにし，親密感にあふれる独特の雰囲気を持っていることは，まさに文化媒介者であることを示唆している。そして，「親密感にあふれている」人間関係は，ここでいう「ギョーカイ」のイメージとも合致する。梅棹による放送人論は，テレビというメディアにおける組織の特徴の本質を鋭くとらえているといえるだろう。

3 テレビ業界における「ギョーカイ」の生成と発達

草創期のテレビが置かれた環境，背景

　では，実際に，テレビ業界において，いわゆる「ギョーカイ」的な組織文化が生成されてきたのには，どのような背景があったのか。その事実関係を中心に考察していくことにする。

　日本でテレビの本放送が始まったのは，1953年2月1日である。第二次世界大戦の敗戦から10年も経たないうちにテレビの本放送が始まったことを考えると，これはかなり早い開始であった。もちろん，アメリカやイギリスでは，第二次世界大戦前からテレビの本放送は始まっていた。しかし，日本のマスメディアは，敗戦と連合国軍による占領によって，戦争に荷担し続けたことに対する反省を迫られ，既存の体制をリセットせざるを得ない状況に置かれていた。

　放送政策でいえば，GHQは（ラジオ）放送局を管理下において放送番組の検閲を行ったが，その一方で，娯楽番組の放送や聴取者の声を拾うなどして聴取者が出演できるような番組を制作することを推奨した。放送局は独立した存在として，一般の人々に情報を正確に伝える（＝報道）役割と，楽しみを与える（＝娯楽）役割を持つこととなった。

　1950年に電波法，放送法，電波管理委員会設置法という，「電波三法」と呼ばれる法律が施行され，これらの法律に基づく放送免許を取得することによって，民間の業者が放送業に参入することが可能となった。その結果，民間のラジオ放送局が誕生し，さらに，ラジオ放送局と新聞社を母体にテレビ放送局が誕生することとなった。

　マスメディアそのものの歴史的な経緯から見れば，テレビは，新聞やラジオ，あるいは映画といったマスメディアを「先輩」に持つ。このことから，テレビ放送は，新聞やラジオ，映画におけるさまざまな制度や慣習を引き継ぐように発達していったと考えられる。ただ，日本のテレビ放送の場合，テレビから見たマスメディアの「先輩」は，単なる先人としての「先輩」ではなく，むしろ

「親」である。民間放送にかんしては，新聞，ラジオ，映画の各企業，とりわけ新聞社やラジオ局は，テレビ局の設立に際しての資本投下と人事交流を通して，まさにテレビの「親」としての役割を果たしていた。

　テレビ業界では，先行するメディアである新聞やラジオ業界の慣習と同じような慣習を持った企業組織が作られたと考えがちだが，実際はそうではなかった。当時，新しいメディアであったテレビは，相当胡散臭いものとして認識されていた。これは，20世紀末から現在にかけて，ICT技術やインターネット環境を背景に生まれてきたさまざまなサービスを提供する企業が，胡散臭い企業とみなされてきたことに似ている。

　戦後のラジオ放送は，GHQによる検閲を受けながらも，より民主的な活動を行うことを推奨されていたし，その中で，多くの民衆が熱狂し支持する娯楽番組が作られていた。映画も多くの作品が作られ，一般の人々にとって，映像と音声を伴うメディアは珍しいものではなかった。しかも，小津安二郎や黒澤明，成瀬巳喜男など，現在では「巨匠」と呼ばれ世界中に知られている映画監督が，テレビ放送以前から多くの映画を制作していたのである。このような状況からすると，当時，テレビ放送に対する期待は，われわれが想像する以上に低かったといえる。

　実際，テレビは，「親」であるマスメディアから，かなり胡散臭いものに見られていた。先行するメディアが，「先輩」ではなく「親」であることが，テレビをより程度の低いメディアたらしめていたのだろう。例えば，当時を知るテレビプロデューサーは，テレビ局について次のように述べている。

　　私は，一九五六年に大学を卒業後，「ラジオ東京放送効果団」という妙なところで，「物作り」の生活を始めた。その当時，テレビがスタートしたばかりの頃で，放送の主体は，何といってもラジオだった。ラジオこそが放送であり，テレビなどはわけのわからない，厄介者にすぎない時代だった。
　　その頃のラジオの制作現場では，「お前，そんな生意気なこと言ってる

第6章　テレビ業界における「ギョーカイ」の形成とゆくえ

と，テレビへ飛ばしちまうぞ！」，これが合い言葉だったのである。映画とテレビの関係も，かなり後々までこんな状態で，言うことをきかない役者には，「お前，映画やめて，テレビに行くか」，これが脅し文句だったのである。私は入社後半年で，その「テレビ」にやらされてしまった。相当生意気だったのだろう。（居作 [1999] 2001：20-21，傍点引用者）

　居作昌果(9)は，後に『8時だョ！全員集合』(1969〜1985年，TBS) のプロデューサーとなった人物であるが，ラジオ東京（現在の TBS）がテレビ放送を開始するに当たって，居作を含め，ラジオからテレビへ移籍を命じられたディレクターたちは，自分たちが明らかに左遷させられたのだと感じていた（今野 2009：75）。同じラジオ東京テレビが開局した翌年に入社試験を受け，内定してすぐ現場に配属された大山勝美も，当時の状況を次のように語る。

　　当時は「ラジオ東京」にテレビがくっついていた，「ラジオ東京テレビ」が社名。メインはあくまでもラジオで業績がいいんです。だから，ラジオの人はテレビを嫌がった。「テレビへ行け」と言われると，主流のラジオから見放され，未開の植民地へ飛ばされる感じで，「テレビにだけは行かせないでください」って上司に土下座する人もいた。（植村・大山・澤田 2012：12，傍点引用者）

さらに，1958年にラジオ東京テレビの入社試験を受けた今野勉は，そのときの状況を次のように描写している。

　　映画会社の入社試験はすでに終わっていた。つまり，(引用者注：ラジオ東京テレビの入社試験である一九五九年) 一〇月一七日にテレビ局の試験を受けに来た若者たちのなかには，栄光の映画監督の試験に落ちてやむをえずテレビ局を受けに来た者がかなりいて，彼らは『私は貝になりたい』(10)も『マンモスタワー』(11)も見ることができず，おそらく白痴のテレビの試験を

213

受けることに屈辱感を覚えていたのであろう。(今野 2009：15, 傍点引用者)

今野が言及している「白痴」とは，もちろん，大宅壮一が1957年に新聞，雑誌等に寄せたテレビに対する「"一億総白痴化"運動」を意味している。「電気紙芝居」と揶揄されたテレビは，世間でも俗悪なものとみなされていたのだが，この当時のテレビ制作現場は，既存のマスメディアからの「左遷」組はもちろん，若き学生たちからも，夢も希望もない場とされていたことがわかる。

多元的な連帯によるテレビ業界の「ギョーカイ」的な礎

テレビ業界が「誰も行きたくない」業界であったからこそ，多彩な人材が流入してきたことは確かである。前述した大山は，当時のテレビ業界に集まってきた人たちのことを次のように述べている。

> 就職難で，テレビに集まったのはぼくたちのような新卒と，ラジオから嫌々来た組，NHKの経験者，それと映画・演劇からの流入組。世はまさに映画・演劇の全盛時代でしたからね。新興のテレビになど来たがらないから，はみ出し者や問題児，いわば非エリートのアウトローが多かった。
> 　特にオールドメディアから来た人たちはみんなブーたれて……(笑)。酒飲むと，自分を追い出した出身母体を愚痴る。舞台出身者は「なんだ今の芝居は」，映画出身者は「なんだあの映画は」って郷愁を酒で紛らわし，「テレビなんて電気紙芝居じゃないか」とニューメディアをこき下ろす。「こういう先輩たちと一緒なのは嫌だな」と思いながらも，野武士ふうの存在感があり，負け犬のエネルギーがむんむんしていた。開局当初は，どこの局も似たようなものだったんじゃないでしょうか。(植村・大山・澤田 2012：12-13, 傍点引用者)

ピーターソンのいう職務経験からすれば，テレビ業界は，各業界における「職人」としての経験を持った人々が集まっていたといえるが，集まり方は雑

第6章　テレビ業界における「ギョーカイ」の形成とゆくえ

多でまとまりがないように見える。「職人」たちは，それぞれ専門的な知識や技術を持っているが，テレビについてはアマチュアである。だが，「負け犬のエネルギー」を「むんむん」させていた「野武士」たちの集合体には大きな特徴があった。それは，各々強い個性と職人気質を持った個人が，手探であるが，「サラダボウル」のように共存しながら業界を形成していたことである。「職人」としての強烈な個性や個人的嗜好が職業的判断に結びつくだけの素地を，テレビ業界は持っていたのだ。

「野武士」たちが「サラダボウル」のように集まっていた様子は，現在「ギョーカイ用語」と呼ばれているテレビ業界の用語（隠語）の由来にも垣間見られる。

　「セッシュウ」「ワラウ」「エンカイ」などは映画界の隠語である。（中略）
　俳優早川雪洲がハリウッドで仕事をしたとき，背が低いので台の上に乗せられたことから来ている。
　「ワラウ」というのは，置道具や小道具を取り払うことで，語源はわからない。この隠語をめぐる新人の失敗談は数限りなくあって，「その火鉢をワラってくれ」とディレクターに言われた新人が，火鉢にむかって，ハハハハと笑いかけた，などなどである。
　カメラのフレームの中に余計なものが映りこんでいるのを「エンカイしてる」という。（中略）
　最も猛威をふるっていたのは，ジャズ界の隠語である。
　ジャズをズージャー，マネージャーをジャーマネ，など，単語を先後反対に言うことが法則だから，あらゆる単語が隠語になる。
　愛人や恋人をレコというのは，小指をたてて，コレ（彼女）というのを反対にしたものだろう。
　音階をドイツ語で，C（ツェー），D（デー），E（エー），F（エフ），G（ゲー）と表わすのを利用して，Cを一，以下，二，三，四，五の隠語にして，

215

「ヤツのギャラ，いくら」
「ゲー万（五万）」
などと使っていた。（今野 2009：104-105，傍点引用者）

業界用語は，その業界でしか通じないことから，業界への帰属意識や仲間意識を高める効果があるが，この例を見ると，前歴ではそれぞれ一流の「職人」や「芸人」だったからなのか，「『おれたちゃヤクザな稼業だから』という自嘲とも自己顕示ともつかぬ職業意識」（今野 2009：105）の下，自分の業界の隠語を使い通していることが窺える。だが，一流の「職人」や「芸人」が「サラダボウル」的に共存する環境もあり，まさに梅棹がいう「親密感にあふれている」「異常な明るさ」のある，ここでいう「ギョーカイ」的な組織文化が形成される可能性を，このエピソードは示唆している。

テレビ業界には，先達のマスメディアから「左遷」させられてきたエリートの一部がいただけではない。1959年の皇太子（現在の天皇）御成婚をきっかけに，テレビ受像機が爆発的に普及した頃になると，自らテレビ業界に就職志願する人も出てきた。たとえば，フジテレビには，系列のラジオ局であるニッポン放送から移籍した五社英雄[12]（後に映画監督に転身），文化放送から移籍した岡田太郎[13]，椙山浩一[14]（現在は作曲家すぎやまこういち）など，後に日本のテレビ史に残る番組を数多く手がけた人々がいた。椙山の場合，「これから先，ラジオはレコード廻しになるだろうと，音楽は。生音楽はテレビだろうと。で，真っ先にフジテレビに行きたい！と手を挙げて，フジテレビに行きました」と語っているほどである。[15] テレビ放送が人々の生活の中に浸透していくも，まだまだ発展途上だったテレビ制作現場は，ラジオ放送に携わっていた若い制作者たちにとって，荒野ではあるが，あらゆるしがらみを取り払える可能性と希望に満ちあふれた荒野だったのだ。

ラジオから野心と期待を抱きながら転身した人々ばかりではない。ラジオや映画以外でエンターテインメントを担っていた人材が，さまざまなルートを通してテレビの世界に流入した。特に，実際にミュージシャンとして活躍してい

第6章 テレビ業界における「ギョーカイ」の形成とゆくえ

た人々や,大衆向けの演劇,演芸の仕事に携わっていた人々が,テレビ制作の現場にさまざまな立場で流入してきた。

例えば,ミュージシャンからテレビ局の社員になった日本テレビの井原髙忠[16]がいる。井原は,大学浪人をしながら,「チャックワゴン・ボーイズ」という進駐軍相手のカントリーバンドで活動し,その後慶應義塾大学に入学するも音楽活動を続け,「ワゴン・マスターズ」というバンドを結成,活動していた。日本テレビが開局した当時,井原は大学在学中であったが,アルバイトとして日本テレビ音楽班でテレビ制作の仕事を始め,卒業後そのまま日本テレビに入社し,『光子の窓』(1958~1960年,日本テレビ),『巨泉・前武ゲバゲバ90分!』(1969~1971年,同),『11PM』(1965~1990年,同)など,日本のテレビ史に残る番組を制作することになる。井原によれば,日本テレビが開局した頃,音楽の専門家が番組制作の現場に多くいたという[17]。

また,ラジオや映画はもとより,新劇や軽演劇,演芸場などに携わっていた人々が,舞台美術や音響など,テレビにおける技術的な職人として参入してきたことは,想像に難くない。実際,ラジオ東京テレビでは,「浅草の松竹歌劇団(SKD)の演出家」,「徳川夢声の弟子で,舞台で司会を務めたり自ら漫談したりという経歴の持ち主」が,「転職組」としていたという(今野 2009:81)。

ここで,ピーターソンの「文化の生産」モデルにまつわる職業意識の類型を持ち出せば,このような人たちは,前職にまつわる「職人」的な職業意識を持ちながら,「芸人」,すなわち実際のパフォーマーとしての意識を強く持っていたことが推察される。テレビに集ったこのような転職組は,「聴衆をいかに楽しませるか」という聴衆本意的な職業意識を強く持つという意味で,ピーターソンがいう「芸人」的な職業意識を持つ人たちだった。

視聴者本意主義的な意味でのエンターティナー意識を持つ人々がテレビ業界に集ったことによって,組織としての目的はより明確になる。それは,視聴者をいかにして喜ばすかであり,視聴者のためならどんな手段も厭わないことである。その点が,良くも悪くも草創期のテレビ業界のエネルギーとしてあったといえよう[18]。そして,そのような人々の個人的嗜好やノリが番組制作に関係し

ていたことは，良きにつけ悪しきにつけ，後に「ギョーカイ」と呼ばれるものの特徴となっていく。

　また，テレビ局内部の人間とは異なる立場で，異業種からテレビ制作の仕事に携わる人々もいた。それは，テレビ番組に出演者を派遣する芸能プロダクションである。

　テレビ番組を制作するには，テレビに出演する人間を確保しなければならない。しかし，当時，テレビが出演者を囲い込むのは容易ではなかった。例えば，映画会社には，「ニューフェイス」という呼び名で新しい俳優候補を募集し，映画会社に社員として入社させ，映画俳優として育成するという，俳優を囲い込む仕組みがあった。もちろん，放送局，特に NHK は，ラジオ放送時代から類似した仕組みを構築してはいた。[19]

　しかし，NHK 以外の民間放送の場合，戦後，短期間で放送局を立ち上げてきたこともあり，出演者の確保には相当苦労していた。当時，テレビは映画業界で一世を風靡していた俳優たちを出演者として使おうとしたが，映画俳優には専属契約があり，テレビに出演することは容易ではなかった。そのうえ，いわゆる「5社（6社）協定」[20]によって，テレビは映画俳優を使えないという「兵糧攻め」を受けざるを得なかった。

　そのような中，同時期にいくつかの芸能プロダクションが勃興した。芸能プロダクションは，俳優や音楽家，演芸家の派遣と，興行を企画し派遣先を開拓することを主たる業務とするが，派遣先としてテレビは格好の場だった。特にテレビを積極的に活用したのは，渡辺プロダクション[21]である。渡辺プロダクションを創設した渡邊晋[22]は，「渡邊晋とシックス・ジョーズ」というバンドを結成し，ベーシストとして進駐軍の基地のクラブで活躍していた人物である。後に渡邊晋の妻となる曲直瀬美佐は，芸能プロダクションの経営者を両親に持つ人物である。渡邊晋は，それまでの歌手や俳優を派遣する業態と決別し[23]，合理的な新しい興行ビジネスを始めようとした。自らの会社に所属するタレントには月給を支払い，その分タレントを派遣する場を積極的に開拓，企画したのである。また，新しいタレントを発掘，育成することにも力を入れた。

渡辺プロダクションは，テレビ番組制作の場にも進出した。渡邊晋が，当時フジテレビのディレクターだった椙山浩一とともに，『ザ・ヒットパレード』(1959～1970年，フジテレビ）という番組を制作したことは有名である。『ザ・ヒットパレード』では，渡辺プロダクションに所属する歌手を提供する代わりに，渡辺プロダクションが番組の制作を請け負うという戦略をとった。そのことによって，名実ともに，テレビ制作に芸能プロダクションが大きく関わるという，テレビを介した芸能ビジネスの形態を作り上げたのである。

　芸能プロダクションを創設した人にかんしていえば，渡邊晋同様，ミュージシャンとして活躍した人は少なくない。たとえば，ホリプロ（堀プロダクション）の創設者である堀威夫は，前述の井原髙忠[24]，小坂一也[25]と「ワゴン・マスターズ」を，その後「スウィング・ウエスト」というバンドを組み，ギタリストとして活躍していた。サンミュージックを創設した相澤秀禎は，大学時代に「ウエスタン・キャラバン」というバンドを結成し，各地の米軍キャンプで演奏活動を行っていた経歴がある[26]。そして，田辺エージェンシーの創設者であり現在も代表取締役社長を務める田辺昭知は，堺正章，井上順，かまやつひろしらが所属したグループサウンズのバンド「ザ・スパイダース」のリーダーで[27]，ドラム奏者であった[28]。

　当時の芸能プロダクションは，テレビが置かれていた状況と相容れるものがあった。テレビは，「電気紙芝居」と揶揄され，低俗で低級なものであると，社会はもちろん，制作者自身も思っていた。同様に，当時の芸能界，あるいは芸能ビジネスも，確かに大衆文化を支える芸術ではあったが，産業としては堅気ではないものとして見られていた。テレビと芸能プロダクションは，出演者の調達と，出演者であるタレントの派遣という点で利害が一致していたのだが，それ以上に，両者とも，当時の社会の中では異端な存在として見られている者同士だったことは，注目すべきことである。それは，テレビという「新しい」メディアとその業界が，例えば先達のメディアである映画のように完成度の高いメディア産業であることを目指そうとしながらも，それとは別の方向を目指そうとする素地も持ちつつあったことである。当時のテレビには，寄席や劇場

をだらだらと中継する，あるいは同様のことをスタジオでやっているだけのような番組が多かった。それを逆手に取るようにして，当時の芸能プロダクションは，ショービジネスのノウハウをテレビに持ち込んだ。すなわち，ショーのノウハウを活かした番組のパターンができることによって，日本におけるテレビの位置づけ，つまり大衆のために見せる（魅せる）メディアであるというアイデンティティが確立したといえる。[29]

　その結果，テレビ業界は，大衆から羨望のまなざしで見られるようになったといえる。しかし，大衆的であるがゆえに，芸術的な手法を確立させ大衆を虜にしていた映画への羨望や対抗，嫉妬などもまたあったはずである。その羨望と嫉妬は，既存の映画界，芸能界とは一線を画した新しい芸能ビジネスと相まった「ギョーカイ」を確立しようするエネルギーを，テレビ業界にもたらした。それが，現在のテレビを中心とする芸能界と相まった「ギョーカイ」の形成へとつながるのである。

　以上のように，芸能プロダクションを中心とした現在につながる芸能界とテレビ業界との蜜月な関係は，これら2つの業界がディスアドバンテージな状態を互いにカバーするべく形成され，発展していったといえる。

　コンテンツ産業における組織の目的は，コンテンツを制作することである。したがって，コンテンツを制作する組織も，必然的に制作するコンテンツを中心に作られることとなる。つまり，コンテンツ産業では，コンテンツ制作のプロジェクトを紐帯にして，制作に関わる各専門家が寄り集まった組織となり，それぞれの部署や人々は，フラットな関係でつながれた組織となるのである。もちろん，これまで説明してきた芸能プロダクションとテレビ局との関係も，それぞれの「職人」が連帯したフラットな結びつきをしているといえる。

　しかも，このような組織は，コンテンツの完成という目的が達成されると，すぐにほどけてしまう特徴を持っている。このような一期一会的な組織紐帯の特徴は，コンテンツの制作に携わる人々が，よりフラットにつながらざるをえない状況を作り出す。それこそが，梅棹のいう上下のヒエラルキーを感じさせない親密な連帯感を持った関係性であり，「ギョーカイ」と呼ばれるようなテ

第6章 テレビ業界における「ギョーカイ」の形成とゆくえ

レビ業界の組織的な特徴となっているといえよう。

テレビ業界の確立と「ギョーカイ」組織の外部化

　テレビは，雑多な出自の人々による試行錯誤を経て，自らのアイデンティティを形成し，社会的にもその存在を確立していくこととなった。しかし，新しい組織や業界が成長してくると，組織は分業化し，複雑化してくる傾向がある。組織の分業化，複雑化には，さまざまな長所もある反面，弊害とでも呼べる面もある。特に，組織を管理する側と，現場で実際の業務に従事する側との間にある種の対立が起きることは，よくいわれることである。あるいは対立がなくても，いわゆる風通しの悪さのような，管理する側と現場とのコミュニケーション不全が起きる可能性がある。

　テレビ業界においても，組織や業界が確立してくるとともに，組織の運営や管理をする側と，実際に番組を制作する現場との間に，コミュニケーションギャップや対立が起きてくるといえる。特に，番組制作業務では，人間の知識や能力そのものが生産資源となり，実際に制作されるコンテンツそのものの価値を大きく左右することから，現場で実際に制作に携わる人間と，その人間を管理する側とのギャップは大きくなりやすい。そのうえ，民間放送のような営利企業の場合，顧客である広告主との関係といった政治的な要素が，制作する番組内容そのものに何らかの影響を与える場合があり，番組を制作する現場と管理運営する側とのギャップが，より大きくなる場合がある。

　実際，1970年前後には，テレビ業界でこのような対立が垣間見られるいくつかの出来事が起きた。

　例えば，1968年に起きたいわゆるTBS闘争がある。TBS闘争は，TBSの萩元晴彦，村木良彦という，報道や番組制作の一線で活躍していた2人の人事異動をめぐって，労働組合が2人の配置転換をいわゆる「懲罰人事」と受け止め，団体交渉が開かれたことに端を発する。この配置転換は，村木良彦が，番組『日本列島の旅』の中で制作した「私の火山」と題した回（1968年放送）の番組内容に対し，スポンサーがクレームを付けてきたことがきっかけだった

(今野 2009：358-363)。それとほぼ同時期に，今度はいわゆる「成田事件」が起きた。「成田事件」とは，当時，成田空港建設をめぐって闘争が行われていた現場の取材に向かっていた TBS のテレビ報道部のクルーが，取材対象者である反対同盟副委員長から頼まれ，反対同盟の農婦らを集会所まで運んでいたところ，検問で農婦らが持つプラカードが凶器である角材とみなされ，報道機関である TBS が「凶器である角材を運搬した」と，結果的に報じられたことである。この報道によって，TBS は，関係者を大量に処分せざるを得なくなった（今野 2009：370-371）。それに加えて，『ハノイ・田英夫の証言』(1967 年，TBS) をめぐって，当時『JNN ニュースコープ』(1962〜1990 年，TBS) のキャスターを務めていた田英夫が突然番組を降板したこともあった[30]。これらの出来事の背景には，番組内容に対する外部からの政治的な圧力と，それに起因する管理職側の制作現場側に対する圧力，それに対する現場側からの抵抗という構図があったといえる。

　その後，TBS 闘争では，「テレビとは何か」を中心に討論集会が行われ，萩元，村木，同じく TBS で番組制作の現場にいた今野勉が，この内容を記録した日本初といえる現場のテレビ論である『お前はただの現在に過ぎない』を刊行した。さらに，この 3 人は TBS を退社し，日本初のテレビ制作プロダクション会社であるテレビマンユニオンの創設に尽力した。テレビマンユニオンの創設は，テレビ局内のしがらみから自由になり，純粋にコンテンツを制作することを目的，生業とする放送人組織の誕生でもあった。コンテンツ制作の現場は，「職人」的なキャリア志向を持った人々の連帯によって成り立っている。テレビマンユニオンは，まさにテレビマンという「職人」の連合（ユニオン）として作られた組織であり，そのような「職人」がテレビ局の組織外から関わることで，より質の高い番組コンテンツが制作されることを期待されていたと，少なくとも当時の状況ではいえたであろう。

　TBS 闘争は，現場のテレビマンが，自ら組織の外にドロップアウトあるいはスピンアウトしていくものであったが，それとは逆に，経営合理化の名の下に，番組制作の現場を組織から切り離すことも同時期に起きている[31]。例えばフ

第6章　テレビ業界における「ギョーカイ」の形成とゆくえ

ジテレビは，1971年4月から番組制作部署を廃止して，フジポニー，ワイドプロモーション，フジプロダクション，新制作という子会社を設立し，番組制作部署に所属する社員を出向，あるいは退社の上転属という方法で人事異動させた。同様に，日本教育テレビ（NET，現在のテレビ朝日）は1971年11月に，報道部門にいた社員のほとんどを，新設したNET朝日制作に出向させた。

　小林信彦の見方によれば，民放各局のこのような動きは，企業における経営合理化というよりも，テレビ放送の初期から仕事をし続けてきた，いわば「黄金時代」を作ってきた「パイオニアたちをどうするか，という問題」だったという（小林［2002］2005：326）。小林の見方を忖度すれば，テレビの「パイオニアたち」を，合理化の名の下に排除しようとしたとも考えられる。日本でテレビ放送が開始された頃に入局したパイオニアたちも，20年も第一線に立ち続けていると，さまざまな軋轢を生むと周りから思われるようになったのかもしれない。管理職側は，パイオニアたちの存在が，組織全体から見た場合，その硬直化の要因になっているとみなしていたのかもしれない。「職人」「芸人」的な職業意識の下に自由奔放に番組を制作してきたアマチュアじみたパイオニアたちが，組織の中で自然と発言力を強め，管理職側との間に目には見えない対立構造が醸成されていたのかもしれない。いずれにせよ，コンテンツ制作を担う企業において最も中枢にある（べきはずの）制作部門を切り離した事実には，経営合理化以上の深い意味が含まれていることは想像に難くない。小林は，これらの出来事が起きた1972～1973年頃に，〈テレビの黄金時代〉が終焉を迎えたという（小林［2002］2005：320）が，実際には，終焉というよりテレビ業界の転機であった。その転機は，「職人」的な職業意識を持った「野武士」達の試行錯誤による努力と自由奔放さが入り交じった「ギョーカイ」的な組織文化や慣習と，それを一掃しようとする動きに対する抗いの中で起きた転機といえる。

　TBS闘争とフジテレビやNETテレビでの分社化が同時代に起きたことは，単なる偶然だったかもしれない。しかし，その背景には，恐らく，草創期のテレビ業界が持っていた，梅棹のいう「異常なあかるさ」を持った「親密感にあ

223

ふれている」組織文化では乗り越えられない，あるいは乗り越えることを許さないような環境にテレビ業界が直面したことがあったといえる。

　経営環境的な面では，この時期，東京の民放キー局は，カラー放送の充実や，全国各地に開局したUHFテレビ局への支援のために多大な資金投入をしており，民放キー局は経営合理化を迫られる状況にあった。1973年に起きたオイルショック時には，省エネルギー対策としてテレビの深夜放送を休止させたほどである。

　現場に資金面をはじめとする合理化の波が迫ると，番組制作へのさまざまな制約や，制作現場の組織管理が強化される。これは，制作現場にいる「野武士」たちの「職人」や「芸人」的な職業意識，梅棹がいうような組織文化とは相反する状況を生み出す。テレビ業界は，「職人」「芸人」的な職業意識を色濃く持つテレビの「パイオニアたち」のやり方では，財務的な面でも，経営組織の管理，統制的な面でも，直面する社会環境を乗り越えられないと（いう筋書に）されたと考えられる。

　ところで，テレビの制作現場が会社組織から切り離された結果誕生したテレビプロダクションは，広告代理店や芸能プロダクションをはじめとするテレビ局の外側にある企業や人材が，テレビ番組の制作に直接参入する可能性をもたらした。実際，芸能プロダクションは，草創期のテレビが番組を制作するのに際して出演者を提供したことから，番組企画や制作にかかわるようになっていた。前述したように，渡辺プロダクションは，フジテレビ開局の頃から出演者を提供すると同時に，積極的に番組の企画や制作に携わっていた。両者の関係は互いに「比較優位」であり，出演者を求めているテレビ局と，所属するタレントに仕事を提供したい芸能プロダクションとが補完しあう関係にあった。

　しかし，時が経つにつれ，テレビが人々の中に受け入れられ，テレビの何たるかを模索していた制作者たちも，オリジナルのノウハウを体得していく。同様に，芸能プロダクションに所属するタレントたちもまた，テレビ番組になくてはならない存在となった。その結果，テレビによって育てられた芸能人や芸能プロダクションが，テレビ番組の内容，制作に影響を与える存在となってき

第**6**章　テレビ業界における「ギョーカイ」の形成とゆくえ

たのである。さらに，芸能プロダクションが蓄積したテレビ番組制作のノウハウを活かし，独自に番組を企画し制作することが行われるようになる。(33)

そのような状況では，テレビ局と芸能プロダクションとの間にある互いに「比較優位」な関係性が崩れ，番組制作におけるイニシアティブの争奪戦が繰り広げられることは，ある程度予想できる。実際，テレビ局と芸能プロダクションが番組の編成をめぐって争った「事件」は，テレビ局の外部にある芸能プロダクションの力が大きく成長したことを象徴するものであった。

この「事件」とは，通称「ナベプロ戦争」と呼ばれるものである。(34)「ナベプロ戦争」は，日本テレビと渡辺プロダクションとの「戦争」であり，当時日本テレビ制作局次長だった井原髙忠と渡辺プロダクション社長だった渡邊晋との「戦争」であった。

「戦争」の発端は，渡辺プロダクションが，スターを発掘するオーディション番組の企画を NET テレビ（現在のテレビ朝日）に持ちかけたことにある。NET テレビはその企画に乗り，番組の時間枠を確保できることになった。しかし，その時間帯が，『紅白歌のベストテン』（1969～1981 年，日本テレビ）を放送している月曜日の 20～21 時と重なってしまった。『紅白歌のベストテン』には渡辺プロダクションの歌手も多く出演していたが，プロダクションとしては，テレビ業界の不文律に基づいて，新番組の裏番組となる『紅白歌のベストテン』にタレントを出演させることはできないことになった。

渡辺プロダクションは，NET テレビに時間帯の変更を求めたが，それは不可能だということだった。そこで，社長の渡邊晋は，不文律に基づいて，『紅白歌のベストテン』に自社の所属タレントを出演させないことにした。番組そのものが成立しなくなる日本テレビ側は交渉を重ねたが，渡辺プロ側は決定を覆すことはなかった。さらに，社長の渡邊晋は，「そんなにうちのタレントがほしいのなら，日本テレビの『紅白歌のベストテン』が放送日を替えりゃいいじゃないか」という言葉を口にしたという。この言葉は，テレビ業界の歴史に残る言葉だといわれている（田原［1990］1993：194-195）。

当然，井原髙忠はこの言葉に激昂し，渡邊晋に「じゃあ，結構，もうお宅の

歌手は要りません。そのかわり，金曜日の夜，渡辺プロにやらしてあげようと思ってたワクもあげません。やめた！」といってきたという（井原 1983：210）。そこから，日本テレビは渡辺プロダクション以外のタレントを使ったり，自力でタレントを発掘する手段をとるようになったといわれている。[35]

　この「戦争」については，さまざまな著作で語られているが（井原 1983，小林［2002］2005，野地 2006，2010，田原［1990］1993），この「戦争」がテレビ業界の中でどのような意義を持っていたのかは，考察しておく必要がある。

　まず，この「戦争」のキーパーソンとなった2人の存在である。すでに述べたように，渡邊晋と井原髙忠は，前職はどちらもミュージシャンである。しかも，2人は，同時期に進駐軍クラブの楽隊で活躍しており，互いに顔見知りだった。両者ともエンターテインメントの世界を極めた「芸人」であり，エンターテインメントを創り続けてきた「職人」である。その2人が，立場は違うが，バンドマンとしての経験をもとにテレビにアマチュアとして入り込み，活躍してきたのである。「芸人」「職人」としての職業意識がある2人のどちらかが優位に出ようとすれば，軋轢を生むことは明らかである。テレビ局で番組を企画，制作する制作者と，番組コンテンツの要である出演者についての権限を有する芸能プロダクションの人間の職業意識は，根本的には同種のものだろう。この「戦争」は，同じ幹から互いに枝分かれした枝同士が，共食いをしているような状況に見える。

　井原は，この「戦争」について，後にこのような見方をしている。

> 　出演者とテレビ局の関係は，こっちが「出ていただいてる」って言うと，向こうが「出していただいてる」っていうのが理想。そのバランスが悪いのが一番よくない。お互い様なんだから。「出てやる」のだったらそれは変だし，昔みたいに「出してやる」って言うのも変だ。ぼくはどっちも同じだと思う。（井原 2009：144，傍点引用者）

　井原の見方からすると，両者が阿吽の呼吸で譲り合いながら権力バランスを

第6章 テレビ業界における「ギョーカイ」の形成とゆくえ

とることが重要だということになる。この微妙な権力バランスをとることが，ある意味「ギョーカイ」的な人間関係や慣習のようなものであり，テレビ業界では，「ギョーカイ」的ななれ合いの文化が維持されてきたことが推察される。

　また，出演者であるテレビタレントが，制作者たちの想定を超えるほど，テレビを通して受け手である大衆に受け入れられていた状況もある。もちろん，テレビとは何をやるのかさえわからないアマチュアじみたテレビ制作のパイオニアたちは，番組を制作しながら，「テレビとは何であるか」を日々追い求めてきただろうし，自ら考えるさまざまな「ジス・イズ・ザ・テレビ」を制作してきただろう。ただ，その過程で，テレビに出演するタレントそのものが，テレビにとって不可欠な存在となってしまったのだ。その結果，内容とは無関係に，特定の出演者がいなければ番組自体が成り立たないことになってしまう。ましてや，前述した「戦争」の場合は歌番組であり，歌手そのものに依存した番組である。テレビは，芸能プロダクションに所属するタレントや俳優，歌手を，テレビそのものの力で大きく育てたが，その結果，出演者や芸能プロダクションに依存しなければコンテンツが創れない状況を，自ら作り出してしまったのである。テレビの大衆に対する影響力が，テレビを制作する側の想定をはるかに越えていたのである。

　テレビ局という番組を制作する機能を持った組織が，その外部の組織であるが根本ではどこかつながっている芸能プロダクションと組みながら，芸能界という「ギョーカイ」を作ってきたのだが，これはテレビ制作者側から見た場合，芸能プロダクションとは異なる外部との関わりや人材の発掘をする素地ができたことでもある。それは，テレビ業界，芸能プロダクションと相まって形成された芸能界が，まさに，梅棹がいうアマチュアじみた雰囲気を許すからこそ成立する状況である。芸能プロダクションと相まって形成された芸能界の一翼を担うテレビは，外部の人材を取り込みながら，自らの手で，芸能界を含む「ギョーカイ」的なものを形成してきたのである。

ギョーカイの外部化としてのアマチュア

　「ナベプロ戦争」に端を発しただけではないが，テレビ業界と芸能プロダクション業界が発展する中で，両者によるイニシアティブの奪い合いは次第に大きくなった。テレビは，芸能プロダクションの事業を内製化しようとし，芸能プロダクションは同様にテレビの事業を内製化しようとしていたのである。

　芸能プロダクションは，テレビ制作の現場に出演者であるタレントや歌手を提供することを通して，番組の企画や内容に積極的にかかわるようになっていった。さらに，番組制作会社に出資し，番組制作の一翼を担うようにもなっていった。放送局，特に民間放送局では，制作した番組コンテンツをめぐり発生する経済的な権利を掌握するために，例えば，関連企業として音楽出版社を立ち上げ，自社に関係するさまざまな音楽著作権を所有，管理しようとしたり，テレビに出演するタレント，歌手を育成する学校を設立したりした。さらには，タレント，歌手を発掘する番組を制作することで，自分たちの手で直接タレントや歌手を育成しようともした。

　このような動きは，両者が棲み分けていた領域を互いに浸食するものであり，互いに覇権を譲らず抗争になることは確かである。このことは，両者が単に覇権争いをしていただけにとどまらない。それは，テレビで創られてきた芸能やエンターテインメントのあり方にかんして，方向性のズレが現れてきたことを意味するし，エンターテイメント・コンテンツとしてのテレビ番組の内容，質のあり方にかんする問題が浮き彫りにされたことも意味する。

　「ナベプロ戦争」の引き金を引いたとされる渡邊晋は，「舞台であろうが，テレビだろうが，観客の前に出すタレントには演奏力なり，歌唱力という芸を要求していた」（野地 2010：156）。渡邊晋は，ミュージシャンとしての経験もあって，このような考えを持っていたのだろうが，恐らく渡邊は，音楽のみならず，鑑賞に堪えうる芸を身につけているタレントだけが表に出せる商品であり，芸能プロダクションは芸を身につけさせるべくタレント（＝才能）を育成することもまた使命だと考えていた。

　それに対してテレビ業界は，出演者であるタレントや歌手を，本当の意味で

第6章 テレビ業界における「ギョーカイ」の形成とゆくえ

のアマチュア,すなわち視聴者を取り込むようにして内製化しようとした。その手段として,視聴者から出演者を募集し,その視聴者を中心に番組が進行する視聴者参加型番組の企画がある。アマチュアじみた人材によって出発したテレビが,視聴者というまさにアマチュアを取り込みながら,われわれが普段イメージする意味での「ギョーカイ」を形成していくのである。

　視聴者参加型の番組が登場するのは,「ナベプロ戦争」の少し前からである。その中で最も象徴的な番組は,『スター誕生!』(1971〜1983年,日本テレビ)であった。井原によれば,『スター誕生!』から生まれてくるスター(の卵)を,自社の番組にどんどん主演させることによって本当のスターにし,スターが歌う楽曲の著作権を自社グループの音楽出版社に管理させ,さらに,オーディションの優勝者を次々とプロダクション(ただし渡辺プロダクションを除く)に分配させるようにしたという(井原 1983:208)。井原の局次長(当時)としての戦略は,テレビ局側が最後まで頼らざるを得なかった出演者の確保を自生化し,テレビ制作者側が有利になる仕組みを構築することだった。その結果,後に「ナベプロ戦争」が勃発したのだが,『スター誕生!』がテレビ業界にもたらしたことは,テレビ局と芸能プロダクションの覇権争いだけではなく,テレビというメディアが,ともにアマチュアじみた作り手,受け手によって,まさに独自の「ギョーカイ」じみた「界」を形成することでもあった。

　『スター誕生!』は,一般の視聴者が歌を披露しそれが審査される点では『NHKのど自慢』(1946年〜,NHK)と同様の仕組みだが,番組タイトルにあるように,本来テレビ業界の裏側で確立されてきた芸能界あるいは歌謡界の仕組みを,「一人の歌手のオーディションからデビューまでのプロセスをあたかも逐一〝中継〟するかのような形をとることによって進められた」(太田 2007:65)点に特徴があった。視聴者は,『スター誕生!』という番組を通して,自分たちと同じ視聴者であったアマチュアが,テレビ「ギョーカイ」の中に入り込んでいくプロセスを共有することになる。つまり,アマチュアじみた集団であったテレビ制作者と芸能プロダクションが協同(共同)して築き上げてきた「ギョーカイ」が,テレビ番組を通してアマチュアである視聴者を直接かつ

独自に取り込むことによって再構築されたのである。テレビが発展するプロセスで築き上げられた「ギョーカイ」的な「界」が，本物の素人である視聴者から逆照射されることによって，まさにアマチュアじみたテレビ「ギョーカイ」が，作り手と受け手の前に再帰的に写し出されたのである。

　テレビが，視聴者側にいるアマチュアから新たなスターやタレントを生み出す仕組みは，テレビのメディア的な特性とも関係している。番組制作側の中にも，その特性を実感している人がいた。例えば，『スター誕生！』に企画から参画し，オーディションの審査員も務めていた作詞家の阿久悠は，タレント・スカウト，オーディション番組を企画することの必要性について，テレビ局側の人々とは異なる考えを持っていた。阿久は，テレビの世界では，「テレビの時代を自然な空気として呼吸しているタレントを，産み出す感覚もメカニズムも作られていなかった」と指摘する。そして，「レコードや映画，あるいは，劇場といったものは，非日常性そのもの」であり，「歌に対しても，歌手に対しても，タレントに対しても，一線画して接し，距離をおいてつき合い，その越えられない壁や，縮まらない距離において，エンターテインメントを成立させていた」という（阿久［1993］1997：30-32）。当時のテレビには，そのような非日常性を前提にしたタレントたちによるエンターテインメントが流れていたのである。しかし，阿久は，「テレビは日常」であり，テレビの中で繰り広げられる「非日常で成立しているエンターテインメントは，どこか不自然であった」と口にする。テレビには，日常空間である「お茶の間」と断絶することなくつながっていて，敬意や畏怖，情熱を必要としない，日常空間に居ながらにして自然と溶け込んでくるタレントや，そのタレントたちによるエンターテインメントが必要だったというのだ。そこでは，芸の技量はむしろ邪魔になる。『スター誕生！』は，視聴者参加型番組という意味では，まさに日常空間にいる素人がそのままテレビの中に入り込むチャンスをシステムとして持っている。さらに，そのプロセスを，日常生活空間の中にあるテレビを通してさらすことは，素人である視聴者の「界」と，テレビ業界側との「界」をなめらかにつなぐ。その意味においても，テレビはアマチュアじみたものと親和性が高いので

ある。

 テレビは，素人のような外側からの人材の参入が容易であり，まさに大衆の日常性と直結したメディアだということができる。『スター誕生！』とそれに絡む「ナベプロ戦争」の中，テレビは，その特性を活かした仕掛けをつくることによって，素人のテレビ番組への参入が加速したととらえるのが正しいのかもしれない。テレビ業界が，他の業種から干された「野武士」たちや，堅気の稼業ではないと自虐的に思っていた楽隊上がりの人々によって支えられ発展する中で，テレビ業界の人々は，テレビを見ていた素人の集団としての大衆を発見し，取り込んでいったのである。

 テレビ制作者たちがそのようなテレビの特性に気づき始める中，『スター誕生！』を嚆矢のひとつとした視聴者参加型番組，あるいはそれに準ずるような素人を取り込んだ演出手法は，その後テレビ番組に次々に取り入れられていく。また，視聴者参加型番組ならずとも，テレビが生み出すタレントには，まさに渡邊晋が必要としたような「芸」よりはむしろ，テレビの中で視聴者と同じ目線で育っていく素人的な要素が求められるようになったといえる。さらに，素人である視聴者が，送り手であるテレビ（番組）に出演することによって，テレビ業界に対するイメージとしての「ギョーカイ」文化が形成されていく。つまり，アマチュアである視聴者から逆照射された結果として，テレビ業界と芸能界の中に，われわれが現在知り得る「ギョーカイ」性が形成されていくのである。

 『スター誕生！』のようなオーディション番組は，視聴者が現実の時間の流れの中でアマチュアが実際にスターに駆け上がるのを見る状況を作り出すことから，まさに日常の中にテレビ業界の中にある「ギョーカイ」性を垣間見ることができるだろう。さらに，オーディション番組では，「ギョーカイ」側に立った素人が，テレビ業界の「ギョーカイ」性に自己言及するようになる。それは，視聴者の目に届き，視聴者から逆照射された「ギョーカイ」的なもののイメージが，テレビ業界やテレビ業界を中心とした芸能界の「ギョーカイ」的な文化を再帰的に作り出していくということである。

その象徴となったのは，お笑いコンビの「とんねるず」であった。「とんねるず」は，『お笑いスター誕生！！』（1980～1986年，日本テレビ）というお笑い芸人のオーディション番組に出場し，芸能界入りした。彼らは，テレビ番組，とりわけ深夜番組を中心に活躍するが，そのとき，テレビの業界用語（隠語）を頻繁に使用し，自分たちがいる芸能界，テレビ業界の裏側を積極的に芸のネタに取り入れた。テレビ業界の用語（隠語）を番組の中で用いることや，テレビ業界の裏側や素人が出演する側に転じていくプロセスを見せることによって，もともとあった「野武士」的な人々によって構成される非定型的な組織であるテレビ業界の「ギョーカイ」的な組織文化のうえに，自己言及的な意味での「ギョーカイ」という組織文化が形成されていくのである。もちろん，テレビ業界の「ギョーカイ」性が，単に隠語を用いることに表れるといいたいのではない。そのような隠語を用いることが，テレビ業界が堅気の商売でないことを自己言及しているし，さまざまな分野の「職人」「芸人」の寄せ集めであったことを意味している。さらに，そこに受け手であった視聴者というアマチュアが加わることによって，テレビ業界に良い意味でも悪い意味でも「ギョーカイ」的な組織文化が構築されてきたのである。

　同様の観点からいえば，番組の企画，構成を考え，それをもとに台本（脚本）を書く放送作家がいる。放送作家という職業は，まさにテレビ制作に対して多くのアマチュアが参入した職種である。演劇的要素の強いテレビドラマの場合，ある程度専門的な素養を持つ脚本家が内容の構成を手がけることが予想されるが，ドラマ以外の番組では専門性のある脚本家は多くなかったはずである。そこに，テレビ独特の仕事として，放送作家というテレビ番組の制作に関わる人々が現れてくる。テレビ草創期には，軽演劇や演芸場の座付作家出身者[36]が参入していたが，番組のディレクターやプロデューサー自身が，そのような人も含め，外の世界の人に声をかけながら放送作家を集めていた。放送作家は，まさにテレビ局外の人々から成り立っていたのである。そのような人々は，当然のことながらテレビ制作についてはアマチュアである。ただ，アマチュアではあるが，それぞれのキャリアに基づいた専門性を活かして，テレビという大

第6章　テレビ業界における「ギョーカイ」の形成とゆくえ

衆に向けた「舞台」で応用し，活躍していったのである。

　その後，テレビ，ラジオ問わず，放送作家は一般的な職種として認知されるが，放送作家として活躍している人々のキャリアを見ると，まさにアマチュアから始まっていることが少なくないことがわかる。放送作家になる方法はいくつかあるのだが，代表的な方法のひとつに，ラジオ番組に，ハガキやメールを熱心に送る，いわゆる「ハガキ職人」と呼ばれるリスナーから登用される方法がある。「ハガキ職人」は，例えばハガキを送っていた番組の構成を担当する放送作家としてラジオ番組に従事するようになり，そこから，仕事における人的ネットワークの中で，さまざまな番組に関わることとなる。現在では，「ハガキ職人」は，実質的に放送作家という職業へのキャリアパスのひとつとみなされている。また，直接的なきっかけが「ハガキ職人」でなくとも，ラジオ番組やマンガ雑誌の読者投稿欄に積極的に投稿した経歴を持つ放送作家は少なくない。

　「ハガキ職人」に限らず，放送作家のキャリアパスは，本来明確に決められてはいない。学校で専門的な技術を身につけたらなれるとか，テレビ局をはじめとする番組制作にかかわる企業に就職すればなれるものではない。その点からすれば，放送作家は，最初から専門性という意味でのプロフェッショナル性を備えている訳ではないだろう。

　そもそも「ハガキ職人」は，放送作家へのキャリアパスを前提としたものではなかった。あくまで一視聴者（聴取者）の立場から，さまざまな形でラジオ，テレビ業界にボランタリーに関わる存在だった「ハガキ職人」が放送作家としてテレビ業界を支えていくのは，まさにアマチュアじみた素地のあるテレビ業界ならではといえる。これもまた，テレビ業界がアマチュアを巻き込むようにして「ギョーカイ」を築き上げていった要因のひとつとみなすことができる。

　テレビにおける「ギョーカイ」的な組織文化や慣習は，堅気ではないと自身の立場を揶揄していた「野武士」たちの慣習が，視聴者である素人に逆照射されることによってより明確化した。もちろん，オーディション番組や，放送作家の出自に見られるアマチュアさを，いわゆる「ギョーカイ」の特徴と直結し

233

ようというのではない．ただ，素人が「ギョーカイ」の中に入り込む素地があることは，非定型的あるいは私的な人間関係やネットワークによって成り立っているという，コンテンツ産業における組織文化の特徴を反映していることでもある．「ギョーカイ」における人々の非定型的な結びつきは，まさに，素人と呼ばれる人々が参入しやすい環境を作り出しているといえよう．そのようにして形成された「ギョーカイ」における非定型的なキャリア連帯こそが，テレビ業界はもちろん，コンテンツ産業の組織文化の特徴なのである．

4 「ギョーカイ」の変容とゆくえ

21世紀に入り，放送のデジタル化や多チャンネル化，放送と通信の融合という言葉が飛び交う中，テレビ業界が置かれている社会状況も大きく変化してきた．そのような中，テレビ業界の独特な組織文化や，組織における職業意識も変容してきた．ピーターソンの分析における文化の生産者に特徴的な「職人」や「芸人」的な職業意識だけでなく，「役人」的な意識，すなわちコンプライアンスを重視し，企業組織をいかにガバナンスするのかを重視する意識や，そのような意識を持った人材が，組織の中で存在感を強めてくるのである．実際，テレビ番組の制作は，テレビ局だけでなく，関連会社も含めた番組制作会社によって担われている部分が多い．加えて，さまざまなメディアにコンテンツを流通させようとすると，制作されるコンテンツの量は必然的に増えてくる．そのような状況の変化によって，テレビ局はコンテンツの流通と管理，コンテンツ制作にかんする組織や予算の管理といった，まさに「役人」的な職業意識を中心とした組織文化を呈するようになった．

しかし，「役人」的な職業意識と，「職人」や「芸人」的な職業意識とは，互いにコンフリクトを起こしぶつかり合う．そのような中で，「職人」や「芸人」的な職業意識のような，現在から見ると前近代的に見えるものを駆逐し，「役人」的な職業意識の下に洗練されたコンテンツ産業・企業として成熟していくこと，換言すれば，現在まで培われてきた「ギョーカイ」さそのものを否定す

ることは，はたして産業としてのテレビの成熟を意味するのだろうか。

　前掲した梅棹は，「アマチュアじみている」といったテレビ業界にかんする論考を，次のように締めくくっている。

> しかし，土地というものは，はじめの開拓のしかたによって，あとの発展ぶりはずいぶんちがってくるものだ。熟地化の進行とともに矛盾があらわれてくるのはさけがたい。矛盾が表面化してきたときに，はじめて初期の開拓者たちの真価がとわれることになるのである。(梅棹 1988：25)

　現在のテレビ業界がおかれている状況は，梅棹の指摘そのものである。われわれがイメージするテレビ業界の自己満足的な「ギョーカイ」性は，テレビ業界の進化とともに批判の源泉となり，それを解決するためにコンプライアンスを追求するような「役人」意識との矛盾に直面しているといえる。例えば，テレビ番組に対する「低俗批判」などが出てきたときに，まさに「ギョーカイ」の何を守り，何を改革するのか，といったことが問題となる。

　コンテンツを制作する集団の一員として見たとき，テレビ放送業は，文化を生産する産業そのものに他ならない。文化を生産するに際して重要なのは，創造性である。草創期のテレビ業界には，多様な職歴の人々が集まることで，独自の組織文化が生まれていた。また，そこには，新しいメディアであるテレビを創ろうとする「フロンティーア」に基づく自由な空気があった。そして，テレビそのものに長けた「職人」はいなかったが，それぞれが持っている「職人」的な職業意識や，テレビにおける表現の可能性やテレビのあり方を突き詰めようという士気，「製作本能（the instinct of workmanship）[39]」にあふれていたように思われる。

　テレビの場合，結集した制作者たちのコンプレックスと堅気ではない職業だという意識が，逆に，「芸人」気質にみられるような，受け手である視聴者のためには何でもやるといったエネルギーを生み出してきた。テレビ業界の中に，ミュージシャンやそれに関連する業種の出身者あるいは新劇などの舞台関係の

出身者が多いという特徴は，テレビ業界に「芸人」気質という職業意識があることを裏付けているし，「ギョーカイ」的な気質と関係している。

　もちろん，本章で述べてきたような事実関係だけが，テレビ業界の「ギョーカイ」気質を裏付けている訳ではない。ただ，テレビというメディアの特徴が，テレビ制作の現場にそのようなキャリアパスを持つ人々を引きつけ，そのような人々のネットワークが「ギョーカイ」気質の形成に合致していたことは確かであるし，時にその気質が，視聴者との共犯関係の中で形成されてきたこともまた確かである。

　テレビ業界における「ギョーカイ」性とは，文化の媒介者となりうるような職業意識を持った人々が，まさに「サラダボウル」のように上下関係を意識しない連帯をしたことによって生まれたものであろう。確かに，テレビ業界は，他の業種に比べて，前近代的で自己満足的な意味での内向性が際だっているかもしれない。しかし，その連帯が，ガバナンスやコンプライアンスの名の下に，いわゆる「ピラミッド型」のような近代的な官僚的組織運営に基づいた職業意識で満たされてしまうと，それと相反する「ギョーカイ」性のよいところ，「サラダボウル」のような多様な人材の連帯による「一体感」とでもいえるような部分が失われてしまうのではないだろうか。テレビが，「野武士」のような人たちの努力によって発展し成熟するに従って，テレビ制作に従事する人々は洗練されてきただろう。しかし，文化産業としてのテレビ制作におけるキャリアはもちろん，洗練された「役人」的な職業意識を持った人々が組織化することによって，「ギョーカイ」的な組織文化の良い面である文化産業の生産者の本質が失われているのではないか。以下のテレビ制作者の指摘は，それを表している。

　　大衆メディアの本質は，メディアのプレーヤーが常に大衆文化と接していなければ，大衆性を維持できない点にあります。ところが，（これはフジテレビに限りませんが）九〇年代以降，テレビ局は官僚にも見劣りしないエリートが就職する一流企業になりました。一般大衆ではない，ある種の

「貴族」たちが大勢会社に入ってきたのです。その結果，逆に大衆そのものの姿が見えにくくなってしまいました。(吉田 2010：268-269, 傍点引用者)

　一流企業としてのテレビ局に就職している人々が実際にエリートであるかどうかは別にして，コンテンツという「ものづくり」の現場を経験してきたテレビ制作者にとっては，エリートである現在のテレビマンも，エリートであるテレビマンが育っていくテレビ局の環境も，「そつなくこなしていく」という意味で「役人」的「官僚」的な職業意識の塊だといわれているようである。
　また，「トレースする能力」としての「ディレクターたちの学習能力の高さ」が，例えばバラエティ番組低迷の要因となっているともいわれている。「統計的に把握できる成功の要件を峻別し，その組み合わせで番組の企画を作る」といったことや，「既存の権威を迷うことなく尊重」した番組作りをしているというのだ(佐藤 2011：156, 158-159)。この指摘は，現在のテレビ番組制作の現場に対する批判であるが，同時に，テレビ業界の人々が，まさに「ものづくり」における「職人」的な職業意識から，管理を中心とした「官僚」的な職業意識へと転換していることを指摘している。もちろん，先人たちによってさまざまなノウハウが蓄積されていることから，その知恵をうまく利用する手法が確立していてもおかしくはない。ただ，先人たちが感じているのは，「そつなくこなす」こと，そして佐藤が指摘する「トレースする能力」に長けた人々は，コンテンツという「ものづくり」をする「職人」的職業意識を持った人材ではない，ということである。
　同様のことは，テレビに出演する立場からも指摘されている。

　　ある日，私の番組に，超一流の女子大を卒業した，しかも超美人が配属されて来た。
　　「これは……これは……」と超大歓迎したのは当然のこと，現場は大いに盛り上がった。しかしどうもその超美人の顔色がすぐれない。

「どうしたの？　身体の具合でも悪いの？」と聞いてみたが「いいえ，大丈夫です」とのこと。
　でも，与えられた仕事を，なんともやる気なさそうにしかやらないのだ。「どうしたの？　楽しくないの？」
「ええっ。私，テレビの仕事って好きじゃないんです」
「？……？……△※Ａ〜☆○……」
　なんとも，口をあんぐりするしかなかったのだが，よく聞けば，就職活動の段階で，待遇が一番良かったのがテレビ局だったので，とにかく受けてみたら，受かってしまったのだそうだ。
　ここにも隆盛を極めてしまった業界の悲劇が存在する。（関口 2012：83-84）

　もちろん，現在のテレビ業界における人材が，すべからく「官僚」的な職業意識を持っているといいたいのではない。テレビ業界が成熟すれば，より近代的で洗練された組織体系の下に「ものづくり」が行われるようになり，そのような環境に応じた人材が求められるのは当然のことであろう。したがって，テレビ業界における人材の職業意識が変化してきたことだけでは，「ギョーカイ」の変容を語ることは難しい。
　「ギョーカイ」的な組織文化がテレビ業界において変容した，むしろ変容せざるを得なくなった原因は，テレビ業界が置かれている急激な経営環境の変化にもあるだろう。情報化社会の波によって，テレビ業界以外の業界でも，テレビと並ぶコンテンツ産業になり得る環境が整ってしまった。さらに，テレビ業界自体も，「他メディア・多チャンネル化」という多角的な拡大戦略をとっている。このような経営環境の急激な変化や，特に日本社会におけるコンプライアンス重視の風潮に見られる社会環境の変化の中で，寡占状態にあるテレビ業界の良さとしてあった「ギョーカイ」的な空気が，批判の矢面に立たされているのもまた確かである。
　現在テレビに向けられる批判は，テレビ業界が，視聴者に見せてきた，ある

第6章　テレビ業界における「ギョーカイ」の形成とゆくえ

いは視聴者から見られてきた自己満足的，自己完結的，自己顕示的でもある「ギョーカイ」的なもののイメージの上に成り立っている。しかし，番組というコンテンツを生産する現場の組織に，コンプライアンスやガバナンスの名の下に，洗練された（と考えられる）官僚的な組織文化がもたらされることは，文化の「製作本能」を削ぐことになるだろう。コンテンツ産業は，現場でコンテンツを制作する「人」の意識に大きく作用される産業である。「人」を意識したコンテンツ制作の組織体系，本章で紐解こうとしてきた「ギョーカイ」性の根底にあるものと，「官僚」的な職業意識，価値観は，そもそも相容れないのである。

現在のテレビ業界は，「職人」「芸人」的な職業意識を持った職人集団によって形成された「ギョーカイ」の良い面を自己否定し，その分，より洗練された堅気の業界や組織が最上であるという考え方に囚われすぎている。テレビ制作者のOB・OGたちは，このことに対して違和感を持っているのだろう。

OB・OGたちの時代と環境が大きく変わってしまった現在，OB・OGたちの言説を，単に「年寄りの戯言」「個人的なノスタルジー」として切り捨てるのは簡単なことである[41]。ただ，環境が大きく変わったからといって，組織のマネージメントという名の下に「そつなくこなす」コンテンツ作りをする「エリート的」な思考にまみれ，「エリート的」になる指向性は果たして正しいのだろうか。テレビ業界に限らず，われわれが現在コンテンツと呼んでいるような創作物，表現物は，過去にもコンプライアンスとぶつかってきた[42]。コンプライアンスという概念は，コンテンツ作りの現場，「ギョーカイ」的な文化とは対極的なところにある。その意味において，コンテンツ産業では，コンプライアンスとの戦いはもはや宿命である。だからといって，コンプライアンスの目をそつなくくぐり抜けるという方向性が正しい訳ではない。「そつなくこなす」ことは，汗と涙の結晶である先人たちの功績のうえに単にあぐらをかいているだけのように見える。

コンテンツ産業としてのテレビ業界が，新しい文化を産み出していく「産業」であり続けようとするならば，「野武士」的な「職人」意識を持った人々

239

によって構成されている「ギョーカイ」的な組織文化を，むしろ肯定しなければならないだろう。テレビ業界は，視聴者によって逆照射された「ギョーカイ」の負の側面を，エリート的な目線から自虐的に「演じる」ことによって守りに入るのではなく，先人たちが築き上げてきた「ギョーカイ」的な人材のつながりや慣習，組織文化，職業意識のもとにコンテンツを世に発信していくことが求められているのだ。

　コンテンツ産業，とりわけテレビのようにエンターテインメントを生産する産業は，まさにコンテンツそのものをゼロから創造する人間がいなければ成立しない。しかも，テレビ業界に最初からそのような人間がいたわけではない。アマチュアたちが日々の業務で試行錯誤する中，コンテンツを生み出す創造性を持つようになったのが現実である。創造性を持つ人材が培われていく組織と組織文化のあり方，職業意識に裏打ちされた人材同士の結びつき，そのようなものこそが，本章で述べてきた「ギョーカイ」的なるものの礎であり，先人たちによって築き上げられてきた「ギョーカイ」的な礎の中にこそ，テレビ業界がコンテンツ産業としてさらに飛躍するヒントがあるのだ。そのヒントは，組織の維持や「そつなくこなす」方法に長けた人材とその育成にはないのである。

5　テレビ「ギョーカイ」およびテレビ「ギョーカイ」論の今後

　本章では，日本のテレビ業界を文化産業として位置づけ，文化産業に従事する人々の特徴にかんする先行研究を踏まえながら，日本のテレビ業界におけるいわゆる「ギョーカイ」的な組織文化について，主に日本のテレビ草創期の状況から考察してきた。

　どのような業界でも，草創期というのは，組織はアマチュアじみているし，組織自体も統制が取れているわけではない。しかし，コンテンツを創り出す意味でのテレビ業界は，まさにエンターテインメントという文化を生産する役割を持ち，生産に従事する制作者たちは，たとえアマチュアじみていたとしても，エンターテインメントを生産するプロセスを楽しむとともに，受け手との媒介

第6章 テレビ業界における「ギョーカイ」の形成とゆくえ

者となって受け手を引き込もうとするエネルギーを持っているはずである。

　外から見れば，テレビ業界はなれ合いの「ギョーカイ」に見えるのかもしれない。そして，テレビ業界は，権威や権力を把持しているつもりになって，受け手である大衆や視聴者を凌駕しているように見えるかもしれない。だが，テレビの「ギョーカイ」性には，文化の媒介者としての個人的嗜好と職業的判断が密接にかかわるという，文化産業の特質がある。コンテンツを生み続けていくための組織には，一見なれ合いに見えるが，文化産業の特徴である非定型的な連帯を持った「ギョーカイ」に見られるような特徴が必要なのである。

　コンテンツ産業における組織論について考察する場合，テレビというメディアそのものの特性を背景に考察することも必要であろう。同じ映像メディアでありながら，映画とテレビの置かれている状況は明らかに異なる。特にテレビは，日常的に情報を送り続けるメディアであり，マクルーハン的にいえば，受け手の参与度が高く，完成したパッケージよりもプロセスを見せ続けるのが得意なメディアである。事実，そのようなテレビを，「ジャズ」だといったり，「ただの現在にすぎない」と呼びかけたテレビマンもいた（萩元・村木・今野[1969] 2008)。表現的な技法はもちろん，コンテンツとしてのテレビ番組の制作に対する態度や姿勢，まさに「製作本能」は，テレビのメディア的な特性と無関係ではないはずである。

　また，このような議論を展開する場合，事実関係とそれに携わった人々の言説は大変重要である[44]。しかし，事実関係から何かを議論する場合，例えば，「○○という方がいたから××ということが今でも行われるようになった」とか，「○○という方が今当たり前になっている手法を作り出した」など，「○○という人は偉い」という帰結をする，「キーパーソン史観」，「人物史観」とでも呼べる短絡的な議論も少なくない。特に本章のようなテーマの場合，当事者の存在がすべてを物語るといった議論は危険性をはらんでいる。本章では，なるべくそのようにならないようにしたが，「人」論の残滓はどうしてもぬぐえないところもある。その補助線のひとつとして，例えばメディア論的な論点からの考察はさらに必要となるであろう。これは，今後の課題でもある。

いずれにせよ，現在の日本の経済界が，コンテンツビジネスに活路を見いだそうとする中，コンテンツを創造する救世主の存在はもちろん大切である。ただ，コンテンツという文化の創造と生産にかかわる人々のネットワーク，慣習や意識，価値観など，組織における文化がどのようになっているのか，コンテンツ産業における組織文化をどのように構築していくのかも課題になるはずである。そのひとつの答えが，実は，テレビ業界，特に草創期のテレビ業界に見られた職業意識であり，「フロンティーア」に満ちたアマチュアじみた組織文化であり，それらに立脚した「ギョーカイ」と呼ばれる組織の風土なのではないだろうか。その点からも，テレビ「ギョーカイ」の本来のあり方を振り返ることによって，コンテンツ産業を育てるための方向性が見えるといえるだろう。

付記
本章は，2009～2010年度成城大学特別研究助成に基づく研究成果の一部である。

注
(1) 文化産業にかんする詳細な説明については，第1章を参照。
(2) NHKは放送法によって設立された特殊法人であり，営利を第一義としているわけではないが，近年では，関連会社を設立し，自社で制作，管理している番組コンテンツを販売していることを考えると，NHKがコンテンツ産業の一員であるとみなす必要もある。
(3) 「ギョーカイ」における内輪のなれ合いを，受け手である視聴者に対して表だって見せてしまう，あるいは視聴者がそれを見ようとした結果，一般的に定着したイメージであり，そのような組織文化に対する評価は別の問題である。
(4) ピーターソンは，ポピュラー音楽産業にかんする論文を何本か発表しているが，基本的にはこの6つの変数を共通のものとして説明に使用する。したがって，ここでは，生明（2004）の整理に依拠して説明する。
(5) それぞれの特徴について，ピーターソンは次のようにまとめている。

① 職人
職人は，技術的問題を解決するために必要な（しばしば秘伝である）知識を持ち，また，適切な道具を用いることができることに大きな誇りを感じる。職人は，仕事の発注者に次のように言う。「何をやって欲しいのかは言ってもらいますが，

どうやるかは任せてもらいます。仕事はきちんと，効率よく，自分をひけらかすようなことなしに，やります。」職人は，仲間の職人に認められるようなやり方で仕事をして評判を高めることにまず気を使うものであり，自分の仕事の最終的な生産物が，美学的なり財政的に成功することは二の次でしかない（Peterson 1990 = 2006：151）。

② 芸人

芸人は，職人とは正反対である。他の職業的なパフォーマーたちからの蔑視を気にも止めず，芸人は，自分自身を売りこむセールスマンとして，お金を払ってくれる聴衆を喜ばすために必要なことは何でもやる。その「派手な振るまい」には，セクシュアリティの操作，下劣な感情へのアピール，パフォーマンスの美的基準のでっち上げ，異国風の衣装の着用などが含まれるだろう（Peterson 1990 = 2006：152）。

③ 起業家

文化産業の起業家たちは，満たされないままになっている聴衆の需要を察知し，創造性，財務，マーケティング，配給などの諸要素を，他にはないやり方で結び付けていくような人々である（Peterson 1990 = 2006：152）。

④ 役人

役人たちは，官僚制によって構造化された組織の中で上下の様々な地位に就いている。役人は文化産業における連続性を支える重要な存在であり，起業家が革新の主要な担い手であるのとは好対照である（Peterson 1990 = 2006：152）。

(6) この文章の部分は，1961年10月発行の『放送朝日』第89号（朝日放送刊）に掲載されたものである。

(7) NHKラジオでは，『話の泉』（1946～1964年）や『二十の扉』（1947～1960年）といったクイズ番組，『とんち教室』（1949～1968年）や『日曜娯楽版』（1947～1952年）といった演芸番組，『鐘のなる丘』（1947～1950年）や『君の名は』（1952～1954年）といった（ラジオ）ドラマが制作された。なお，ここでいうNHKとは，戦前からある社団法人日本放送協会と1950年に施行された放送法に基づく特殊法人日本放送協会のことを意味する。

(8) 電波管理委員会設置法は1952年に廃止となり，電波管理の業務は郵政省，現在では総務省が行うこととなった。

(9) 1934年，東京生まれ。早稲田大学文学部卒業後，TBSに入社。バラエティ番組のプロデューサーとして，『8時だョ！全員集合』，『お笑い頭の体操』（1968～1975年），『クイズダービー』（1976～1992年）などの番組を手がける。1987年に独立し，番組制作会社である株式会社タイクスを設立する。2005年没。

(10) 1958年，『サンヨーテレビ劇場』の枠内で放送されたドラマで，第13回芸術祭

大賞を受賞した。理髪店を営んでいた清水豊松が，戦時中，上官の命令で捕虜を刺殺したことによってＣ級戦犯として逮捕され，処刑される話である。当時まだ珍しかったVTRを使い，前半をVTR録画で，後半を生で放送するという実験的試みをした。橋本忍脚本，岡本愛彦演出，出演は，フランキー堺，佐分利信，高田敏江，桜むつ子他。1959年に映画化され，その後，1994年にテレビドラマで，2008年に映画でリメイクされている。

⑾　1958年，TBS『東芝日曜劇場』の枠内で放送されたドラマで，第13回芸術祭奨励賞（脚本）を受賞した。テレビの台頭とともに観客動員数が落ちてきた映画会社を舞台にした内容となっている。白坂依志夫脚本，石川甫演出，出演は，森雅之，森繁久彌他。

⑿　1929年，東京生まれ。明治大学卒業後，ニッポン放送を経てフジテレビに入社する。フジテレビ在籍中に，『三匹の侍』（1964年）で映画監督としてデビューする。1980年にフジテレビを退職しフリーとなり，1985年に「五社プロダクション」を設立する。映画監督としての代表作に，『鬼龍院花子の生涯』（1982年），『北の蛍』（1984年），『極道の妻たち』（1986年），『吉原炎上』（1987年），『女殺油地獄』（1992年）がある。1992年没。

⒀　東京生まれ。文化放送入社後，開局とともにフジテレビに入社し，ドラマのディレクターとして活躍する。1973年，女優の吉永小百合と結婚。共同テレビ社長，会長，取締役相談役を歴任。

⒁　1931年，東京生まれ。東京大学教育学部卒業後，文化放送を経て，1958年フジテレビに入社する。ディレクターとして『おとなの漫画』（1959〜1964年），『ザ・ヒットパレード』などを手がける。その傍ら，作曲家としても活動を始める。1965年，フジテレビを退社し，1968年からは作曲活動に専念する。作曲家としての代表作は，『君だけに愛を』『花の首飾り』（ザ・タイガース），『亜麻色の髪の乙女』（ヴィレッジ・シンガーズ），RPG『ドラゴンクエスト』シリーズの音楽（オーケストラ版交響組曲『ドラゴンクエスト』として再構成もされている），『弦楽のための「舞曲」Ⅰ・Ⅱ』，『東京競馬場・中山競馬場の発走ファンファーレ』など，ポップスはもちろん，CM音楽やクラシック作品まで多岐にわたる。

⒂　『HITSONG MAKERS：栄光のJ-POP伝説　Vol.3 すぎやまこういち』2005年2月4日放送，BSフジ（イースト制作）。

⒃　1929年，東京生まれ。元日本テレビ第一制作局長。1949年に，カントリーバンド「チャックワゴン・ボーイズ」を結成しベースを担当する。その後，慶應義塾大学文学部に入学後も，進駐軍のクラブなどでプロとして音楽活動を続け，1953年6月から日本テレビに勤務する。日本テレビでは，『光子の窓』，『九ちゃん！』（1965〜1968年）『巨泉・前武ゲバゲバ90分！』，『11PM』などを制作する。2014年没。

第6章　テレビ業界における「ギョーカイ」の形成とゆくえ

(17)　井原は，ミュージシャンとしての職業経験がテレビ制作に大いに活かされていることを，自らの体験を振り返りながら述べている。音楽的な能力は，単に歌番組の演出だけではなくさまざまな番組にも活かされること，そのことから，「テレビ屋には音楽的才能が欲しい」というのが，井原自身の職業体験から出てきた持論である（井原 2009：24-29）。

(18)　そのエネルギーが，結果的に"一億総白痴化"問題につながった事例がある。日本テレビの番組『何でもやりまショウ』（1953～1959 年）がそれである。この番組は，視聴者がスタジオでさまざまなゲームに挑戦する番組であったが，ゲーム内容のナンセンスさが，「俗悪」と批判された。特に，1956 年 11 月 3 日の早慶戦で，「一塁側早稲田応援席で慶大の三色旗を振って応援した人に五千円進呈」と呼びかけ，一般視聴者がそれを実行するシーンを放送したが，この放送が問題になり，日本テレビは東京六大学野球の中継から閉め出された（佐藤 2008：109）。このエピソードをきっかけに，大宅壮一による"一億総白痴化"問題が新聞紙上などで展開されることとなった。ちなみに，そのとき一般視聴者として旗を振っていたのは俳優であり，いわゆる「やらせ」だったことが，後に司会の三國一朗によって暴露されている（佐藤 2008：109）。

(19)　NHK の場合，東京放送劇団という劇団を所有し，そこに所属する俳優を，NHK の専属俳優として出演させていた。女優の黒柳徹子は東京放送劇団の出身であり，テレビの本放送が始まった日から，NHK 専属の「テレビ女優」（アナウンサーではない）第 1 号として出演している。

(20)　ここでは，映画業界が，テレビ業界への対抗策として申し合わせた協定を指す。
　　松竹，新東宝，大映，東映，東宝の 5 社が加盟する日本映画連合会は，1956 年，映画業界の防衛策を決定し，1958 年には，日活が日本映画連合会に加わり，あらためてテレビへの協力を拒否する旨の申し合わせをした。内容は，①テレビへの劇場用映画作品の提供拒否，②テレビ用映画の制作は自由とするが，劇場公開された場合は，劇場用映画として扱う，③ 5 社（6 社）専属俳優のテレビ出演は，専属会社が主導権を持つ（実質的には制限する），の 3 点である。この協定によって，テレビ業界は，映画業界の資源を活用する可能性を完全に絶たれ，独自の資源を開拓する必要に迫られた。しかし，テレビの普及と台頭によって，この協定は実質的に自然消滅した。（伊豫田他［1996］1998：23, 29）
　　ただし，「5 社協定」という用語は，テレビ放送以前の 1953 年，前掲の 5 社が，日活による人材の引き抜きを防止するために結んだ協定（佐藤 1995：317）を指す場合もある（戦中，日活は興行専門の会社として存続していたが，戦後，映画制作を再開すべく活動していた）。このときの協定は，「俳優はもちろん，監督も脚本家も，所属する会社の許可なしに他社と契約した場合，以後，五社はいっさいその人物に仕事をさせないという内容」（佐藤 1995：317）で，各映画会社の専属俳優，

245

監督などの引き抜き，貸し出しを一切認めないものであった。従って，「5社協定」は，同業他社への対抗策だったものが，「新たな敵」であるテレビへの対抗策として，そのまま機能したということもできるだろう。

(21) 現在，「渡辺プロダクション」は，10社1財団からなるグループ企業の中核として，系列会社や関連会社の管理および運営をする会社となっており，芸能プロダクションの本業であるタレントのマネージメント事業は，「ワタナベエンターテインメント」などの系列会社が行っている。

(22) 1927年，東京生まれ。早稲田大学在学中に，松本英彦，中村八大らと「渡邊晋とシックス・ジョーズ」を結成し，進駐軍のクラブなどで活動する。渡邊自身はベースを担当する。その後，後に妻となる渡邊（旧姓：曲直瀬）美佐とともに芸能プロダクション「渡辺プロダクション」を設立し，戦後の芸能ビジネスの礎を築く。妻の美佐は日本女子大学に在籍中，進駐軍の通訳をしていた母の花子の仕事を手伝うようになり，その関係で進駐軍クラブや芸能の仕事に接点を持つようになる。ちなみに曲直瀬家は，後に坂本九が所属する芸能プロダクション「マナセプロ」を創設している。1986年没。

(23) 渡辺プロダクションが発足した当時，「全国で行われる興行の大半はやくざかそれに関係する興行師が仕切っていた」（野地 2006：40）という。また，当時，独立系の芸能プロダクションの中でも最大で，美空ひばりの興行を担当していた「神戸芸能社」は，山口組が経営していた。渡邊晋は，そのような状況の中で，現在でいう反社会的な団体と決別することによって，芸能界の風土を変えようと努力した。詳細は，野地（2006：35-44）参照。

(24) 1932年，横浜生まれ。明治大学在学中にカントリー＆ウエスタンのバンド「ワゴン・マスターズ」のメンバーとしてクラブで演奏活動を行う。現役引退後，1960年に「堀プロダクション」を設立した。2015年現在，株式会社ホリプロファウンダー・最高顧問。

(25) 1935年，愛知県名古屋市生まれ。成城学園高校在学中に，進駐軍に出入りするバンドで音楽活動をする。その後，「ワゴン・マスターズ」に歌手として参加し，さらにロカビリー歌手としても人気を博す。代表的なヒット曲に『青春サイクリング』がある。1957年には俳優として映画デビューし，その後，さまざまな映画やテレビドラマに出演した。1997年没。

(26) 1930年，神奈川県横須賀市生まれ。法政大学在学中に，バンド「ウエスタン・キャラバン」を結成し，各地の米軍キャンプで演奏活動をする。その後，1962年に「竜美プロ」を設立し，西郷輝彦などを発掘，マネージメントを行う。1968年に，新たに「サンミュージックプロダクション」を創設，株式会社サンミュージックプロダクション会長を務めた。2012年没。

(27) 1938年，東京生まれ。ドラム奏者として米軍キャンプを回る。バンド「田辺昭

第6章　テレビ業界における「ギョーカイ」の形成とゆくえ

知とザ・スパイダース」を結成（その後「ザ・スパイダース」と名称変更），活動をしながらプロダクション「スパイダクション」を設立し，自らのバンドのマネージメント活動も行う。その後，1973年に，「田辺エージェンシー」を設立する。2015年現在，株式会社田辺エージェンシー代表取締役社長。

(28)　井原高忠について言及したときと同様に，ここでも，テレビのあり方，あるいは日本のテレビ史の特徴が，渡邊晋や堀威夫，相澤秀禎といった人物そのものに起因するといいたいのではないことに注意してもらいたい。

(29)　もちろん，これはあくまで大きな意味でのフォーマットであり，いわゆる番組のジャンルという面からすれば，必ずしも当てはまるわけではない。特にドラマの場合，ショーや演芸と異なり，ラジオドラマや映画，舞台演劇のようなフォーマットがはっきりしているものは，テレビを通して確立されたものとは必ずしもいえないだろう。ただし，当時，映画俳優は専属制度の関係でテレビに出演しなかったことから，新劇，大衆演劇などの役者や演出家の流入があったことは，テレビ業界に独特の特徴をもたらしたといえるだろう。

　また，技術的な面では，テレビ制作の現場にVTRが使用される以前・以後の問題がある。VTRが使用される前は，すべて生放送であった。生放送は，スタジオで行われるパフォーマンスを中継するものと定義できる。そうすると，ドラマの場合，スタジオで舞台演劇をするという状況になる。その結果，新劇，大衆演劇など，舞台演劇経験者の場合，そのキャリアは大いに活かされることになろう。また，ドラマ以外の番組についても，いわゆる「ショー」の要素が出てくる。スタジオという舞台をいかにして演出するのかが，テレビ制作に求められることだったといえよう。ちなみに，草創期当時のテレビにおける生放送の状況にかんしては，関口宏の回顧が参考になる（関口 2012：19-30）。

(30)　1923年東京生まれ。東京大学卒業後，共同通信社を経て，TBSに入社する。キャスターを務めていた『JNNニュースコープ』を降板，TBSを退社後，日本社会党から参議院選挙に立候補，当選し議員となる。1978年，社会民主連合の結成に参画し，初代代表となる。その後離党し，社会民主党に復帰する。東京大学在学中に学徒出陣を経験した体験をもとに，平和を訴え続けた。2007年政界を引退，2009年没。

(31)　テレビマンユニオン発足のきっかけとは別に，TBSは，番組制作の外注化という「合理化」を進めるために，映画監督木下恵介が設立した木下恵介プロダクション（1964年設立，現在はドリマックス・テレビジョンと改称）に博報堂とともに出資したり，電通，渡辺プロダクションと共同出資して，1970年にテレパックを設立している。

(32)　元は1958年設立の朝日テレビニュース社で，1971年に社名をNET朝日制作に変更している。1977年には，テレビ朝日映像に社名を変更し，現在はViViAとい

247

⑶ 制作会社テレパックには渡辺プロダクションが出資をしている。また，現在，大手の芸能プロダクションでは，番組制作部門ないしは関連会社を持ち，テレビ番組の制作を担っているところも多い。

⑷ 野地（2010：151-159）は，番組が重なった曜日から「月曜戦争」と呼んでいる。

⑸ 井原がいう「金曜の夜，渡辺プロにやらしてあげようと思ってたワク」では，『うわさのチャンネル』（1973〜1979年，日本テレビ）が始まる。この番組は，視聴率が30％にもなる番組に成長した。

⑹ 有名なところでは，作家の井上ひさし（1934〜2010年）の名が挙げられる。井上は，放送作家になる前，上智大学の学生だった頃から，浅草のストリップ劇場フランス座で文芸部員という，ストリップショーの前座である小喜劇の台本を書く作家として活躍していた。この小喜劇には，渥美清や谷幹一など，その後テレビで活躍する喜劇役者が出演していた。フランス座では，その後さらに，東八郎，コント55号（萩本欽一・坂上二郎），ツービート（ビートたけし・ビートきよし）などのコメディアンや漫才師が，ショーの前座で演芸を披露していた。

⑺ 作詞家，プロデューサーである秋元康が，テレビを中心としたいわゆる「ギョーカイ」で仕事をするきっかけは，彼自身が高校2年生の時，たまたま聞いていたニッポン放送の「オールナイト・ニッポン」に，（募集をしているわけではないのに）「平家物語」のパロディの台本を送ったところ，ニッポン放送から認められた（声をかけられた）ことであったという（田中 1987：64-65）。

⑻ 「ハガキ職人」以外からの放送作家へのキャリアパスとしては，放送作家同士，あるいはタレントのネットワークによる紹介や，放送作家への「弟子入り」，そして，テレビ番組を通した不定期的な募集がある。かつて，『天才・たけしの元気が出るテレビ！！』（1985〜1996年，日本テレビ）では，「放送作家予備校」と銘打って，一般の視聴者から放送作家志望者を募集していた。そこからは，おちまさと，そーたに，都築浩，池田一之，田中直人など，現在も活躍する放送作家が輩出されている。また，日本テレビ系列のCS放送であるCS日本の「電波少年的放送局」というチャンネル（『進ぬ！電波少年』の企画によって作られた）では，『電波少年的放送局企画部　放送作家トキワ荘』という番組企画が放送され，ここでもやはり一般の視聴者から放送作家志望者を募集し，志望者を個室に「監禁」したうえで，番組の企画をひたすら練るということをさせ，その様子がそのまま放送されていた。

⑼ 「製作本能」とは，経済学者ヴェブレンの用語で，個人的な利害にとらわれることなく，例えば「共同体の利害との関係のばあいには，つねに平等，公正な取り扱い，勤労者の誠実といったような感覚が流れている」（Veblen 1919＝1965：35）ような「企業者（entrepreneur または undertaker）が持つ本能」とされている。

⑽ コンプライアンスの重視という点において，放送作家の高須光聖は，いわゆる

第**6**章　テレビ業界における「ギョーカイ」の形成とゆくえ

「低俗番組」と批判を受けていたような時代から，現在のコンプライアンスの時代に変化してきたことを，以下のように指摘している。

> テレビって〝あそこまでのカリスマならば〟と許していたメディアだったのに，今は許せなくなってきたみたいですよね。ドリフにしても〝子どもに見せてはいけない〟という声を無視して作っていたし。テレビが面白くないのはそういうカリスマを作らないからですよね。『トリビア』(引用者注：『トリビアの泉』(2002〜2006年，フジテレビ，以降，特番として放送)) はスターなしでも何とか作れる形を編み出したけど，テレビはもともと一人のカリスマを育ててブームを作ってきたのがこれまでの歴史でしょう。強烈な人がその時代を背負っていたんですよね。
> 　…昔はその人のパワーを吸いたい面白い奴らが集まって，彼の体を借りてムチャなことができるハコがテレビだったと思うんです。でも，今はボクらがコンプライアンス自体を何となく守らざるを得ない，ムチャやってる時代じゃないぞと作家もストップをかけざるを得ない。プロデューサーに無理だと言われると通らないですからね。(日本放送作家協会 2009：296-297)

この指摘は，放送作家という，テレビ局の外から関わっている「職人」的な人間と，テレビ局をはじめとする制作現場における「官僚」的な人間とのズレを表しているように思われる。

(41) ここで述べるようなことは，OB，OGの意見だけではない。一部の現役のテレビ制作者たちの中にも，経験や葛藤の中で，テレビ制作に対する「職人」的なポリシーと意識を持っている人たちは少なからずいる。その例としては，加地 (2013) が挙げられる。加地の著書は，自身の業務における体験を通したビジネスマンに対する指南を目的として書かれているようだが，加地のテレビ制作者としての「製作本能」のあり方を垣間見ることができる。その他，『AERA』誌でまとめられている現役の制作者たちの言説 (福井 2013) においても，同様のことがいえる。

　本来であれば，彼らの言説を紐解きながら，テレビ制作のあり方はもちろん，テレビという文化そのもののあり方についても議論しなければならないのだが，本章の主旨から逸脱するので，ここでは，今後の大きな課題であることを確認するにとどめておく。

(42) この点について，皮肉なことに，テレビ業界がコンプライアンスをより意識するように仕向けたのは，受け手である視聴者であろう。芸能界も含めたテレビ業界の，ある種堅気ではない職業意識とそれに基づいた非定型的な人間関係といった「ギョーカイ」的なものは，視聴者のまなざしによって逆照射されるようにして形成されたといえるが，逆照射した視聴者自身が，「ギョーカイ」的な体質に対してある種

の嫌悪感を持つようになった。視聴者側による嫌悪感を伴うまなざしが，コンテンツ作りを萎縮させているということもできる。
(43) 関口宏は，俳優あるいは司会者としてテレビに出演してきた経験を踏まえて，テレビのあり方にかんして私見を述べているが，その中で，彼自身が経験的に考えた自説を，マクルーハンの『メディア論』（McLuhan [1964] 1994=1987）に触れながら展開している（関口 2012：58-71）ことは興味深い。
(44) テレビ業界などで番組の制作に携わっていた人々を中心に，放送にかんするさまざまな問題などについて情報を交換，発信する「放送人の会」という組織が結成されている。近年，「放送人の会」では，かつて制作者だった人たちによる番組制作現場の証言を発信，記録，保存するプロジェクトを行っている。「放送人の会」が主催するさまざまなセミナーやイベントによって，一般の人々でも放送人の証言にアクセスすることが可能となり，この活動は高く評価できる。今後，「放送人の会」の活動が，まさに，特権的な「ギョーカイ」内で自己満足的に消費される，あるいは，一部の研究者だけに特権的に独占されるのではなく，一般の人々がアクセスしやすいよう，広く証言を公開し，発信していくことが望まれる。
(45) このことは，別の視点から考えれば，まさに「職人」あるいは「芸人」としての職業意識を持った「ギョーカイ」人が，コンテンツ産業における「ものづくり」を支えてきたことを意味するし，コンテンツ産業における「ギョーカイ」人には，ニーガスのいう，「個人的嗜好（テイスト）と職業的判断との強い関係性」，すなわち，「ギョーカイ」人の個性が，コンテンツの制作に大きく関わる，あるいは影響を与えるという特徴が備わっていることでもある。コンテンツ制作における「人物史観」は，「ギョーカイ」的な人材，「ギョーカイ」的な人材同士のキャリア連帯が，新しいコンテンツを産み出す原動力となる，あるいはなってきたことを意味している。一組織人であり，一会社員である人間が，会社組織の枠と関係なく注目されることは，まさに，コンテンツ産業独自の特徴でもあろう。

文献

阿部勘一，2003，「マスコミュニケーションと社会」境忠宏編『共生のコミュニケーション学』研成社，153-183。
阿部勘一，2005，「『テレビ論』再考――送り手からの『テレビ論』という視点から」『国際経営・文化研究』10(1)：1-18。
阿久悠，1993，『夢を食った男たち――「スター誕生」と黄金の70年代』毎日新聞社［1997，小池書院（道草文庫）］。
生明俊雄，2004，『ポピュラー音楽は誰が作るのか――音楽産業の政治学』勁草書房。
福井洋平，2013，「ヒットの仕事術――やっぱりテレビはおもしろい」『AERA』26(6)：10-14。

萩元晴彦・村木良彦・今野勉，1969，『お前はただの現在にすぎない——テレビに何が可能か』田畑書店［2008，朝日文庫］．
井原髙忠，1983，『元祖テレビ屋大奮戦』文藝春秋社．
井原髙忠，2009，『元祖テレビ屋ゲバゲバ哲学』愛育社．
今野努，1967，「テレビ的思想とは何か」『映画評論』24(3)：40-49．
今野勉，2009，『テレビの青春』NTT出版．
伊豫田康弘・上滝徹也・田村穣生・野田慶人・八木信忠・煤孫勇夫，1996，『テレビ史ハンドブック』自由国民社［1998，改訂増補版］．
居作昌果，1999，『8時だョ！全員集合伝説』双葉社［2001，双葉文庫］．
加地倫三，2012，『たくらむ技術』，新潮社新書．
小林信彦，2002，『テレビの黄金時代』文藝春秋［2005，文春文庫］．
McLuhan, Marshall, 1964, *Understanding Media : The Extensions of Man*, McGraw-Hill［1994, The MIT Press.］（＝1987，栗原裕・河本仲聖訳，『メディア論』みすず書房．）
Negus, Keith, 1996, *Popular Music in Theory : An Introduction*, Polity Press.（＝2004，安田昌弘訳，『ポピュラー音楽理論入門』水声社．）
日本放送作家協会編，2009，『テレビ作家たちの50年』NHK出版．
野地秩嘉，2006，『芸能ビジネスを創った男』新潮社．
野地秩嘉，2010，『昭和のスター王国を築いた男渡辺晋物語』マガジンハウス．
太田省一，2007，「視るものとしての歌謡曲」長谷正人・太田省一編『テレビだョ！全員集合——自作自演の1970年代』青弓社，55-79．
Peterson, Richard, 1990, "Why 1955？: Explaining the advent of rock music," *Popular Music*, 9(1)：97-116.（＝2006，川島漸・山田晴通訳「なぜ，1955年だったのか？——ロック音楽の出現を解き明かす」『人文自然科学論集』122：135-176．）
佐藤忠男，1995，『日本映画史 2』岩波書店．
佐藤卓巳，2008，『テレビ的教養——一億総博知化への系譜』NTT出版．
佐藤孝吉，2004，『僕がテレビ屋サトーです——名物ディレクター奮戦記』文藝春秋．
佐藤義和，2011，『バラエティ番組がなくなる日』主婦の友新書．
関口宏，2012，『テレビ屋独白』文藝春秋．
田原総一朗，1990，『テレビ仕掛人たちの興亡』講談社［1993，『メディア・ウォーズ——テレビ仕掛人たちの興亡』講談社文庫］．
田中良明，1987，『秋元康の世界』近代映画社．
植村鞆音・大山勝美・澤田隆治，2012，『テレビは何を伝えてきたか——草創期からデジタル時代へ』ちくま文庫．
梅棹忠夫，1988，『情報の文明学』中央公論社．
Veblen, Thorstein, 1919 *The Theory of Business Enterprise*, Charles Scribner's Sons.

（＝1965, 小原敬士訳,『企業の理論』勁草書房。）
横澤彪, 2009,『テレビの笑いを変えた男横沢彪かく語りき』扶桑社。
山下勝・山田仁一郎, 2010,『プロデューサーのキャリア連帯』白桃書房。
吉田正樹, 2010,『人生で大切なことは全部フジテレビで学んだ』キネマ旬報社。

第7章

インフォーマル組織「ギョーカイ」のレゾンデートル
――広告産業の視点から――

井出智明

1 メディア・広告産業「業界」の確立
―ギョーカイ形成の系譜①―

　本節では，時代背景を踏まえた必然性により，メディア・広告産業界に内部構造として「業界」が形成されていく過程を論ずる。

広告ビークルの発達と産業の近代化

　現代までの広告産業史の時代区分を，広告を媒介伝達する技術の進化で分類し，その技術の代表的な広告ビークル（媒体）群の日本国内における勃興期で大別すると，図7-1のような4区分に分類できる。[1]

　日本におけるギョーカイ形成を歴史的に紐解く場合，広告ビークルとしてのメディア産業の発展とその産業界形成過程とを切り離して語ることはできない。図7-1における第1期は広告の萌芽期であるが，日本でも近世以前から看板[2]やのぼりなどの店頭周りツールや商品パッケージなどの形で広告が社会に現れ，ビジネスの実態化が進んでいる。ただし当時の広告表示物は広告主や職人による手製のアイテムや木版印刷などが中心であり，情報の伝達可能な範囲はかなり限定されていた。しかし明治中期に輪転印刷機が登場する第2期以降，大量の印刷が物理的に可能となり，新聞や雑誌などのメディアをビークルとして，大衆に対して広く一様に情報を伝達するビジネスとしての広告が社会に定着す

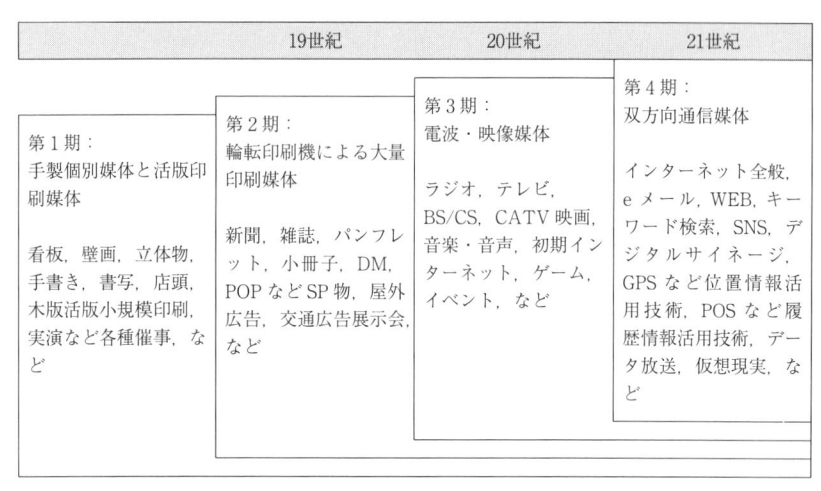

	19世紀	20世紀	21世紀
第1期： 手製個別媒体と活版印刷媒体 看板，壁画，立体物，手書き，書写，店頭，木版活版小規模印刷，実演など各種催事，など	第2期： 輪転印刷機による大量印刷媒体 新聞，雑誌，パンフレット，小冊子，DM，POPなどSP物，屋外広告，交通広告展示会，など	第3期： 電波・映像媒体 ラジオ，テレビ，BS/CS，CATV映画，音楽・音声，初期インターネット，ゲーム，イベント，など	第4期： 双方向通信媒体 インターネット全般，eメール，WEB，キーワード検索，SNS，デジタルサイネージ，GPSなど位置情報活用技術，POSなど履歴情報活用技術，データ放送，仮想現実，など

図7-1　広告ビークル分類からみた広告産業史

る。そして，そうしたメディアの全国的拡大とともに，通信社や新聞社，出版（雑誌）社などの広告営業代理を行う「広告代理店」による広告代理業が産業として拡大していく。

　やがて大東亜戦争（第二次世界大戦）の終戦と時を同じくして，第3期を迎える。第3期では，ラジオ・テレビなどの商業電波媒体がスタートし，広告ビジネスの規模と質が大きく変貌する。広告媒体としての規模においては，ラジオ放送は発足2年目の1952年には雑誌を抜き，新聞に次ぐ第2のメディアとなる。テレビ放送は，発足時こそ受像機普及が追い付かず低迷したが，5年目の1957年には雑誌を抜き第3のメディアに，7年目の1959年にはラジオを抜き第2のメディアに，そして23年目の1975年には新聞を抜いて第1のメディアになる。こうした放送産業と広告産業の規模的躍進の背景としては，ラジオ受信機やテレビ受像機の物理的普及とともに，放送関係者の番組制作能力と技術の向上による放送コンテンツそのものの質の向上が重要であったことに疑念の余地はない。ただし産業としての放送の発展を考えると，広告産業における質的変化＝近代化に注目する必要がある。

第7章 インフォーマル組織「ギョーカイ」のレゾンデートル

　広告会社である電通「中興の祖」といわれる第4代社長吉田秀雄（社長在任期間：1947年～1963年）は，終戦直後から，「広告は平和産業」という信念の下，広告産業の近代化を意欲的に推進した人物である。当時の諸状況により社内外で孤立することさえありながらも戦前から主体的に取り組んできた商業放送（ラジオおよびテレビ）をビジネスとして軌道に乗せた吉田は，さらに範を広告先進国であったアメリカに求め，戦後の復興を成し遂げる経済発展には広告が重要な役割を持つという確信の下，広告宣伝のあり方そのものを変えることに邁進した。すなわち，吉田は，「広告は科学であり，芸術である。科学と芸術の融合活動である」（AD STUDIES 編集部 2003）と規定し，それまでの広告産業が通信社・媒体社の下請けとしての広告代理人に過ぎなかったところに，「科学的作業意識」と「芸術的創作意欲」を導入することで，単なるスペース取り次ぎ役の「広告代理業」から，広告主にも媒体社にも付加価値を提供する近代産業としての「広告業」へと進化させようとしたのである。

　広告産業史的に見ると，吉田の功績として特筆すべき点には次のようなものがあげられる。

1．AE（Account Executive）制である「総合連絡制」の導入[4]
2．最新マーケティング理論の導入と実践
3．クリエイティブの活性化と質的向上
4．先進PR（パブリック・リレーションズ）理論の導入と実践
5．各種（マーケティング，世論，部数など）調査の励行，広告計画の科学化
　　→新聞発行部数公開制度の実現，テレビ視聴率調査システムの開発
6．広告料金の合理化，広告取引の健全化・近代化
7．広告関係団体の整備

　第2期の新聞雑誌広告まではまがりなりにも印刷物という手に取ることのできる物理的商品（モノ）が存在した。現在から振り返ると，第2期までの広告ビジネスにおいても，実際には広告スペース（枠）という場を通してそこに表

現された内容が形成する商品や企業のブランドイメージや情報を売っていたのだが，当時としては物理的な広告スペースの売買という意識がどうしても強かった。

それに対して第3期以降の電波媒体における広告はフローであるため，金員との物質的物理的交換物としての商品（モノ）が手に取って確認できないうえに，取引額が比較的高額となった。終戦直後の商業放送立ち上げ時に経済界の理解を得るのに孤立しながら苦しんだ経験から，アメリカにおける初期通信産業のように「よくわからないが何となく夢があり面白そう，効果が期待できそう」という程度の漠然とした雰囲気だけでは広告主は納得せず，したがって商業放送の継続は難しいと吉田は考え，アメリカ流の調査データに基づく科学的広告理論や手法を導入したのである。

また広告産業の近代化には広告取引の近代化も重要であった。新聞産業においては以前より広告料金の定価は決まっていたが，諸条件によりしばしば料金は流動的であった。特に，戦後，自由競争により広告スペースが供給過剰になると，極度の値引き合戦などが横行し，広告取引の不透明性が一挙に増大した。また戦前から広告主が公開を希望していた新聞の発行部数は新聞社経営上の最高機密であり非公表が常識であった。広告取引の近代化には，広告取引の健全化と広告価値の客観性導入が必要と考えた吉田は，新聞広告料金の逓減料率制と発行部数公開制度の導入を提唱した。特に発行部数についてはGHQ勧告もあり，不透明性に不満を持っていた広告主サイドも，料金値崩れによる経営危機に瀕していた新聞社サイドも，これらの提案を随時受け入れることとなる。こうした過程を経て放送広告ではその轍を踏まぬよう，初期からルール化がすすめられた。こうして徐々に広告産業の近代化は進み，社会的に認められる産業分野のひとつとなっていった。

業界団体の発足によるマクロ「業界」の形成——1950～60年代

戦前より存在する新聞産業では，戦時中の新聞統制による新秩序（1県1紙制）形成の影響と，言論統制・大本営発表の鵜呑み掲載・戦意高揚先導など結

第7章　インフォーマル組織「ギョーカイ」のレゾンデートル

果的に戦争情宣活動へ加担してしまったことへの責任意識からか，業界倫理の向上を目的としていち早く業界団体を発足させている。またラジオ・テレビ放送産業でも商業放送のスタートとほぼ同時に業界団体が発足しているが，それは新産業の自発性というよりも，そもそも紙と電波の系列化も含めて資本背景となる企業群の影響が大きいものと考えられる。広告産業はその両者と密接に関係しているとともに，電通の吉田による産業近代化策のひとつとして業界団体の整備に注力していたため，ほぼ同時期に広告関連団体を発足させて，産業界を形成していくこととなる。

各産業の構成メンバー企業が集結して各業界団体が形成される。加えて，ビジネス上の関連性から異業種関係各社間での連携も必要となり，業界をまたいだ，いわばハイブリッドな業界団体や組織，企業が形成されることとなる。戦後から高度経済成長期にかけて現在の組織またはその前身団体が発足しているメディアや広告に関係する業界団体および関連組織を，主なものについて発足年とあわせて列挙すると次のようになる（なお，団体名の法人格などは省略して表記し，後述する「異業種によるハイブリッド性」がある組織には「H」の文字を付記する）。

日本新聞協会（1946年），日本広告業協会（日本新聞広告業者協会，1950年→日本新聞放送広告業者協会，1956年），日本民間放送連盟（1951年），全日本広告連盟（1953年）H，日本ABC協会（ABC懇談会，1955年）H，日本雑誌協会（1956年），日本アドバタイザーズ協会（日本広告主協会，1957年），日本マーケティング協会（略称JMA：1957年）H，全日本屋外広告業団体連合会（1958年），全日本シーエム放送連盟（通称ACC：CM合同研究会，1960年→全日本CM協議会，1963年）H，株式会社ビデオリサーチ（1962年）H，日本アド・コンテンツ制作社連盟（略称JAC：日本テレビコマーシャルフィルム製作者連盟，1962年）H，日本パブリックリレーションズ協会（日本PR協会，1964年＋PR業協会，1974年）H，放送倫理・番組向上機構（通称BPO：放送番組向上委員会，1965年→放送番組向上協議会，1969年＋放送と人権など権利に関する委員会機構（BRO），1997年），日本広告学会（1969年）H，ACジャパン（関西公共広告機構，1971年→公共広告機

構,1974年）H,日本広告制作協会（日本広告制作会社連盟,1973年),日本広告審査機構（略称JARO,1974年）H,日本マーケティング・リサーチ協会（JMRA,1975年）H。

　一般的に同業種企業群が協会や連盟などの当該産業界団体を発足させる主な目的は,産業自体の認知向上や理解醸成,親睦を含めた同業社共同体化による連携強化,産業界の健全な発展や社会的地位向上,業界総体としてのビジネス推進の円滑化や効率化,内規的自主ルールおよびマナー制定による社会的信頼の向上やビジネス・リスク回避,行政やマスコミなど外的圧力に対する共同対抗や回避手段の確保などである場合が多い。メディアおよび広告産業の各団体においても,その多くはこうしたことを目的としていると考えられる。ただし,他産業群と比較して特徴的なことのひとつは,産業主体となる媒体社や広告会社などの直接事業者だけではなく,ユーザーである顧客側も含めた,いわばハイブリッドな業界団体も同時に多様に形成されていることにある。例えば全日本広告連盟や日本ABC協会,日本マーケティング協会他では,広告会社や媒体社というプレイヤーよりも,広告という手段を自社ビジネスの展開上利用するユーザーである広告主企業の方が会員の主体（決して少数派ではなく多数加盟しているという意味であり,主導権があるという意味ではない）となっているケースもある。しかも当然ながらそうした会員企業の業種は非常に多岐に渡っており,経済（経営者）団体を除くとこうした広範囲の業種企業がひとつの業界団体として存在すること自体が珍しいといえる。広告業界でそうしたハイブリッドな業界団体が形成された理由としては,主に次の3点が考えられる。

1. 国内商業放送事業の立ち上げ時に顧客側である経済界（広告主）も資本と実務の両面で協力して産業化を進めてきたという歴史的要因
2. 広告産業の近代化では根拠やデータに根差した科学的アプローチにより顧客（広告主）の理解やビジネス合理性（有効性,採算性）を担保しようと考えた。しかし,特に当初は具体的に実行可能なことには限界があったため,広告主側とも共同体化することで現実を踏まえた相互理解を進めようと考

えたという実務的要因
3．広告会社，媒体社，クライアント企業のスペシャリスト，大学やシンクタンクでの研究者，政府政策担当者などの間で比較的人材の流動性が高い欧米（特にアメリカ）での通例に倣った形式模倣的要因（ただし，日本では終身雇用制が一般的で，人材の流動性はかなり限定的であった）

「『ギョーカイ』的業界」意識の萌芽――1970年代

　放送広告では手に取ることのできる具体的なモノが存在しなかったため，広告主側も理論的にはもちろん特に現場実践経験のある人は実感的にその有効性を理解していたものの，データ不足もあり財務経理担当者（役員）などへの合理的説明は難しいという側面が少なからず存在した。機械的視聴率調査は比較的早期にスタートしている(8)ものの，日本国内でビデオテープレコーダーなどの磁気記憶再生装置が一般的に普及するのは1970年代後半に民生用VHSレコーダーが登場して以降である。それまでは業務用の機器の普及自体が限定的であり，実際のオンエア視聴以外で何らかの証左を以って放送された事実を確認すること自体もあまり一般的ではなく，口頭および文書でのやり取りが主流であった。すなわち多くの場合，広告主と広告会社，広告会社と放送局との間での公私両面に渡る人間関係作りを通じて醸成される相互信頼関係だけが主たるエビデンスであるという時期がしばらく続いた。必然的に日常的な人間関係作りがビジネス推進上非常に重要となり，濃い関係が形成されることとなる。

　放送産業では放送各社間でのライバル意識もありながら同じ放送人としての連帯意識も強かった(9)。そして企業色ともいうべき局ごとの「ノリ」と並行して，同じ放送人として，番組制作現場なり営業現場なりそれぞれの職域共通の「ノリ（常識，マナー，文化，慣習）」が徐々に形成された。また放送人と広告人との間でも，立場は違えども民間放送ビジネスをより発展させたいという想いは共通であったため，その「ノリ（常識，マナー，文化，慣習）」の一部が共有されていった。

　一方で放送広告ビジネスの性質上，時間は止まることなく進行するため，比

較的短時間で臨機応変にその場その場で大小さまざまな判断を迫られることもある。ゆえに担当者の人事異動などがあってもあまり悠長に新たな人間関係作りに時間をかけているわけにもいかないという事情もあった。そんな中，いわば即席の人間関係作りを容易にするためにある種のコミュニティ・マナーが形成されていく。放送人や広告人には好奇心やサービス精神が旺盛な人物も多かったため，公私に渡る人間関係作りにおいても，遊び心をふんだんに織り込まれた手法が好まれて選択されていった。一例をあげると，異なる会社間であっても入社年次による上下関係があるかのように対応する，一度会えば次からは（場合によっては初対面でも）年次が上の人間は親しみを込めて疑似同期および後輩を呼び捨てや「ちゃん」付けで呼ぶ，若手はもちろん中高年でも相手の胸襟を開くためにわざとおどけた表現やしぐさを用いる，実際に行うかどうかは別にして必ず近いうちにご飯を食べる約束をする，ゴルフやカラオケをはじめとする時間外での私的交流も重視する，などである。結果として，一般的なビジネスの世界から見ると違和感を否定できない，初対面でも妙になれなれしく振る舞う何やら独特の人物集団が形成されていく。こうして独自の文化や慣習を有するムラ社会的存在が，ギョーカイとして顕在化する前段階の潜在的な形での「ギョーカイ的業界」として徐々に輪郭を明確にしていった。

2　ギョーカイの顕在化
―ギョーカイ形成の系譜②―

　本節では，メディア・広告産業界の内部構造として形成された「業界」が，ギョーカイとして顕在化していく過程を論ずる。

ギョーカイの発芽――1980年代前半
　高度経済成長期を経て，放送産業および広告産業は社会全体の中で一定のポジションを得るまでに至る。しかし，鉄鋼，機械，化学などの重厚長大産業群，銀行，建設，エネルギーなどの社会基盤産業群，自動車，家電，食品などの生

活基盤産業群などと比較した場合には，産業全体としての規模も小さく，どちらかというと受身的⁽¹⁰⁾で市場経済への影響力も低いと考えられていたことから，産業としての存在感は必ずしも大きいとはいえなかった。

　放送産業においては，高度経済成長に伴い拡大した国内広告需要を背景に，販売営業努力よりも番組コンテンツの生産供給が優先される傾向にあった。すなわち放送局の営業担当者の人数は限られていたうえに人気のある（視聴率の高い）番組を作れば売上高や売上高総利益などの営業数字はある程度自動的についてきたので，広告主への対応は番組提供などが決まってからのアフターフォローを中心に行い，販売営業に関しては広告主情報をより多く有している広告会社と連携して進めることが多かった。テレビやラジオの主役は基本的には番組であり，出演タレントであったので，ごく一部のアナウンサーなどの職種を除くと，職務通り裏方に徹する放送人が多かった。放送会社そのものやその企業活動自体が社会の話題となる機会は少なかったのである。

　また元々媒体社の広告代理としてスタートした日本の広告産業ではさらにその裏方意識は強く⁽¹¹⁾，一般生活者が目にする「広告」という表舞台における主役はあくまでも商品であり広告主企業であり，徹底して表舞台には立たず，社会的に目立つような言動は慎む，という意識が強かった。

　しかし，1980年代に入り，こうした放送産業と広告産業に転機が訪れる。一部のタレントやクリエイターが放送人や広告人の慣習や文化，コミュニケーション手法の一部表層面を部分的にとらえ，テレビやラジオ，雑誌などのマスメディアにおいてカタカナで書くギョーカイという用語を用いて⁽¹²⁾，ムラ社会をデフォルメして面白おかしく一般社会に紹介し始めたのである。漢字で書く「業界」は主に「産業界」の意味であり，「同じ産業にたずさわる人々の社会」（岩波書店『広辞苑』第二〜六版）という意味で普通に使われる一般用語である。しかし，1998年発行の広辞苑第五版以降に付記される「特に，マスコミ・広告などに関係する人々の社会」というニュアンスが，カタカナで書くギョーカイである。

　1980年代の，ギョーカイという用語の概念形成および社会定着においては，

コンテンツ・クリエイター会社「ホイチョイ・プロダクションズ」とタレント「とんねるず」が非常に大きな役割を果たしている。

　「ホイチョイ・プロダクションズ」は株式会社日立製作所の宣伝部に勤務していた馬場康夫(ばばやすお)(1954年8月18日生まれ)が1984年に設立した各種コンテンツ・クリエイター組織(制作会社)である。馬場がまだ日立製作所在任中の1981年より小学館発行の『ビッグコミックスピリッツ』において広告業界を舞台とした4コママンガ「気まぐれコンセプト」の連載を開始。これは現在もなお連載が継続している人気企画である(2013年11月現在)。また時代のトレンドを軽妙につかみ、1983年『見栄講座』(小学館)、1987年『極楽スキー』(小学館)、1994年『東京いい店やれる店』(小学館)といった出版企画を次々とヒットさせている。さらに1987年『私をスキーに連れてって』、1989年『彼女が水着にきがえたら』、1991年『波の数だけ抱きしめて』のホイチョイ3部作と呼ばれる映画でも大ヒットを飛ばし、若者文化をけん引してきた。[13] 他にも『マーケティング天国』(1988年)、『カノッサの屈辱』(1990年)などテレビ番組の企画でも大ヒットを生んでいる。代表作品『気まぐれコンセプト』は白クマ広告社という広告会社(代理店)に勤める主人公ヒライ(かなり軽くてお調子者)の生活や行動、考え方が中心に描かれている。舞台や題材としては、クライアントであるカブト自動車の財前五郎宣伝部長や直属上司のクマダ、CMプランナーのマツイやナオエなどほかの登場人物との、ビジネスから私生活に至るまでのやり取りが中心となる。ヒライやマツイの言動は、かなり面白おかしくデフォルメされてはいるものの、基本的には広告会社での日常的なやり取りのツボをとらえて表現しているものが多い。また扱われる話題も世間一般にわかるネタから広告業界の内輪ネタまでかなり多岐にわたり、内容的にも突っ込んだものとなっている。多少の歪みや誤解はあるものの、広告業界と無縁の一般人、特に若者に対して、今まで未知の世界であった広告業界をギョーカイとして紹介するには十分であった。

　「とんねるず」は石橋貴明(いしばしたかあき)(1961年10月22日生まれ)、木梨憲武(きなしのりたけ)(1962年3月9日生まれ)からなる二人組タレントである。高校卒業後の1980年よりタレン

ト活動を開始し，1982年『お笑いスター誕生!!』のグランプリ獲得をきっかけに，1983年4月スタートのフジテレビ人気深夜番組『オールナイトフジ』(～85)，1985年『夕やけニャンニャン』(～87年，フジテレビ)，『オールナイトニッポン』(～92年，ニッポン放送)，1987年『ねるとん紅鯨団』(～94年)，1988年『とんねるずのみなさんのおかげです』(～97年，関西テレビ)→『とんねるずのみなさんのおかげでした』(2013年11月現在継続中，フジテレビ)，1991年『とんねるずの生でダラダラいかせて!!』(～2001年，日本テレビ)など自らの冠番組を含む大ヒット番組に出演(一部は企画も)し，女子大生ブーム(オールナイターズ)，女子高生ブーム(おニャン子クラブ)，ねるとんブームなどの若者文化を牽引する，時代を代表するタレントとなった。またコミックソングも含む，数々のヒット曲を生み出し，CD販売数のみならず，NHK紅白歌合戦へも出場するなど歌手としての実績も豊富である。「とんねるず」は，自らのタレント活動のネタとしてメディア・広告産業界を取り上げ，ギョーカイを顕在化させた。例えば，タレントとしての地位が確立してくると，自らがメインMCやパーソナリティを務める『オールナイトフジ』や『オールナイトニッポン』などの番組で，軽妙かつ軽薄なトーンで「シースー(寿司)」，「ギロッポン(六本木)」などの隠語表現や，「ジェネ(ジェネレーター，発電機)」や「ばみる(立ち位置などを決める，その印をつける)」などの撮影現場用語や舞台用語を，ギョーカイ用語として放送関係者などが日常的に使っているような様子をコントやトークのネタにし，そのネタを番組収録やステージで積極的に使用し，ギョーカイ用語を社会に広げ，定着させていった。また，自らのマネージャーや小中高校時代の同級生，番組スタッフなど，本来は視聴者が興味関心を持ちえない，まったく関係のない人物のエピソードをトークネタにした。これらは特にラジオにおいてタレントとそのファンが私的世界観を共有することで親近感を醸成する手法として成功し，後のタレントたちにとっては人気獲得のためのスタンダードな技法のひとつとなった[14]。またスタッフの表舞台への担ぎ出しについては，番組プロデューサーやディレクター，マネージャーなどだけには止まらず，それまで決して表に出ることのなかった番組制作スタッフや技

術スタッフ，例えば，カメラマン，カメラアシスタント，音声，照明，大道具，小道具のスタッフにまで及んだ[15]。その流れの究極の形としては，番組の裏方スタッフとともに結成した音楽パフォーマンスグループ「野猿」の例が挙げられる（後述）。

ギョーカイ・イメージの確立——1980年代中盤

　用語としてのギョーカイがイメージさせるものやニュアンスは，その使用者によって，多少ばらつきはありながらも，特にバブル期を経て，ある一定方向のベクトルに集約されていく。例えば，あるタレントがギョーカイ人の会話と称して「ザギンでチャンネーとシースー（銀座で若い女性とお寿司を食べる）」などというような表現を使う。とんねるずの例に見られるように，こうした表現自体は，それまでテレビやラジオや雑誌，広告などの業界で慣習的に使われてきた隠語的表現の一部を面白おかしく強調した話芸のひとつに過ぎない。しかし，テレビの視聴者やラジオの聴取者に対して，そうした言葉，いわゆるギョーカイ用語を駆使する，軽薄で妙になれなれしい不可思議な人物群の存在をイメージさせるには十分であった。さらにこうしたギョーカイの人間は，元々エンターテインメント領域に興味関心が高いにもかかわらずそれまでは裏方的存在に徹していたに過ぎないので，やや揶揄的な表現すら面白がって受け止め，にわかに脚光を浴びることを拒否しなかった。というよりもむしろ積極的に楽しんだ人々も大勢いた。こうして定着していったのが，派手で軽薄で妙に馴れ馴れしい人物群としての「ギョーカイ」イメージである。

　また他方で，例えば「とんねるず」のような若者から見てカリスマ性のある知名度の高い芸能人やタレントなどが「ギョーカイの人（ひと）」「ギョーカイの方（かた）」「ギョーカイなめてんじゃねえぞ」などの形で，ある種の畏敬の念を滲ませつつギョーカイという言葉を使用するケースも出てくる。普通に考えれば，そのタレントがビジネス上でつきあいのある人物との関係性を単に面白おかしく味付けして誇張しているだけの表現に過ぎないわけだが，テレビやラジオの一般視聴者・聴取者，特に若者目線では，自分たちが憧れるタレントさえも牛耳っ

ているかのように聞こえる黒幕的人物群としてのギョーカイ人と，それらの人々が棲息する謎めいた特定の秘密領域としてのギョーカイを妄想にも近い形でイメージし，ある種の憧憬の念を抱かせることとなった。(16)こうして，いかにも軽薄でありながらなぜか大物芸能人をも畏れさせる謎の存在としてのギョーカイの認知促進，理解醸成は加速していったのである。

業界人による「ギョーカイ」イメージ形成──1980年代後半から1990年代前半
　1987年にフジテレビの月9枠（月曜日夜9時台のドラマ枠）で連続放映された業界ドラマシリーズは，自社も含めたフジサンケイグループ各社を舞台としたまさに「ギョーカイ」ドラマシリーズであり，ギョーカイ人制作による「ギョーカイ」プレゼンテーションの番組群であった。そこでは，フジテレビジョンのアナウンサー（『アナウンサーぷっつん物語』4〜5月），映像制作スタッフ（『男が泣かない夜はない』5〜8月），番組企画担当（『荒野のテレビマン』11〜12月），さらにグループ会社であるニッポン放送の営業担当（『ラジオびんびん物語』8〜9月），同年改編された新レコード会社ポニーキャニオンのプロモーション担当（『ギョーカイ君が行く！』10〜11月）などを主人公としてとりあげ，その活躍と苦悩が描かれることで，謎の存在としてのギョーカイ人ではなく，一人の職業人が生活する場としてのギョーカイが紹介された。このドラマシリーズでは，面白おかしく奇抜で派手な行動をとる側面ばかりが強調されるのではなく，本来は裏方的な存在であり，実は地道な作業の積み重ねであるギョーカイ現場での人間ドラマも描かれていた。しかし，同時期に形成された軽薄でありながら畏敬の対象という謎のギョーカイ人の強力なイメージを払拭するまでには至らなかった。
　なおテレビでの「業界（ギョーカイ）」紹介ドラマの老舗といえば，もともとアメリカでは1960年代から70年代にかけて放映され，日本では1980年代もそして現在（2013年）でも再放送されているアメリカの人気テレビドラマ（シチュエイション・コメディ）シリーズ『奥様は魔女』があげられる。主人公の魔女サマンサの夫ダーリンは広告代理店の若き重役兼コピーライター兼プランナ

ーであり，ドラマ内でもプレゼン（プレゼンテーション：企画提案）やコンペ（コンペティション：企画競合）などの様子のほかに，クライアントとのやり取りや関係性に言及した表現も頻繁に登場する。

そのほかにも1980年代以降，マンガやドラマでは実在する広告会社名をもじって，「電報堂」・「博通エージェンシー」（弘兼憲史『島耕作』シリーズ）や，「電王堂」（柳沢きみお『特命係長只野仁』シリーズ）あるいは「便通」（村祭まこと『ビッグ・スギのまんがゴルフ教室』）などの表現をしばしば目にするようになる。またそれまでは裏方中の裏方であった「広告代理店」や「広告マン」というような業種・職業人呼称も一般によく使われるようになる。[17]

また少し変わったギョーカイ企業紹介としては，『電通』（田原 1981）という書籍などもあげられる。ジャーナリストでもある田原が，「築地CIA」（筆者補足：情報を司るという意味でアメリカ中央情報局CIAを捩ったもの。当時電通の本社は築地にあり，メディア・広告業界の隠語では「電通」を「築地」と呼んでいたことに由来する。）というような刺激的な表現を用いたことで，社会の裏方である広告会社の一面が過大評価され，謎めいた雰囲気でかなりデフォルメされた形で紹介されることとなった。

またフジテレビの業界ドラマシリーズでも取り上げられたように，アナウンサーという企業職業人が脚光を浴び，放送局に在籍したままタレントと同等の扱いを受けるようになり，やがて独立してフリーアナウンサーやタレントとして活躍する道もあるという先鞭をつけたのもこの時期である。草野仁（1985年NHK退職），木村太郎（1988年NHK退職），徳光和夫（1989年日本テレビ退職），生島ヒロシ（1989年TBS退職）などのベテラン男性アナの例のほか，各種バラエティで活躍したフジテレビの女子アナや，日本テレビの女子アナでグループを組みCDデビューまで果たしたDORAの例（1993年）などがある。

ギョーカイ成熟～過熟期──1990年代後半～2000年代前半

それまで，放送局や一部雑誌出版社，大手広告会社の社員などを中心にカテゴライズされてきたギョーカイのカテゴリーがこの時期に拡大を見せる。

第7章 インフォーマル組織「ギョーカイ」のレゾンデートル

裏方職種のタレント化ともいえる動きも含めて，メディア・カテゴリー（放送局・雑誌社・広告会社中心の意）からコンテンツ・カテゴリー（番組・映画・音楽・ゲームなどの制作者やクリエイターなども加わったという意味）へとギョーカイが拡大していく。

その顕著な例のひとつが，ボーカルダンスユニット「野猿」（1998～2001年活動）である。「野猿」はテレビ番組『とんねるずのみなさんのおかげでした』から派生したユニットで，番組メインMCのとんねるずをリーダーに，カメラ，照明，大道具，小道具などの番組制作スタッフを擁し，シングル11枚，アルバム3枚をリリースした一大人気ユニットであった。当該番組以外のテレビやラジオでも数多く紹介され，普段ほとんど目にすることのない，どちらかというとガテン系職種のスタッフの職務内容や勤務の様子なども紹介された，究極の「ギョーカイ」プレゼンテーションであった。

また他には，1994年に電通から独立した佐藤雅彦，2000年に博報堂から独立した佐藤可士和などのスタークリエイターによる，裏方職種のタレント化の動きがあげられる。もちろんクリエイターという職業自体がもともと人気商売であるため，フリーのクリエイターにとってタレント化志向は宿命であり，営業活動の一環ですらある。しかし大手広告会社企業人としてのクリエイター，すなわちCMプランナーやコピーライター，アートディレクターなどの専門職の場合，社内外での派手な売り込み活動はそれほど必要ないので，広告賞受賞などの堅実な実績作りを志向する傾向にある。しかし佐藤らの活躍に見られるように，ある一定の実績と志向の下に自らの可能性にチャレンジして，企業人を卒業する例が顕著になり出したのもこの時期である。

さらに別の視点でのギョーカイ概念の拡大（過熱）には，タレントによる事務所や養成所紹介なども含まれる。「人力舎タレント」や「松竹芸能タレント」，「さすが吉本」などの表現に代表されるようにお笑い芸人が所属事務所名を積極的にアピールしていく流れや，タレントのマネージャーがテレビやラジオに出演するなどの流れもこの時期から一般的となる。今では吉本興業所属タレントが日常的に口にする「NSC（吉本総合芸能学院）同期」などの概念もここに含

まれる。それまでは、タレントの所属事務所や養成所の存在などは完全に裏話であり、ギョーカイ人か、オリコンなどごく一部の業界専門誌の読者だけが気にする限定情報であったわけだが、タレント本人がメディア上で頻繁にそれを口にすることで、一般生活者にとっても常識的で身近な情報となった。そういった意味でギョーカイの壁はより低くなり、ギョーカイはより身近な存在に感じられるようになっていく。しかし、それは同時に、ある種のカリスマ性を持って語られてきた「ギョーカイ」ブランドにとっては行き過ぎであり、希少性や畏敬感が低減することで、ブランド価値は大きく減損した。その意味で本章では「過熱」と表現した。

3　インフォーマル組織ギョーカイの無形資産性

　本節では、1節で述べたような過程を経て形成され、2節で述べたように期せずして顕在化した、メディア・広告業界のインフォーマル組織たるギョーカイが産業界内部で果たしてきた役割の無形資産（Intangible Asset）[18]性について論ずる。

ギョーカイの二面性と無形資産性

　1節と2節で断片的に触れてきたようにギョーカイは二面性を有する。すなわち多くの人が知るような1980年代になってデフォルメされて顕在化した産業界ブランドイメージとしての一面と、それ以前特に70年代から80年代にかけて産業が急速に拡大する過程である種の必然性に基づいて形成された商慣習や手法、マナーなどもしくはそれを遵守する関係者の集合体としての一面である。ただしこの二面は表裏の関係ではなく、いわば球の表層と内部というような関係である。すなわち、人々の目に触れるという意味での表層と、一般的には見えないという意味での内部とで構成されている。説明のわかりやすさとして球の表層と内部という表現を用いたが、ギョーカイ当事者たちの感覚としては、むしろ、肉体と精神、もしくは、顔と心に近いかもしれない。というのも、

第7章　インフォーマル組織「ギョーカイ」のレゾンデートル

産業発足当初から永年かけて確立され共有されるに至った商慣習や手法は，すでに固有の「文化」であり，さらに「魂」や「スピリッツ」に近い要素も包含しているため，ある意味での「アイデンティティ」に近い存在ですらあるととらえている人も少なくないからである。

ギョーカイにおける常識となった商慣習や手法は，急速に拡大した放送や雑誌などのメディア産業と広告産業界の歴史的制度不備を補うための存在として発展した。すなわち，ビジネス現場の円滑化や効率化を意図して形成され，運用されてきたのである。そういう意味で産業発展において，多大な貢献があったことを認め，本節で無形資産性を論ずることとした。

メディア・広告産業界特有の商慣習や手法，マナー

ビジネス現場の円滑化や効率化のためにインフォーマルに設定された商慣習や手法，マナーなどの主なものには次のようなものがある。

（A）指揮命令系統単純化のためのムラ社会化
　（A-1）社歴（入社年次）による封建制度
　（A-2）社歴封建制度の業界内共有による秩序形成
　（A-3）相互扶助的発想
（B）信頼関係構築のためのコミュニケーション補助手法
　（B-1）信頼関係の構築重視
　（B-2）自主的ピエロ化
　（B-3）二面性コントロール
　（B-4）ギョーカイ用語
（C）産業安定化のために日本の広告会社が有した特性
　（C-1）マクロ的営業機能
　（C-2）金融調節機能
　（C-3）金融信用機能

（A）指揮命令系統単純化のためのムラ社会化

　新産業では志を一にするもの同士の信頼関係を背景にムラ社会を形成することで，指揮命令系統を単純化し，現場ビジネスを迅速かつ円滑に進める方策がとられた。

（A-1）社歴（入社年次）による封建制度

　例えば，広告産業の近代化を目指した電通の吉田秀雄は適切な社内統制を維持することで業務効率を上げることを目論み，人材マネジメントの要点として次の3点を指示した（電通労働組合資料より筆者作成）。

　　1．年齢や社歴にとらわれない抜擢人事の必要性
　　2．社内秩序維持のための優先順位は，
　　　①能力（才能，手腕，力量），②生理的年齢，③社歴
　　3．老化の判断は，生理的年齢によるのではなく，能力の老化を以てす

　ところが電通では，年月を経るうちに吉田の近代化意図とは真逆に，社歴最優先の封建制度[19]を採用するようになった。業務効率向上という命題に対して，個人の能力を活かす近代的手法よりも，組織トータルでのパフォーマンスの最大化を意図した統率力優先の伝統的手法を選択したのである。実際に大規模プロジェクトでは大きなチームによる作業となるため，かかる選択となったことが想像される。しかし，入社年度が1年違うことで絶対的上下関係が強いられる仕組みは一般社会とのギャップも大きく，最初は違和感を感ずるものも多かった。とはいえ社員には，順応する以外の選択肢は存在しなかった。

　程度の差はあれほかの産業界でも散見される社歴封建制度であるが，一般的なメリットとしては，社内でどのようなチームを構成しようとも，発言力や意思決定の優先順位が自動的に決定するため，非常にシンプルに物事が進むということが挙げられる。しかし，右肩上がりの成長時代はそれで問題なかったが，今日ではそうも行かず，現在の人事システムは能力重視の制度への移行を模索

する傾向にある。加えて株式上場以降はコンプライアンス面においてパワハラ・セクハラ対策などが強化されていることもあり，絶対的上下関係を背景としたあまりにもひどい理不尽で愚劣な命令などは減少している。また大学院修了者や中途採用者の増加もあり，表面的にはシステムとしての社歴封建制度は後退し始めている。しかし一部では，体育会系気風の「何年入社だ」のような意識や表現も根深く残り，実際には社歴封建制度がまだまだ残存している企業も多い。[20]

（A-2）社歴封建制度の業界内共有による秩序形成

　社内における秩序形成のルールはもちろん各社の裁量範囲の事項であるので，多少一般常識とは異なっても，社風や企業風土の名の下に自由に設定されていることもありうると考えられる。しかし，ギョーカイでは各社の社歴封建制度が暗黙ののうちに横並びに採用され，産業界全体の秩序形成に寄与していた点が特徴的である。別会社のそれほど親しくない社員も呼び捨てやクン付け，ちゃん付けにし，所用を言いつけたり，相互のビジネス課題クリアに向けて協力し合うことを大前提として，入社年度に応じて他社の社員に対してある程度優位な発言権を有する場合がある。それは「ギョーカイ」ビジネスの根底にある，相手を絶対に裏切らない相互信頼と，それに基づく暗黙の貸し借り容認かつ順守意識を前提としている。例えば複数の個別案件を暗黙のうち（覚書など存在せず，あうんの呼吸に近いという意味）に疑似的にバルクで扱うような場合などにも適用されていた。もともとテレビスポット広告などはGRP（Gross Rating Point：延べ視聴率）として視聴率をバルク換算しての取引が基本であるため，こうしたビジネスもギョーカイ内では一般的であり，手法自体にまったく違和感はない。また一度でも裏切るとギョーカイ内での信用をなくし，次からはビジネスができなくなってしまうため，基本的には絶対裏切らない。しかし，その信頼関係の強固さの根拠が見えにくいなど，他業種でのビジネス経験があるものほど違和感を持ち，戸惑う場合も多いようである。

　ただし最近では案件ごとのROI（Return On Investment：投資収益率，欧米では

広告はブランド形成のための投資活動と位置付けられる）など短期的な経営効率が追求されるケースも増えたり，企業活動の透明性確保やハラスメント対応などコンプライアンス要求が高まるなどの大きな社会環境の変化もあり，他社の人間に対する社歴封建制度的な態度は，あまり目にしないようになってきている。

(A-3) 相互扶助的発想

　放送人も広告人も，そもそも放送産業を発展させたいという同志意識があったため，自然と，暗黙の相互扶助的発想も派生しやすかった。もちろん，ビジネスマンとして自己や自社のビジネス目標を追求することは前提である。しかし，大局的な志を一にする者同士では相手を騙してまでも短期的に過度な利得を得ようというような類の発想自体が起こりにくいため，余計なリスクファクターの検討や保険的駆け引き交渉などが不要となる。つまりお互いの信頼関係の中で必要に応じて，心理的な「貸し」と「借り」とを駆使して相互に助け合いながらビジネスを推進することができる。結果として，互いに適正な利益を確保しながらも保険的無駄や過度な利得を省くことができるため，スポンサーまで含めた三者での中長期的な win-win-win の関係を構築し，自己のビジネス効率の最大化を図れるのである。

　ただし，それはあくまでもムラ社会内部から見た場合であり，外部から見ると閉鎖社会は一種のブラック・ボックスであり，自由競争を歪めているように解釈される場合も少なくなかった。例えば，一部の提供スポンサーによる特定番組枠の独占寡占状態や，特定時間帯における一部広告会社の占有率の高さなどについての議論などである。どちらも実際には歴史的経緯を含めた市場の需給関係推移の結果として自然に形成されてきたものであり，中長期的に見た場合には完全に自由市場として機能している。純粋に放送ビジネスの発展を意図しており，恣意的阻害要因は存在しない。ただ放送の公共性概念のためにも放送会社の経営や産業の安定化が求められるため，短期的かつ短絡的な自由競争（過当競争）を受け入れるわけにはいかないのである。例えば，人気番組枠に対して単発的に高額な条件を提示されたからといって，それまで何の実績もなく，

かつその後の継続に関して何の保証もない新規広告主を既存広告主と対等に扱うことはできない。なぜならば，ビジネスの中長期的継続性に関する，媒体社―広告会社―広告主の3社間での信頼関係が確立できていないからである。公共性を有する放送産業の健全な発展には，数字と意志の両面で安定的に番組提供を続けられる広告主が必要であり，非常時のリスクテイクにある程度コミットできる広告会社が必要である。レギュラー枠に関しては，特定企業の都合で景気の良い時だけ入り雲行きが怪しくなったら逃げるような形を安易に受容できないのである。ただし，もちろんそうした一時的ニーズに対しても対応できるように，スポット広告や特別番組企画などの選択肢も用意されている。

　会計的不正がある場合はもちろん論外だが，信頼関係の中で損して得取るような形で進められるようなある種の共同体的長期安定経営志向自体は非難されるべきものではない。欧米においても，形骸化したウォールストリート論理に基づく株主利益の短期最大化経営は見直されてきている。[21] 公共の電波を用いるが故に許認可制である放送産業においては，他社排斥による独占寡占ができないため，消耗戦のような過当競争は意味がない。また放送視聴の形で公共的利得を享受する一般生活者にとっても，倒産による放送終了リスクを考えると，局の安定的経営がまず期待される。強者の論理に基づく，弱肉強食の市場原理的理論は，放送や交通など公共性を有する産業には当てはまらない。

(B) 信頼関係構築のためのコミュニケーション補助手法

　ビジネス・パーソンにとってのコミュニケーション能力は，日本経団連の会員社採用担当者アンケートで例年第一位にあげられることからも，すべての業種において最重要視されている項目と言える。しかしメディア・広告ビジネスでは，特にその能力が必要とされる。担当者への信頼無しにはそもそもビジネスがスタートすらできないからである。しかしすべての人が卓越したコミュニケーション能力を最初から有するわけではないため，能力開発の補助的な手法が形成されたと考えられる。

(B-1) 信頼関係の構築重視

　広告会社の営業担当はクライアント企業の意思決定者および担当者の情報（企業目標や事業計画，商品企画などの公的側面から，哲学思想や嗜好，性格などの個人的側面まで）をいかに把握できるかで決まるといっても過言ではない。顕在化した軽薄な「ギョーカイ」イメージにより，一般部外者からは，接待やお世辞などを中心として営業活動を行っているかのような誤解があるように見受けられる場合も多いが，その程度のことではビジネス上の信頼が一切得られないことなど自明である。

　広告ビジネスでは，その道のスペシャリストとして広告を含むマーケティング・コミュニケーション領域全般に関する科学的知識や芸術的センスが要求されることはいうまでもない。加えて，マーケティング課題となる企業や事業，商品についての情報，および，生活者と周辺環境を的確に把握，分析することが必要となる。だが最も重要なのは，詰まるところ，人間としての「心」である。ビジネスパートナーと日頃からあらゆる面で真摯に接することで相互理解を深め，こちらの胸襟を開くとともに，相手の懐に飛び込んでいける必要がある。単なる真面目人間でも，いい人というだけでも，柔らかいお付き合いだけでも信頼関係は成立しない。ましてや単なるお調子者や愚か者は論外である。いうまでもなく，信頼関係の構築には不断の努力を以て，ひとつひとつ小さな石を積み重ねていく以外に方法はない。メディア・広告業界の人間が何かと軽妙洒脱に見えたのも，そうした努力の副産物であったかもしれない。

　しかし，デフォルメされたギョーカイ人が紹介される機会が増えると，「業界」の中にも勘違いする人物が現れ始める。「軽妙洒脱」と「軽薄短小」とを混同する人間も増える。また親しげに話すことと妙になれなれしいことの区別がつかない人間も出てくる。さらに，ICTの進歩とともに広告の科学性は加速するが，古くからの業界人の中にはついていけない者も増える。こうしてまさにデフォルメされた軽薄なギョーカイ人を地で行く人物がぽつぽつと出現するようになったのである。

第7章　インフォーマル組織「ギョーカイ」のレゾンデートル

(B-2) 自主的ピエロ化

　軽妙洒脱であることが求められるギョーカイ人は，3つのタイプに大別できる。第一のタイプは著名大学・大学院出身であり，こうした「業界」を目指す以上にいろいろなことに好奇心もあり，冒険心を以てさまざまな経験も積んでいる人物で，知的バックグラウンドは申し分ないタイプである。第二のタイプは体育会出身で，「何学部卒業？」「野球部！」という類である。しかしこのタイプも一徹な求道経験とともにチームのまとめあげなどに卓越した能力を発揮する者もいて，なかなか侮れない。また甲子園出場経験者や世界レベルの実績を持つアスリートもいて，かえってクライアントから敬意を獲得しやすい場合もある。この分類は求道者という意味で，音楽やその他芸術のスペシャリストも入る。第三のタイプは曲者タイプである。実力も経験もないが年次を理由に先輩風を吹かす最悪のケースもこのタイプに多い。しかし幾多の面接や現場を運よく突破してきているだけあって，口八丁手八丁で自分に火の粉がかからないようにするのが妙にうまかったりもする。

　コミュニケーション上，一番問題になるのが第一のタイプである。実はテレビ局や大手広告会社にもこのタイプが意外と多い。大学では知的生産活動の訓練を十分に受けているが，さらにより多様な社会的経験を積み社交性がないと，テレビ局や大手広告会社といった企業には入社することすら難しい。しかしそうした知的水準の高さや経験の豊富さは一歩間違うとプライドの高さとなってしまう。多様な知識や経験を交えた会話により，周囲からは自然と一目置かれてしまったり，冗談ですらオシャレに聞こえてしまう場合もある。またそれ相応の家庭教育を受けており，不躾に相手の心に土足でずけずけと入っていくようなこともできない。しかしそのままでは相手の心はほぐせない。ビジネスを成功に導けない。相手の胸襟を開くにはまず自分からが必要だが，一歩目を踏み出すにも最初は勇気がいる。そこで顔では平静を装いつつも内心ドキドキしながら恐る恐る口にするのである。「今度シースーとかいかがですか」，「今日はシータクでお送りしますよ」と。普通の謙遜では階段を降り切れないので，隠語を使ってわざとおどけて見せ，自らピエロを意識的に演じて笑いを取るこ

とを狙う。相手にもよるが，たいていの場合，笑いは相手との距離を短時間で近づける有効な手段のひとつである。あえてピエロを演じる意識を持つことで照れ隠しをしつつ，相手のハードルを下げる努力をするのである。

　広告会社の営業担当の付き合いはなかなか広い。担当クライアントのトップから現場担当者，社内のマーケティング担当・クリエイティブ担当・メディア担当ほか各チームメンバーはもとより，お世話になっているテレビや新聞などの媒体社の営業から制作Ｐ（プロデューサー）やＤ（ディレクター）に現場スタッフ，クリエイティブ（CMやグラフィック）やイベントの協力会社制作スタッフ，CMやその楽曲でお世話になっているタレントやミュージシャン本人とそのマネージャー，事務所担当者とも連携する必要がある。多様な人々と関係する中で，こうしたピエロを演ずる技術も必然的に身についてくるのである。

（B-3）二面性コントロール

　広告会社に限らず，放送局や出版社などでも，円滑なビジネス推進のためには知的側面と痴的側面の両面を要求されることが多い。これは営業職のみならず，制作スタッフなどにもあてはまる。一部のテレビ番組でＰ（プロデューサー）やＤ（ディレクター）が表に出る場合に，その様子だけを見ていると痴的側面のみが強調されていることも多い。しかしいうまでもないが，実際に会議などの場でそうした人々と同席してみると，彼らも常識を有したビジネス・パーソンである。作られた偶像どおりの変な人物ではビジネスが成立しえないことは自明である。特にＰ（プロデューサー）やＤ（ディレクター）は番組で使うタレントの緊張をほぐしたり，多少褒めて自信をつけさせたりするレベルから，恫喝して緊張させるレベルまで，さまざまな手法でタレントという商品のコントロールを試みる。アメとムチの使い分けである。ほかのビジネスでも類似のことが言えるが，特にメディア・広告ビジネスでは，コミュニケーションにおける二面性を自在にコントロールできないと，なかなかうまく事が進まないことが多い。軽いだけでもダメ，強面だけでもダメなのである。

(B-4) ギョーカイ用語

　一般的にギョーカイ用語と称されているものは大別して2種類に分けられる。ひとつは隠語であり，もうひとつは各分野の専門用語のことである。

　隠語は人に聞かれたくない話や仲間内だけで理解できる話をするために古くからさまざまな場面で使われてきた。現在でも特に男性同士の会話などでは，品性を疑われかねない低俗な響きのものも含めて数多くの隠語が流通している。そこには昔から男子小中学生が面白がって使ってきたような幼稚な表現も含まれる。しかし放送禁止用語を含め品性の点で公共の場には不向きなものも多く，それまでは社会の表に出ることは少なかった。しかし隠語の中でも逆さ言葉（倒語）などは用語的にも内容的にも放送上での使用などにも耐えうるものもあり，徐々に使用場面が拡大してきた。比較的男性色が強い社会として推移してきたギョーカイでは，特に女性を誘う場面や女性関連の話を仲間内で行う際に，照れ隠しや情報漏洩防止も含めて逆さ言葉が利用されていた。それらをタレントがデフォルメして用い，「ギョーカイ人の会話」という話芸にしていったのである。

　また専門用語としてのギョーカイ用語は，一部隠語的なものもあるが，基本的には舞台や撮影などそれぞれの業界の技術用語テクニカル・タームである。「ワラう（どける，取り去る）」や「バミる（舞台上の立ち位置などを決める）」などの主に慣習的表現と，「ジェネ（ジェネレーター，発電機）」「インチ（1インチテープ）」「シブサン（4分の3インチテープ）」など技術用語の短縮形慣用呼称などからなる。仕事場にて日常的に使われる用語である。こうした専門用語を自然に使いこなせるようになって，自らもようやくギョーカイ・ソサエティの一員になったという実感を持つことになる。

(C) 産業安定化のために日本の広告会社が有した特性

　日本の広告会社は欧米の広告会社とは過程や形態を異にして発達してきているので，商取引においても独自の文化を有している。ほかの一般企業にも通ずるが，特に，和を重んじる心とか相手を思いやる心，相手を信じる心などの発

想が商取引上も端々に現れている。

(C-1) マクロ的営業機能

　2003年に下請法（下請代金支払い遅延等防止法）の適用が役務取引に拡大された際などに一部の悪質な事例が取り上げられたことがあり，広告会社が広告制作会社などを下請けとして業務を発注する際に恒常的搾取が行われているという議論が起こったことがある。グラフィックでもムービーでも一般的に，広告会社が企画発案し，クライアントから案件を受注し，その実制作部分を制作会社へ発注するビジネス構造であるが，広告会社がその受け取るべき付加価値以上に利益を不当に獲得しているという指摘であった。

　広告制作を行う際の広告会社の主な役割には，事業目的に基づくマーケティング・コミュニケーション戦略立案や企画，ソリューション提案（プレゼンテーション），クリエイティブ・ディレクション，コピーライティング，アートディレクション，CMプランニング，IMC的全体管理（ブランド・コントロールなど含む），タレントや楽曲ほかの権利関係管理と処理，実制作管理，素材管理などがある。しかし，実際の役割分担は案件ごとにケース・バイ・ケースである。紙数の関係上，各ケースの詳述は避けるが，一言でいうと，日本の広告会社はクリエイティブ（広告制作）作業についてだけでみると，おおよその場合で赤字である。ほとんどの場合で，間接費はおろか，直接人件費すらペイできていないことが多い。その原因は，1980年代までは歴史的に広告原稿制作は「媒体の扱いを獲得するためのサービス」的な意識が日本の広告ビジネスでは一般的であったこと，欧米では広告産業が細分化しながら発展したのに対して日本では統合したままで発展したこと，そもそも日本では多くの産業で人件費はタダ的な観念が蔓延していたことなどが挙げられる[22]。いずれにせよ，外部からの指摘にあるほど利益は獲得できていないのが実情である。ただし近年ではこの点もクライアントの理解を含めて改善への努力がいろいろと行われている。

　広告制作取引における役割分担論を広告制作会社サイドからみると，広告会社の果たす最も大きな役割は自社にとっての営業機能・ブランド機能である。

第7章 インフォーマル組織「ギョーカイ」のレゾンデートル

　広告制作会社といってもその規模や機能はさまざまである。人気クリエイターを有し自前の営業力を持つ大手クリエイティブ・ブティックや，特定クライアントの幹部と個人的にコネがある制作会社の場合は営業面でも経営面でも何とかなることもある。しかし，それらはあくまでも例外であり，多くの広告制作会社が直面する課題はいかに安定的に仕事を獲得し続けるかということである。優秀なクリエイターが独立して起業しても，結局安定的に仕事を確保できずに倒産するケースは多い。優秀なデザイナーが独立して起業したものの，結局資金繰りと営業回りに奔走せざるを得ず，やりたかったデザインの仕事ができないというような例も多々目にしてきた。そのため大手広告会社に営業機能を依存し，自らは制作作業に専念したいと考えている企業経営者（事務所社長など）も多い。では仮に10名のデザイン会社の経営を想定した場合，営業職は何名程度必要か。経験的に考えると，6名のデザイナーの仕事を確保するのに4名の営業は必要ないかもしれない。しかし2名の営業で8名のデザイナーの仕事を絶え間なく獲得するのはほぼ不可能であろう。となると，広告主サイドの発注額の3割程度を制作会社にとっての営業費用相応分と考えてもおかしくはないこととなる。ところが，単純なグラフィックデザイン作業などでは広告会社は制作会社の実費用額に10〜20％程度の間接費を外掛けして請求するだけのことも多いので，広告会社の介在デメリットはまったくなく，営業活動や交渉手順の簡略化，諸リスク回避などのメリットだけを享受できることとなる。しかも大手広告会社で大手クライアントの仕事を行うことはクリエイターとしての実績作りにも欠かせない。広告制作会社やフリーのクリエイターにとって，自らのブランディングのためにも，また営業のためにも広告会社と組むことのメリットは絶大である。

　またクライアント企業サイドから見ても，個別の案件ごとに個々の担当者がバラバラ対応するよりもワンストップで大手広告会社に一任した方が人件費を含めた総コストの低減もでき，ブランド管理も簡単になる。

(C-2) 金融調節機能

　一部の大企業においては，それほど高額でない取引に関しても，かなり長めのサイト（約束手形の猶予期間）を設定している場合は多い。小規模な広告制作やイベント制作の会社経営を考えた場合，常時継続的に一定量の受注ができるような稀な場合を除くと，資金繰り上，この長いサイト設定は想像以上に重くのしかかる場合がある。また企業ごとに取引条件がまちまちということも一般的であるため，制作会社の社長が細部まで確認せずに新規取引を開始してしまい，決済が予期せず滞り，困ってしまう（社員の給与を遅配してしまう，不渡りを出し倒産してしまう）ようなケースもあった。そこで広告会社が広告主企業と制作会社との間に入り，一定金額までの小規模決済は現金で，一定額以上の決済は何日手形というような形で，取引条件をあらかじめ確定している方が制作会社の経営者にとって資金計算がしやすくなる場合がある。さらに，一定金額以上の取引において発生する手形についても広告会社の子会社が割引サービスを行うことで円滑に現金化可能であるような設定となっている場合もある。手元に余裕資金の少ない小規模な制作会社にとっては，特定の広告会社を通じての取引の方が安定的にビジネス・フィールドを広げていけることになる。

　また競合プレゼンテーションなどの場合，負けると一切費用が支払われないような場合もある。すると小規模な広告制作会社にとっては多額の費用をかけてのプレゼン参加はリスクが大き過ぎるため，単独ではプレゼンに参加すらできないこともある。しかし，広告会社が介在していれば，競合に負けた場合でも事前契約により一定費用の負担をしてくれる場合もある。そうした意味もあり，広告制作会社にとってビジネス・リスクを最小限化するうえで大手広告会社の存在は欠かせないということになる。

(C-3) 金融信用機能

　広告やイベントの制作作業については，製造業のようなインフラ投資がほとんど不要のため，1～3人程度の人員からなる個人に近いような小規模経営形態の会社も多い。ところが一般的に大企業ではそうした小規模制作会社は自社

の取引条件を満たさないことが多いため、そもそも取引自体が行えないことが多い。そこで従来から取引のある広告会社が間に入り、スケジュール管理やクォリティ管理などをし、条件を満たす形で取引を進めるというような場合もある。

また大手広告会社では中小の広告会社と比較して、外部協力の制作会社にとっての取引口座開設の条件が非常に厳しいため、かつては大手広告会社と取引がある＝口座があると、銀行における信用ポイントやランクがあがるという場合もあった。すなわち大手広告会社との取引があることで銀行からの借り入れ条件が緩和されるような状況である。これは銀行の信用チェックでは企業体や社長の借入金状況や個人資産など金融面での状況や実績に重点が置かれるのに対して、大手広告会社における信用チェックでは最低限の経営背景チェックはするものの、むしろクリエイターとしてのビジネス履行能力や実績を重視するためである。中規模プロダクションから独立して個人で事務所を起こす場合などは金融面での信用はゼロからのスタートであるが、クリエイターとしての実績は前のプロダクション時代のものが勘案されうるので、広告会社内で発注したいと考える担当者が社内の経理条件審査をクリアすることができれば取引可能となるのである。そうすることで金融機関との取引も容易となるケースもあった。

ギョーカイ無形資産性の根底に流れるもの——「信頼」と「共存共栄」

社会的な現象面や表層だけを見ると、これまで論じてきた無形資産性に関しても、それぞれ長所短所を有し、4節で後述するように環境変化や社会的批判に耐えられず、変革せざるを得ない要素も多い。しかし、それらの商慣習や手法の根底には共通して「信頼」と「共存共栄」の概念が存在しており、具体面では形を変えても、根底に流れるべきものは変わらないと考えられる。

ビジネス上の手順や手続きを簡略化するために、ギョーカイでは相互の「信頼」関係を有効に利用してきたことを既述した。しかし、この「信頼」という言葉こそ、社会がギョーカイ存立を許す本質的なキーワードである。なぜなら

ば，社会からの「信頼」に応えることこそ，まさに放送の公共性概念やジャーナリズムに対する使命感などの根底に流れる共通の理念であり，放送産業そのものの存在を社会が認めるレゾンデートルに他ならないからである。つまり社会が放送局を信頼できねば，公共の電波使用を許可することなどありえない。放送局は社会の信頼に応えられない限りは存在すら認められない。民放は広告を通して経済活動を行うが，信頼無きメディアに広告は成立しない。広義のジャーナリズム性を有するメディアそのものへの信頼があってこそ，CM放送は意味を持つのである。またビークルとしてのメディアへの信頼だけではなく，広告内容や表現自体にも信頼があって初めてメッセージが伝達される。そうした意味で「信頼」を形成する努力はギョーカイ内では前提となる暗黙知として共有されている。また放送だけでなく，ギョーカイの一角をなす新聞や雑誌などの紙媒体においても，社会正義としてのジャーナリズムが正しい形で提供されるという社会からの信頼があって初めて成立するメディアである。ネット系メディアについても多くは同様のはずである。しかし，残念ながら一部のネット掲示板などでは社会からの信頼とは真逆のビジネスが成立しているケースもあるが，紙数の関係で本章でのこれ以上の言及は避ける。

　もうひとつのキーワードとしてあげた「共存共栄」とは，本来の意味に加えて，利己的・排他的・攻撃的ではない，社会全体の繁栄と平和を願うというような意味を包含する。放送における公共性やマスコミにおけるジャーナリズム性はいうまでもないが，広告においても日本では排他的・攻撃的な否定表現をよしとしない文化がある[23]。それは広告表現として法律や内規で可能か不可能かというレベルの意味ではなく，和を重んじる日本社会がそうしたネガティブ表現を受け入れない素地を持つということである。もちろん意見広告などで特定の思想や政策を批判や否定の意味で攻撃的に表現することはありうるし，法治国家として取りうる手段が限られている以上，むしろそうした手段は残されているべきであろう。しかし，それも基本は社会全体の繁栄や平和を願っての行為であり，特定者を攻撃すること自体が目的ではないはずである。メディアや広告においても当然ビジネス上の競争はある。しかし，それは社会に対してよ

り良いものを供給する競争であり，ライバルの殲滅を画策することではない。少なくともギョーカイ人はそんな意図は有していない。放送においても自分の番組や局の視聴率が高いことは望むが，他局の倒産を望んでいるわけではない。良質なコンテンツの提供においてライバルと切磋琢磨しながら，放送文化を通しての社会全体の発展を考えているのである。そういった意味で「共存共栄」という概念が心理的根底にあるといえるであろう。

4 ギョーカイの構造転換

本節では，特に21世紀に入ってからの社会環境変化要因により，今後もしくはすでにギョーカイが直面している構造転換要求ポイントについて，次の5つの点（①大衆化，②ICT発展，③グローバル化と新興ICT企業の参入，④コンプライアンス強化とCSR，⑤内因的自己崩壊）を論ずる。

ギョーカイの大衆化──AKB48とYouTube

ギョーカイ概念とその適用範囲が拡大し，一般生活者，特に若者にとって身近になることで，ギョーカイは徐々にそのカリスマ性を減損していく。特に，2005年のAKB48の活動開始とYouTubeの設立の頃より，大衆化は決定的に加速したと考えられる。

AKB48は「会いに行けるアイドル」というコンセプトの下，国際的OTAKU都市AKIHABARA（秋葉原）の専用劇場で公演やファンサービスを行い，生身のアイドルを直接見ることや触ること（握手や撮影など）ができるようになった。一般生活者にとって今まで手の届かない存在でしかなかったアイドルが少し手を伸ばせば手が届くかもしれない存在へと変わった。少なくともそういう幻想を抱かせることに成功した。手の届かないはずの存在であるアイドルが手の届きそうなところまで近づいてきたことで，一般市民とは隔絶した世界であったはずの芸能界やギョーカイが自分の身近に感じられるようになったのである。

またYouTubeに代表される動画共有サービスなどによって，それまで見る機会が限られていたタレントやアイドルのプライベート映像やハプニング映像，テレビ番組・ラジオ番組・映画・各種イベントやコンサートなどのメイキング映像や見逃し映像なども見ることができるようになった。時間軸に囚われることなく誰でも見ることができるため，いつでも仲間同士で話題が共有できるようになる。「これ，すごくない？」完成された映像作品とは異なり，裏方のような視点でメイキング映像を見ることで，自分もまたその裏方の一角にいるような気分になれる。「俺だったらこうするかな」また自分で撮影投稿した映像が他人にシェアされさまざまな反応が得られることで，まるで映像作家やアーティストとしてデビューした気分になったりもする。「完成度高い！っていわれた」「次が楽しみだって」もう少し頑張れば，またはもうすでに自分もギョーカイの片隅に足を踏み入れているかのような気持ちを抱けるほど身近になってきている。

　こうしてギョーカイは一般生活者から見て，憧憬の対象となる別次元の存在ではなく，自らの生活と同次元の身近な存在になりつつある。すなわち，かつてギョーカイが有していたカリスマ性は徐々に減損しつつある。

ギョーカイとICT発展──情報流通構造の変化

　ICTの発展により情報流通過程や構造が変化することも，放送や広告にさまざまな変化をもたらし，ギョーカイに大きな影響を及ぼす。YouTubeをはじめとするICT利用プラットフォームの出現により，音楽や映像といったコンテンツの制作や流通に必ずしも巨大な初期資本投下や組織を必要としなくなったため，ギョーカイへの参入障壁が下がったのである。すなわち，レベルの差はともかく映像や音楽を作成しそれを流通させることはできるので，極論すれば誰でも簡単に音楽・映像クリエイターとして作品の発表を行って「ギョーカイ」デビュー気分を味わうことが可能となったのである。もちろん職業人としてのギョーカイ人たるためには，お金が稼げるという意味でのプロとしての仕事が要求されるので，容易ではない。しかし，各種ツールを含む創作環境の

整備や若年時からの創作経験などで，個人でもかなりレベルの高い作品を作成できるようになってきている。また，特に近年では稚拙美への評価やヘタウマ人気などもあり，価値観の多様化の幅が広がっている。「芸術」か「ゲージュツ」か「ギョーカイ」か。「趣味」か「仕事」か。制作者本人の意識の差異はあれども，自己満足レベルを超えた，商業的評価にも耐えうる作品が発掘されやすい環境になってきている。[24]

　またICT発展による情報検索技術の進歩により情報のオープン化自体は容易となったが，オンラインがリアルへ及ぼす影響も拡大したため，情報のオープン化手法そのものは複雑化し，そうした意味でギョーカイ・ビジネスのあり方にも影響を及ぼしている。例えば，それまではロイヤルティの高い，特定少数の人の間でのみ共有されていたある種の催事情報などが，SNSなどを通して急に大勢に知られてしまう場合がある。ロイヤルティの低い一般大衆への急激な認知の拡大により，現場で混乱が発生する可能性が出てくる。すると場合によっては，リスク回避の観点からその催事を中止せざるを得ないようになってしまうこともある。エンターテインメント情報のオープン化はマーケティング的にも重要であるが，コミュニケーション戦略戦術意識の低い形での情報オープンはかえってリアルでの弊害を大きくしてしまうこともある。また，例えば特定アーティストによるある種の文化事業など小規模でも続けることに意義があるような催事が，このようなリスクから中止になってしまえば，情報のオープン化によるビジネス発展を企図していたものが，逆にビジネス阻害要因となってしまったことになる。その他にも一般的にネットによる情報のオープン化での参加者の極大化などは事前予測が難しいため，催事会場選定や警備規模検討などで無駄なコストやリスクを生じてしまう場合もある。

ギョーカイのグローバル化と新興企業の参入──ルール再構築の要求

　国内クライアントのグローバル化や，外資系企業や新興ICT企業のメディア・コンテンツ産業への参入により，それまでギョーカイが育んだルールや慣習が否定され，新たなルール作りを要求されるケースも出てきている。これま

でギョーカイの「ジョーシキ」であったことが，常識ではなくなってしまうわけである。こうした点はグローバル化が進む自由競争市場下での必然的要件でもあり，ギョーカイとしてもやむを得ない側面がある。さらに冷静に考えるならば，もし一部に多少の痛みを伴ったとしても，社会全体として総合的な意味での効率性や公正性，生産性向上を目指すべきであり，ギョーカイの有する閉鎖的商慣習やルールが社会にマイナスに寄与している部分があるのならば駆逐されてしまうことも仕方がないだろう。(25) 必要があるならば，むしろ積極的にルールを再構築すべきである。

　しかし，ルールの再構築を要求される際も安易にギョーカイ外のそれを流用するだけではなく，冷静に最適解を模索していく必要がある。例えば，アメリカの広告ビジネスでは効率追求を目的として業務の細分化やアウトソーシング化を積極的に進めた時期があった。確かに一部定型業務のアウトソーシング化などは作業効率上大変有効な場合も多い。しかし，広告ビジネスは具体的な業務の詳細規定が難しく，むしろ細分化により非効率を発生させてしまう部分も多いため，結局完全には移行できなかった。さらに近年では新概念 IMC（統合型マーケティング・コミュニケーション）の名の下にむしろ逆に日本型のワンストップサービス的業務統合が進められている向きもある。また，例えば，広告ビジネスにおける取引形態についても，欧米では特に1990年代にコミッション型からフィー型取引への移行がかなり積極的に進められた。アメリカの企業間取引文化においては，契約段階で業務内容が書面で細かく規定され，その内容だけを着実に履行する。企画や情報提供，業務管理なども含めて，関連する人件費や間接費なども事前に費用に算入される。当然，契約規定外の追加的付加的業務には別途費用が発生する。それらすべての費用をクライアント側がきちんと認識し対価を支払うことがフィー方式の原則となる。多文化訴訟社会国家のアメリカではこの方法が合うのであろう。しかし，相手を尊重し和を重んじる文化の日本では杓子定規に細部を規定しそれだけを履行し異論があれば訴訟を起こせばよいというようなことに違和感を感ずる人も多いはずである。日常生活はもちろんビジネスにおいても，互いの信頼関係に基づき，可能な範囲で

柔軟にかつ最大限真摯に対応したいと考える人も多い。生活の糧としてのお金を稼ぐだけが仕事の目的ではないはずである。こうした考えは，グローバルビジネスの世界では甘いという見方もできるかもしれない。しかし，これはすでにビジネス哲学や価値観，文化や人生哲学，幸福感などの問題なので，正解不正解ではない。もちろん外国企業との取引では先方の考え方を尊重する必要はある。しかし，国内では従来からの日本人の美徳感を互いに重視しても良いのではないか。また外国人にもその考えを積極的に紹介しても良いのではなかろうか。いずれにせよ，グローバルスタンダードという幻想を形式的に導入しようとしても，文化的ミスマッチを生じ，むしろ無駄な手続きを増大させ，結果的に業務が非効率化し，少なくともビジネス効率性向上追求の手段とはならない場合も多いであろうことに留意する必要がある。

　一方日本国内でも，デジタルメディア分野やコンテンツ事業へ参入が進む一部新興企業やICT企業の場合，日本企業といえども，同質の文化を共有していない場合が多いので注意を要する。株主利益最大化経営の名の下に1990年代から2000年代に欧米企業で流行った短期的利得追求をいまだに最優先している場合も多いからである。そのためには取引先との関係性でも手段を選ばない場合もある。また一部の新興ICT企業では，社長が自らの給与を低額に抑え従業員と労苦や夢を分かち合っているように見せかけながら，株式配当で何億円も得ているというケースもある。こうした手法を以って賢いとみるか否かは経営論というよりも人生論的美学の問題かとも思われる。こうした方策は非正規雇用問題以上に，労働分配率を恒常的に下げ，格差社会を助長する。ギョーカイとしてはギョーカイ面して欲しくないと思うばかりである。

上場によるコンプライアンス強化とCSR──強制的変革

　メディア企業や広告会社の株式上場に伴い，コンプライアンス重視やCSR経営などは，ギョーカイにおける商取引慣行に最も大きな影響を与えた。すなわち閉鎖的であったギョーカイにオープンであることが求められた。すると，ギョーカイの「ジョーシキ」として行われてきた一部の商慣習や手法はもはや

通用しなくなってくる。そのためギョーカイにおいても，一般社会でのルール適用が余儀なくされるようになったのである。ただし，これは放送や広告産業界において，今まで一般社会でのルールが無視されて不法行為が行われてきたという意味ではない。これまでのギョーカイでは相互の信頼関係で成立していた商慣習や手法が，そうした人間的相互信頼関係を前提としない第三者の流入により，成立しなくなり始めたという意味である。

　ここでは，具体的な例のひとつとして，受発注証憑のケースを紹介する。

　それまでギョーカイでは一定の信頼関係の下，高額取引でも口頭でのやり取りで初期受発注契約を済ませていたケースも多かった。法的にもそうした口頭での契約で問題はない。もちろん事前に見積もりなどの証憑を準備できる場合は準備する。しかしそもそも，放送番組や広告は流れる時間と並行して時々刻々と状況変化がある「生き物」もしくは「生物（なまもの）」であるため，突発的な状況変化が時々発生する。ギョーカイというムラ社会では気心の知れた関係の下，お互いが誠意を持って行動することが前提である。そこで各社内はもちろん，広告会社と媒体社間においても，さらに場合によっては広告会社とクライアント間ですら，相互信頼関係の下で，特にいちいち書面での了解を取りあうことなく，ベストソリューションを提供する最大限の努力をする。すなわち自分に与えられた裁量範囲内で，ぎりぎりまで粘り，最適化を目指すのである。その際，その場で意思決定を要する場合もあり，口頭で了解を経ながら瞬時に決断していく。稀には事後報告となる場合すらある。それが功を奏して最適解にたどり着く場合も多い。掘り出し物的な案件では，時間的アドバンテージが大きいためである。こうして，事前の証憑なしに行われる受発注も多かったのである。

　ところが，それまでのギョーカイ・ムラ社会には存在しなかった新興企業や外国企業などのプレイヤーがビジネスに参入してくると，状況は一変する。ムラ社会で培われていたような濃密な人間関係は形成されにくくなり，従前の相互信頼関係も前提ではなくなってしまう。すなわち書面が残っていないと，言った言わないレベルの低次元のトラブルが増加する。相手のミスに付け込むよ

第7章　インフォーマル組織「ギョーカイ」のレゾンデートル

うな場合も起こる。さらに悪意を持ってビジネスをコントロールしようとする場合も出てくる。そうなると大小さまざまな問題が発生するようになる。そうした問題はコンプライアンス上も社会信用上も好ましくないので，回避しなければならない。そこで新たなルールで対応せざるを得なくなったのである。もちろん，それまでもギョーカイでトラブルが起きなかったわけではない。しかし，日常的に培っている信頼関係という前提があるので，そもそもトラブルは起きにくく，また起きても当事者もしくはその上司同士の相談など現場で解決できてしまうケースも多く，解決してしまえばそれ以降問題にはならなかったのである。

　こうしたビジネス環境の変化と並行して，経理上の透明性確保要求の拡大やICTによる電子書面技術の進歩などもあり，一部の従来的なギョーカイの商慣習や手法は社会に合わせて変革されてきたのである。

ギョーカイ内因的自己崩壊
　2節で述べたように，「ギョーカイ」イメージの，悪い意味での軽薄化や拡散現象である「過熟」の一因は，ギョーカイの内部にも存在した。すなわちバブル期以降にギョーカイが顕在化してから入社した世代の中には，ギョーカイが表層的に有する派手さと華やかさにのみ憧憬の念を抱き入社するものが出現し始めたため，入社してからの現実との間でギャップを感じてしまうことになる。ギョーカイでは毎晩派手に飲み歩くことを期待していたのに，実際には各種書類作成や交渉などが中心で実務的には至って地味であり，かつ拘束時間も長く，体力的にも精神的にもタフさが要求される仕事内容である。また企画書などの知的生産作業が自分に要求されることなどを想定していなかった人間も現れ，お手上げ状態になる。そして本来は短時間での人間関係形成手法として使われていた自己ピエロ化テクニックの上辺だけを真似て，中身のない単に失礼で妙に馴れ馴れしいだけのお調子者のように第三者の目に映る人物も現れる。一部タレントが面白おかしくデフォルメして表現した内容を，そのまま現実化している愚かさに気付かないギョーカイ人が出現したのである。内外の良識あ

る人々からは苦笑・嘲笑されながらも，そうした人物群はその自覚なく存在し続け，結果として単に軽いギョーカイの悪しきブランドイメージの形成や地位低下に与してしまった。そうした人物群は心あるギョーカイ人から見ても看過できない存在であったため，関係を遮断するようなケースも増えた。結果として自己分裂的内部崩壊，すなわち，絶対的相互信頼関係をベースとした一元的ムラ社会の破綻を呼ぶ一因ともなったのである。

5　ギョーカイのこれから

　最後に，これからギョーカイがどう変化し，どんな役割を果たすようになるのか，なるべきか，あるいはなるべく期待されているのか，その展望について論ずる。

ギョーカイの行方

　激しい社会環境変化の中，メディア・広告産業界自体は総合的な意味でまだ過渡期にあり，4節で論じたギョーカイの構造変革傾向はしばらく継続するものと考えられる。なぜならば，その構造変革要求自体が生活者からの積極的社会進展期待意識に基づいていると考えられるからである。具体的には，ICTの高度化により，生活者一人一人にとって広告や放送コンテンツがより身近な存在になっていくという意味での大衆化傾向はさらに進行するであろう。またICTの高度化は地球全体規模の疑似的縮小をもたらすため，グローバル化要求も強まり，ギョーカイがムラ社会としての鎖国をしたままではいられないのも当然であろう。そうした意味で企業活動のトランスペアレンシー（透明性）要求などのコンプライアンス強化やCSR重視の傾向も変わらない。ただそうした「普通の企業」化の波の中で，さすがに自己崩壊的要因として存在した「勘違いギョーカイ」人は減少してきているので，そうした内部起因の自己崩壊には歯止めがかかるものと考えられる。

　ギョーカイが果たしてきた無形資産的インフォーマル組織機能自体は，変革

せざるを得ない部分も多いと考える一方で，すべてが駆逐されてしまうとも考えられない。なぜなら，メディア・広告産業で扱うコンテンツ自体が人間の心のひだに理性的に感情的に訴えかけるものであり，人間の心や人間同士の関係性などと深く密接に関連するものだからである。メディア・広告ビジネスはいわゆるビジネスライクな人間関係だけでは進めきれない要素や過程を多分に包含しているからである。そういう意味で，今まで醸成してきた「信頼に基づく人間関係」を基礎としたギョーカイ文化自体は気質としては非常に有効と考えられる。手法や慣習など具体的な行動や表現（現象）面での変革が進めば，その気質はむしろ今まで以上に活かされる可能性もある。無機質な発想で大量生産，大量消費，大量廃棄をひたすら繰り返す時代はすでに全世界的に終焉を迎えている。機械的に物事を進められる範囲は限られてきている。これからの世界（日本を含めた国際社会）で，特に日本がその真価を発揮するためには，ブランドとしてのヒューマン・ストーリー創りとその伝達が重要となる。多くの商品やサービスが単なる目先の利便性や価格の割安感だけで評価されるのではなく，それを利用する人や地球全体にとっての意味，そこに至るまでの考え方，提供する側の思いや事実（素材や製法，工夫や心遣いなど）など，より深遠な背景——ヒューマン・ストーリーを有していることが求められるようになる。より提案型のコンテンツ（ストーリー内容と構造）開発と，科学的かつ芸術的な表現創作，そしてそれを必要なターゲットにより効率よく，より正確に伝えきる技術が要求される。そこには今まで日本のメディア・広告ギョーカイが大切にしてきた，信頼関係重視やより熱い人間性などが活きることと確信している。

ギョーカイとジャーナリズム

　事件や事故などの現場に偶然遭遇した一般人がSNSやブログ，動画共有サイトなどを使って貴重な情報や画像を寄せるケースがある。CNNなどでもYouTubeへの投稿画像などを積極的に報道に利用するケースも増えている。またメディアが多様化したことで，特定一次情報のリークも増えている。ネットやフリーのジャーナリストも増加している。しかし，特に日本では，現実的

に,調査報道など含めて一次情報の取得と発信の多くを,新聞やテレビ,雑誌を中心としたマス媒体＝マスコミが担っている。少なくとも,現段階ではインターネット系のメディア企業はほとんど一次情報の調査・発掘・取得には貢献していない。良い悪いの議論はさておき,事実として,日本のジャーナリズムはマスコミが支えている。

マスコミは主にメディアの販売収入と広告収入により経営を成立させている。販売収入は購読料や視聴料として一般生活者が意識的かつ直接的に負担し,広告収入は広告主の企業活動を通じながら結果として一般生活者が無意識のうちに間接的に薄く広く負担している。欧米のように,格差社会を背景として裕福な特定個人や私的団体がジャーナリズムを提供している例は日本ではほとんどない。すなわち,日本のジャーナリズムを支えているのは一般生活者である。広告という社会機能を通して,マスコミ≒メディア・広告産業界≒ギョーカイはジャーナリズムと生活者の結節点を構成している。

しかし,大手マスコミへの不信が叫ばれ始めてから久しい。ギョーカイ人は信頼関係こそ最重要と考えてきたはずにもかかわらず,である。ゲートキーパー機能やアジェンダ設定機能による権力監視や民主主義醸成など,社会からの期待と信頼に応えることこそジャーナリズムに課せられた役割である。ところが,マスコミが社会的弱者の味方としての立場を離れ,機能面でも迷走暴走し,倫理面でも疑問視され,社会的影響力の大きさから第四の権力と揶揄されるに至っては,ジャーナリズムとしての役割は果たせず,それがマスコミへの不信となっているのである。不信の内容は,報道内容などコンテンツに向けられたものと,メディア企業の活動や姿勢などコーポレートに向けられたものとがある。前者は,過失や意図的なものも含めて,個人や組織のジャーナリストとしての資質や使命感に関わる問題である。後者は,マスコミの公共性と私企業性とのジレンマという組織経営的宿命に関わる問題である。そうした自身への不信を払拭しようとして,政治体制への一方的かつ非建設的な批判ばかりに終始することで,ますます不信が深まるという悪循環に陥っているケースもある。

ギョーカイにとっては,ジャーナリズムと並んで,エンターテインメントの

第7章　インフォーマル組織「ギョーカイ」のレゾンデートル

提供も非常に重要な社会的役割のひとつである。提供されるエンターテインメントは明るい社会作りに大きく寄与している。しかし，業界が過熱したギョーカイ化する中でエンターテインメントが過大視され，ジャーナリズムとエンターテインメント，生活者とマスコミ，新聞とテレビ，個人と企業，記者と営業担当，報道とバラエティなどが，それぞれの関係性において，嫌悪とまではいかないが，やや距離をおくことで互いの関係性を誤解もしくは希薄化または忘却してしまい，意識のズレが生じている。そのズレの集積がマスコミ本来の使命感を見失わせてしまったのではないだろうか。

すべてのギョーカイ人が本来の社会的使命感や役割意識を冷静に反芻し，己と組織の行動を謙虚に修正できるならば，マスコミは再び社会の信頼を取り戻せると確信している。

注
(1) 世界史としては15世紀グーテンベルクの活版印刷技術の発明を以てひとつのメディア発達史の区分点として見るべきと考えるが，日本におけるメディア発達史では直接の影響力はほとんどなく区分点とはならない。本章では，日本における情報伝達メディアの一般生活者への影響度を量と質の両面から考え，量的には1回の事象におけるひとつの情報の伝播可能な範囲の概念的人数を常用対数化したもので，質的には双方向性の有無で定義した。Log_{10}伝播人数概数。量的には第1期0～3，第2期3～6，第3期6～9とし，質的に双方向性概念が導入された以降を第4期と区分した。
(2) 日本における広告の起源については，8世紀はじめ大宝律令期の「標(ひょう)」を広告とするか否かについては議論がある。しかし平城京跡地から出土した「告知板」には私的メッセージを不特定多数へ告知する表記があるため，少なくとも8世紀後半から9世紀頭にかけての平城京期から平安京期の段階で，告知ツールとしての看板が使用されていたと考えられている（高桑 1994）。
(3) ただし，ラジオはその後1959年にテレビに抜かれ，1975年には雑誌に抜き返されるが，2003年にインターネットに抜かれるまでは第4のメディアとして定着することとなる。
(4) 吉田が電通に導入した欧米型AE制度の「総合連絡制」は，広告主もしくは商品ごとに，メディア，マーケティング，クリエイティブなどのスタッフをチーム化し，AEである連絡部長が統括管理する手法である。当時の日本の広告会社ではメディ

アの広告営業代理としてメディア毎に営業活動が行われるのが一般的であったため，吉田はこの導入を「革命」と称している。この総合連絡制は日本人的サービス精神との相性も良かったため吉田の死後も進化し続け，現在ではSPやPR，イベントなども含めてすべてのメディアと手法を用いて最適解を提供する日本型AE制となっている。一方，欧米では1960～1980年代にビジネス効率を追求して分業化やアウトソーシング化を推進した。分業化専業化は効率化の進行と同時にさまざまな弊害ももたらした。そこで1990年代以降，その弊害を是正する形でIMC（Integrated Marketing Communication：統合型マーケティング・コミュニケーション）概念が導入される。IMCでは外部環境と消費者データを基にあらゆるメディア・手法（広告・SP・PR・イベントなど）を通じて最適なブランドメッセージ伝達が行われる。

(5) 特に高度経済成長期を経て，多くの広告人はマーケティングやクリエイティブなどを軸とした付加価値産業としての自覚を増大させた。しかしその一方で，メディア担当や営業現場の一部には，マーケティングやクリエイティブはメディアを売るためのサービスに過ぎないとする，以前のスペース・ブローカー的意識が，少なくとも1980年代まで根強く残っていたことも事実である。

(6) 特にテレビ広告は，初期段階では受像機台数が限られていたため単純計算による情報到達単価は非常に高額であった。しかし高度経済成長期を経て受像機が一般家庭にまで広く普及したため，情報到達単価は下がった。しかし，紙媒体と比較してリーチが非常に大きいため，広告キャンペーンを行ううえでの総費用は高額になる傾向にある。

(7) 無秩序な料金値引きを行うのではなく，出稿量の多い広告主にはその量に応じてより高い値引き率の単価が適用されるとする広告料金体系。

(8) 例えば，東京地区での業界共通視聴率調査は，1962年にビデオリサーチが設立され機械式調査（オフライン方式）が開始され，1977年にはすでにオンラインメータシステムが導入されている。現在のPM（ピープルメータ）方式が導入されるのは1996年である。

(9) 商業放送開始のわずか2年後である1953年の7月に民放労連（日本民間放送労働組合連合会）は結成されている。

(10) 欧米特にアメリカではM&Aが盛んに行われていたこともあり，当時からすでに，広告はブランドという無形資産（Intangible Assets）形成のための能動的投資行為であるという意識が主流であったのに対して，日本では広告はあくまでも営業のための経費であるという消極的な意識が根強いため，受け身的と表現した。この差異は，学術理論の認識レベルの違いとともに，会計制度の違いによる部分も大きい。すなわち，いわゆる「のれん代」としてブランド資産が計上されても毎年減価償却されて5～6年程度で資産価値がゼロとなってしまう日本の会計制度に比して，

アメリカのGAAP（Generally Accepted Accounting Principles：一般に認められた会計原則）では，期ごとの査定を行うものの，無形資産として帳簿上に残存していく仕組みとなっている。実ビジネス上のM&Aでは多くのケースで，株式の時価総額や有形資産価値以上にブランドなどの無形資産（特に簿外資産）価値が売買価格に大きく影響する。

(11) 広告業（広告代理業）は，アメリカでは「媒体社の代理人」としてスタートしながら「広告主の代理人」として発展したのに対して，日本では「媒体社・通信社の広告営業代理人」としてスタートした後，独自の発展を遂げる。特に電通の吉田は広告主である中山太陽堂破産による巨額負債発生事件に直面した際の思いから，広告業が産業として健全に発展するためには，広告会社の「自主独立」性が必要不可欠であると強く考えた。すなわち日本の広告会社（Advertising Company）の多くは，広告主・媒体社・生活者を連携してマーケティング的付加価値をクライアントに提供する機能組織であり，クライアントの代理人（Agency）であるアメリカ型の広告代理店（Advertising Agency）でも，旧日本型の単なる媒体社の営業代理としての「代理店」でもない。

(12) 『広辞苑』（岩波書店）において，用語「業界」の意味は次のように変遷する。
　　第一版（1955年発行）：「事業または職業の仲間。また，その世界。」
　　第二版（1969年）〜第四版（1991年）：「同じ産業にたずさわる人々の社会。」
　　第五版（1998年）〜第六版（2008年：最新刊）：「同じ産業にたずさわる人々の社会。特に，マスコミ・広告などに関係する人々の社会。」

　本章で論ずる「ギョーカイ」を意味する「特に，マスコミ・広告などに関係する人々の社会。」という語義が追記されるのは1998年発行の第五版からである。ひとつの言葉もしくは既存の言葉の新しい語義が社会的に認められている国語辞典に掲載されるまでには一定の時間を要する。すなわち，その言葉もしくは語義の存在が国語学者により認知され，それが一時的に用いられる単なる流行語ではなく，広く社会へ定着した安定的な存在であることが確認される必要があるからである。さらに国語学者が認知してからも，実際の国語辞典の企画編纂編集，原稿執筆から出版に至るまでの過程でそれなりの時間を要する。ギョーカイという用語の発生（社会的認知）時期について，詳しくは後述するが，広辞苑第四版発行の1991年の数年前の時点では社会的認知が不十分であったものの，遅くとも第五版発行の1998年の数年前となる1990年代中頃にはギョーカイは正式に市民権を得ていると国語学者は認識していたと考えられる。

(13) 例えば映画『私をスキーに連れてって』では，「スキー場へ行って素敵な出会いを見つける」「彼女ができたらスキーに誘う」といったトレンド・セッティングを行い，すでに到来しつつあった空前のスキーブームに拍車をかけた。さらに，小型無線機を使って連絡を取り合う（当時は携帯電話がまだなかった），白いスキーウ

エア，4駆（4輪駆動車，4WD）でスキーに行く，スタッドレスタイヤを履くといったさまざまなライフスタイルを紹介，提案した。そして多くの若者がこれに共感し，実行したように，若者の消費文化への影響力は絶大であった。

⑭　ラジオのパーソナリティを務めるタレントやアーティストが，聴取者が興味を持つであろう自身の私生活などの話題を紹介することで，好感度や親近感を醸成する技法はこれ以前にも存在した。しかしとんねるずの技法は，聴取者の興味とは関係のないテーマまでも半ば強引に話題化してしまうことによって，わかる人にしかわからない世界観を形成し，情報発信方法はオープンでありながら内容の理解についてはクローズドであるという，究極のムラ社会形成であった。

⑮　例えば，自らの出演番組において，それまで誰も興味を示さなかった裏方の番組制作会社の名称「共テレ（共同テレビジョン）」「八峯」「ニューテレス」などを積極的に取り上げている。なかでもカメラや音声などの技術業務を行う企業の社員を「さすが，ニューテレス」，「ニューテレス軍団」などと紹介し，個別に脚光を浴びせることもしばしば行われた。

⑯　例えば，とんねるずはラジオ番組「オールナイトニッポン」において，自分たちのトークにギョーカイやギョーカイ人という言葉を登場させるだけでなく，ギョーカイに纏わる変わった噂や妄想などに関するリスナーからの投稿を紹介するコーナーまで設けていた。

⑰　電通の第4代社長の吉田秀雄は「媒体社の『広告代理』店」から近代的「広告会社」にならなければならないことを戦後すぐに力説していたが，媒体社などへの配慮もあり，実際に電通が対外的に「広告代理店」ではなく「広告会社」であることを標榜したのは1978年からである。また日本標準産業分類では，「平成19年（2007年）11月改定（第12回改定）」において，中分類「73広告業」の小分類が「730管理，補助的経済活動を行う事業所」「731広告業」となったが，それまでの「平成14年3月改定」までは，中分類「89広告業」内に小分類「891広告代理業」「899そのほかの広告業」であった。政府統計の認識としても，21世紀に入りようやく広告産業が「広告代理業」主体から「広告業」主体へと認識されてきたことがわかる。

⑱　「無形資産（Intangible Asset）」は，会計学では狭義には国際会計基準（IAS）第38号などで定義され，国際財務報告基準（IFRS）では具体的に「マーケティング」「顧客」「芸術」「契約」「技術」の5つのカテゴリーに分類される。しかし，本章では企業価値論的観点から「組織」や「手続き」などを含めたより広義での定義，例えばコラドら（Carol Corrado, John Haltiwanger, Daniel Siechel et al., 2005）の規定を採用する。「組織」や「手続き」で定義される内容の一部は「顧客」や「技術」で定義される内容とも一部重複するが，これまでの議論において価値評価手法が定まっていない内容や会計処理上定義されない内容をも包含することから，あえてこ

第7章　インフォーマル組織「ギョーカイ」のレゾンデートル

こでは別の分類とした。
⑲　フューダリズム的な領主と家臣や農奴との主従関係を捉って，ギョーカイでは先輩後輩関係をこのように呼んだ。
⑳　組織は役割分担であり，限りなく水平化された組織であっても指揮命令系統上の上下関係は必ず存在する。組織が機能するためには上下関係が存在することが必要である。しかしその上下関係はあくまでも勤務組織上の指揮命令系統に過ぎないのであり，人間としての本質的な意味での上下関係とは本来まったく関係はないはずである。しかし特に日本の一部の企業や組織では，公私混同により，勤務外の私生活においても絶対的な上下関係を強要されることがいまだに多い。
㉑　現在ではアメリカにおいてすら，株主利益最大化を金科玉条とした，何でもありの短期的利得最大化経営に対しては批判が上がっている。社会全体にとって価値ある企業であるべきとする CSR 経営や，地球環境に優しくあるべきとするエコロジー経営，企業自体も長期的に存続していくことが重要であると考えるサステナビリティ経営などの考え方がかなり一般化してきている。
㉒　例えば，金属加工など比較的に原価率の高い第二次産業で，特に中小規模の企業が取引受注を行う際には，作業工程単位での見積もりが作成されることが多く，人工単位での見積もりが書かれることは少ない。また，広告業のみならず，百貨店などの流通業を含む第三次産業の一部でも，人件費はグロスの間接費に包含されることが多い。よって見積書のうえでは作業者の人件費が明示的には計上されないため，取引先からさまざまな無料サービスとしてマンパワーの投入が要求される場合も多かった。
㉓　外国の選挙における相手候補に対するネガティブ・キャンペーンなどは有名である。特に近年のアメリカ大統領選挙ではネガティブ・キャンペーンが主流とさえなっている。さらに欧米では一般的な商品やサービスにおいても否定的・攻撃的表現はしばしば見られる。日本人の平均的な感覚では露骨な否定的・攻撃的表現には違和感を否定できないと思われる。欧米においては，そうした表現にうんざりする人も大勢いる一方で，かえって面白がってとらえている人もそれなりにいるといわれている。
㉔　音楽では，伝統的な「路上ライブからライブハウスデビュー」というサクセス・ストーリーに加えて，映像プレゼンテーションからのライブハウスデビューなどのケースも増加している。またメジャーデビューを目的とした音楽関係者へのアクセスも，音源 CD や DVD のレコード会社への送付や持込みなどの従来方法に加えて，インターネット上でのデジタル音源プレゼンテーションやオンラインでの人気投票による一次審査方式など，手法も多様化している。他にも，グラフィック広告において若手クリエイターを応援する「クリコン」（クラウドワークス社，http://cre-com.com/）のようなクラウドソーシングサービスなども始まっている。

⑵ 筆者は，グローバルスタンダードという名の KING がすべてのローカルスタンダードを駆逐してかまわないという論理はありえないと考えている。個別ローカルな歴史や文化をある程度尊重して，一部ではローカルを基準として，グローバルスタンダード自体が変化する必要がある場合もありうる。

　また昨今一般的に「グローバルスタンダード」と称されるものの中には，「アメリカンスタンダード」や「欧米スタンダード」であるものも多い。真のグローバルスタンダード作りのためには，比較的発言力の弱い国々を慮りながら，和を重んずる日本的精神性を持って，進んで国際的にファシリテータ役を買って出る気構えが日本にも必要である。

文献

AD STUDIES 編集部，2003，「生誕 100 年記念広告界近代化の先駆者・吉田秀雄」『AD STUDIES 都市』，Issue 3：4-24.
Corrado, Carol and Haltiwanger, John and Siechel, Daniel eds., 2005, *Measuring Capital in the New Economy*, The University of Chicago Press.
船越健之輔，2004，『我広告の鬼とならん──電通を世界企業にした男・吉田秀雄の生涯』ポプラ社.
原安三郎，1970，『「私の履歴書　経済人 1」原安三郎』日本経済新聞社.
ホイチョイ・プロダクションズ，2007，『気まぐれコンセプトクロニクル』小学館。
井出智明，2010，「ジャーナリズム・マーケティング」『情報学研究学環　東京大学大学院情報学環紀要　2010』No. 78：107-134.
井出智明，2011，「アカデミアとマスコミの距離感」『情報学研究学環　東京大学大学院情報学環紀要　2011』No. 80：27-68.
加来耕三，2007，『電通を育てた"広告の鬼"吉田秀雄』財団法人吉田秀雄記念事業財団。
片柳忠男，1963，『広告の鬼・吉田秀雄』オリオン社。
河本久廣，2003，『よくわかる放送業界』日本実業出版社。
永井龍男，1963，『この人吉田秀雄』文春文庫。
日本テレビ 50 年史編集室，2004，『テレビ夢 50 年　経営篇』日本テレビ放送網株式会社。
小野秀雄，1960，『新聞の歴史』東京堂出版。
櫻井よしこ，2002，『GHQ 作成の情報操作書「眞相箱」の呪縛を解く』小学館。
田原総一郎，1984，『電通』朝日文庫。
高桑末秀，1994，『広告の世界史』日経広告研究所。
逓信省通信局，1924，『東京無線電話放送事業の許可。12 月 17 日（page 附録　2）』逓信省。

テレビ朝日社史編集委員会,2009,『チャレンジの軌跡』テレビ朝日。
東京放送,2001,『TBS 50 年史』東京放送。

終　章

インターネットの時代に「ギョーカイ」は成立するのか

樺島榮一郎

　本書では,「ギョーカイ」という言葉で語られることが多い,日本のメディア・コンテンツ産業おける非公式なつながりやネットワーク,メンバーシップ意識,その起源と経緯,それらが存在する理由などを,メディアごとに見てきた。それぞれの章を読むと,いずれの分野においても,企業のような公式な組織とは異なる非公式なつながりが業務を行ううえで重要な役割を果たしていること,またその必然性が理解できよう。その一方で,近年,日本のメディア・コンテンツ産業を取り巻く環境は,ICTの普及により,大きく変化しつつある。終章では,今後の「ギョーカイ」がどうなるのか,これまでの各章の知見を踏まえて,考察を行う。具体的には,囚人のジレンマ・ゲームの概念を用い,「ギョーカイ」で見られる行動やそれを存在せしめている要因を考察し,そのうえで,インターネットにおける「ギョーカイ」のあり方を明らかにする。そして最後に,それを踏まえつつ既存のメディアの「ギョーカイ」のあり方を論じることとする。

1　補助線としての囚人のジレンマ・ゲーム

　ここまでの各章の内容から筆者の頭に浮かんだのは,ロバート・アクセルロッドの『つきあい方の科学』(Axelrod 1984 = 1998) であった。この本は,政治学者であるアクセルロッドが執筆したものだが,大変ユニークで秀逸な研究手法により,その後のゲーム理論や,コンピュータを使ったエージェント・ベー

ド・シュミレーション研究の基礎となったものである。

　人と人（さらには国と国，生物と生物など）が協力しあう行動はどのような条件で生まれるのか，というのがこの本の主題である。これを調べるために，アクセルロッドは，「囚人のジレンマ」という，以前から比較的よく知られていたゲームに着目した。このゲームは，隔離されて一人ずつ取り調べを受ける，共犯の二人の囚人を想定したものである。二人のプレイヤーは，裏切り（自白）と協調（黙秘）というふたつの選択肢を持つ。自分が相手を裏切って自白する一方で共犯者が協調して黙秘を続けた場合，恩赦により自らの刑期は一番短くなるが，共犯者の刑期は一番長くなる。二人とも協調して黙秘すれば中程度の刑期，二人とも裏切り自白すると協調して黙秘した場合より刑期が長くなるが，裏切られたときよりも短くなる，という設定になっている。刑期の短さを利得の高さと解釈すると，この状況は，表終-1のように整理できる。

　より正確に記せば，囚人のジレンマ・ゲームは，ふたつの項目により定義される。すなわち，第一は「四つの値の順番である。一方的に裏切る誘惑Tが最高で，裏切られるSが最低。協調しあうときの報酬Rは，裏切りにあったときの懲罰Pより大きい。つまり，大きい順に利得はT，R，P，Sの順になる。囚人のジレンマの定義の二つ目の項目は，RはTとSの平均よりも大きいというもので $[R>(T+S)/2]$，（中略）五分五分で搾取したりされたりする場合の平均利得が，協調しあう際の利得より少なくなることを示している」(Axelrod 1984＝1998：9)。

　ここで，「ギョーカイ」のあり方は囚人のジレンマ・ゲームに整合するのかどうかについて，アクセルロッドが第一次世界大戦の塹壕戦を囚人のジレンマにあてはめて適合するかどうか確認したやり方 (Axelrod 1984＝1998：76-77) を参考に，考えてみよう。本書では，マンガ家同士，さまざまな職種のゲーム開発者，レコード会社のA&Rとアーティスト，新聞記者同士，新聞記者と新聞社などの多様な関係が対象となっているが，ここでは単純化して，同じメディアに関わる二者をゲームのプレイヤーとする。選択肢は，仕事を協力して一緒に行うか（協調），それとも仕事を独占したり，相手の仕事に報酬を払わな

終章　インターネットの時代に「ギョーカイ」は成立するのか

表終-1　囚人のジレンマ・ゲームの利得表

		プレイヤーA	
		協調	裏切り
プレイヤーB	協調	R=3, R=3 (協調しあう場合の報酬)	S=0, T=5 (協調した方は損をこうむり, 裏切りには魅力がある)
	裏切り	T=5, S=0 (協調した方は損をこうむり, 裏切りには魅力がある)	P=1, P=1 (両方とも裏切った懲罰)

出所：Axelrod（1984＝1998：8）を一部筆者改変。

いなど非協力的に行うか（裏切り）のいずれかである。信頼した相手に裏切られると自分の仕事がなくなったり，仕事をしても十分な報酬が受け取れない使い捨ての状態となったり，スクープを独り占めにされたりする（Sの状況）。相手と対立しながら仕事を行えば，仕事が無いよりはよいものの，資金と技能，作品と流通などのお互いの異なった技能の組み合わせや情報確認などの協力が得られず，成功の規模が小さくなったり質が落ちたりする（Pの状況）。ゆえにP＞Sとなる。お互いに協調して仕事をすると，Pの状況とは反対に，お互いの技能を補ってよりよいコンテンツを制作したり，資金と流通経路を持つメディア企業とコンテンツ制作者が協力しあうことで，より多くの利得が得られる（Rの状況）。したがってR＞Pとなる。最も利得が大きいのは，信頼してきた相手を裏切り，利得を独り占めする場合である。相手を信頼させて協力を引出し，質が高く大規模な作品を実現するが，相手に報酬を支払わずに収益を独り占めしたり，相手がスクープを自粛していたところを裏切ってスクープを掲載することで最も利得は大きくなる（T＞R）。したがって，同業者のつきあいや，メディア企業とコンテンツ制作者との間の状況は，囚人のジレンマの状況を満たしていると言えよう。

　一方で，「ギョーカイ」のあり方が囚人のジレンマ・ゲームに整合しないように見える状況もある。これに関しても考察してみよう。第一に，プレイヤーの利得の非対称性が考えられる。メディア・コンテンツ産業の研究や政策で

90年代後半から2000年代前半によく言及されたが，テレビ局やレコード会社，新聞社などのメディア企業は，流通を支配し，コンテンツを流通させるかどうかを決定するゲートキーパーであり，流通経路を持たない番組制作会社，アーティスト，フリーのジャーナリストなどのコンテンツ制作者に対して，元請けと下請けの関係を思わせる非常に強い立場にあると言われる。しかし，アクセルロッドが説明するように，それぞれのプレイヤーの協調時の利得が対等である必要はなく，上記のふたつの定義，すなわち点数の順序と，RはTとSの平均よりも大きいということさえ満たせば，利得が非対称でも成り立つのである（Axelrod 1984＝1998：17）。上記の表終-1の利得表で言えば，(R＝4, R＝3)でも，囚人のジレンマ・ゲームの定義を満たすのだ。確かに，日本の実際の状況においては，協調関係が成立した場合もメディア企業の利得の方が大きいのかもしれないが，コンテンツ制作者との協力がなければ，お互いにビジネスが成り立たないわけで，協調の価値が高いのも確かである。この点で，プレイヤー利得の非対称性ゆえに，囚人のジレンマ・ゲームと整合しないということはない。第7章の3節で言及される広告会社と広告制作会社の関係は，このような状況を示したものと言えよう。

　第二に，第3章で言及されたような単なる転職先の会社の紹介などで，自分のその時取り組んでいる仕事と直結しない場合は，協調して転職先を紹介しても，裏切って紹介しなくても，自分自身の利得は変わらない，という点が指摘できる。しかし，これもより長期的に見れば問題とならないのかもしれない。つまり，長期的に見れば紹介してくれた人に対して借りがあるということになり，紹介された方は業務に限らずさまざまな面で協力するようになると考えられるからである。しかし，この関係はあいまいで，囚人のジレンマの利得の定義に整合するとは言い切れない部分があるのも確かであろう。

　とは言え，全般として「ギョーカイ」の状況は，おおむね囚人のジレンマ・ゲームに整合していると言ってよいだろう。

2 アクセルロッドの知見と「ギョーカイ」

　アクセルロッドは，囚人のジレンマ・ゲームにおいてどのような戦略が有効かを知るために，大変ユニークな方法を用いた。世界中から協調か非協調（裏切り）かを判断するアルゴリズムが，異なるコンピュータ・プログラムを募り，総当たりのリーグ戦を行い，合計点が最も多いプログラムを優勝とする大会を2回開催したのである。その結果，最も得点を多く挙げたプログラムは，1回目のみならず，1回目の結果を踏まえてプログラムが作られた2回目も，自発的に裏切りを選択することはなく，相手が裏切りを選択すると次の回は裏切り，相手が協調を選択すると次の回は協調を選択する，つまり相手の戦略をそのまま次回に返すという最も単純な「しっぺ返し」というプログラムであった。また，生態学をヒントに，前回の得点に比例して次の大会に出場するプログラムの数を決定して第2回大会に参加したプログラムを1000回以上繰り返し，増殖するプログラムと絶滅するプログラムを調べている。ここでも「しっぺ返し」が最大の勢力となったのである。

　この他，成績優秀なプログラムの傾向などから，アクセルロッドは協調関係に関して，いくつかの知見をあげている。いずれも本書で取り上げた「ギョーカイ」のあり方と整合し，考えるうえで示唆に富むものである。

　第一に，協調が起きやすい条件を明らかにしている。この条件のなかで，最も重要なのは，将来もつきあいが継続する可能性が高いほど，協調が選択されやすいということである。「将来再会する可能性は，今の自分の行動が今の利得を決めるだけでなく，将来再会したときの相手の挙動にも影響する」(Axelrod 1984 = 1998：11) ためである。逆に言えば，相手と再会する見込みが薄いならば，協調よりも裏切りを選択したほうが合理的となる。これは，第3章「日本の映画産業黎明期にみる『ギョーカイ意識』の成立」において，常設映画館の設立に伴い安定して存続する映画のビジネス・モデルが成立したことを契機に，人のつながりによる転職や引き抜きなどが起こり業界意識が成立した，と

評していることと整合する。すなわち，映画産業が将来も存在しつづけるとの認識がこのような関係を作り出したと理解できる。

　また，つきあいの頻度を高めることも，協調関係の増加に寄与するとしている。このために，つきあう相手の数を限定することが有効である。さらに，つきあいを細分化し多くの段階に分けることで裏切りの利益を小さくすることも協調を成立させやすくする（Axelrod 1984 = 1998：137-139）。第1章「トキワ荘にみるマンガ産業の勃興と生産者の適応」や第5章「二層性のなかの記者クラブ」は，長時間一緒にいるゆえにお互いの協調関係が強化された例だと考えることができるし，第4章「音楽の生産と人的ネットワーク」の，クラブなどに出かけて人的ネットワークを形成していく様子は，つきあいの頻度を積極的に高める行為と見ることができる。また，第2章「日本におけるPCノベルゲームの産業構造」における，長時間制作を一緒に行うコアメンバーと，必要に応じて標準化された分業を担当する外注というあり方は，コアメンバーのつながりを高めるとともに，それほどのつながりを持たない外注の部分では業務の細分化によって裏切りの利益を小さくしていると理解することができる。

　第二に，相手の協調を引出すための自分の行動のあり方を明らかにしている。「すなわち，相手が協調している限り，不要ないさかいは避けること，相手がふいに裏切ってきたときには怒りを表す可能性を示すこと，一度怒りを表したあとは，心を広くして長く遺恨をもたないこと，相手が自分についていけるように，明確な行動をとることである」（Axelrod 1984 = 1998：11）。このうち，不要ないさかいを避けることや明確な行動をとるという部分は，解釈で判断せざるを得ない部分が大きく評価が難しい面もあるが，第7章の3節「インフォーマル組織ギョーカイの無形資産性」で言及されている，指揮命令の単純化のための企業を超えた入社年次制や，あえて通俗的な「ギョーカイ」のイメージを演じて人間関係を作っていく部分などが，それに対応していると言うこともできよう。怒りを表すが遺恨を持たないという部分については，第5章の記者クラブにおける，抜け駆けで記事を書いた記者への記者クラブによる制裁や，記者クラブの自律性を剥奪しようと新聞社側の組織が申し合わせを行ったことに

対する記者クラブの反発と新聞社側の敗北，その後，新聞社（の組織である新聞協会）が記者クラブを親睦団体と位置づけ新聞社と記者クラブは無関係としたこと，などに見られよう。

　第三に，「全面裏切り」を戦略とする人しかいない場合でも，「しっぺ返し」の戦略をとる人が5％いるだけで「しっぺ返し」戦略を採用する人の利得が裏切りの人よりも高くなり，「しっぺ返し」戦略が全体に広がっていく。そして，一度，「しっぺ返し」のように自分から裏切ることがない上品な戦略が定着すると，全面裏切りのような，自ら裏切る戦略が内輪づきあいをしても上品な戦略が定着した世界に侵入できない（Axelrod 1984＝1998：66-72）。この状況を，アクセルロッドは「社会進化の歯車には逆行止めの爪（ラチェット）がついている」（Axelrod 1984＝1998：106）と表現している。このように，協調関係は容易に成立しやすいものであり，一度，協調関係ができると後戻りすることはなく，将来の見通しがさほど明確でなくとも，協調関係それ自体が拠り所となり協調が強固になるのである。これは，第1章のマンガ家同士の共同体が，週刊誌の増加による制作の変化により比較的短期間しか存続しなかったという部分をのぞけば，いずれも「ギョーカイ」的なつながりが長期間存続していることを示していることと，整合していると言えよう。マンガ家同士の共同体についても，同一のアパートに居住して共同生活をしながら濃密につながりを持つという部分が比較的短期間でなくなっただけで，各自が別々に生活するようになってからもつながりは続いていると読むこともできる。

　第四に，ゲームの参加者同士の協調は，あくまでもこの当事者同士にとって，T以下でP以上の利益になればよいのであり，ゲームに参加していない第三者の利益と関係がない，さらに言えば第三者の不利益となる場合もあるということである（Axelrod 1984＝1998：17）。本書の例で言えば，ゲームの当事者（プレイヤー）となるのは，マンガ家同士，さまざまな職種のゲーム開発に関わる人々，映画制作に関わるさまざまな職種の人々，A&Rとアーティスト，記者同士や記者とその所属新聞社，芸能プロダクションとテレビ局，広告会社とクライアントなど，あくまでも制作に関連する当事者だけであり，読者や視聴者

はそこから除外され，場合によっては不利益を被る立場にある。消費者は，制作の関連した当事者同士の結びつきと比較して距離があり，個体識別も難しく，つきあいが明確に認識できるわけではないことから，ゲームの当事者にはなりにくいのである。この点を消費者から見れば，内輪だけの利益を優先しているという批判につながることになろうが，ゲームのプレイヤーからすれば，内輪を優先するのは自らの利得を増やすための当然の行動となる。

このように，アクセルロッドの知見は，本書で示した事例と多くの部分で整合していると言えよう。

3 今後の「ギョーカイ」のあり方を考える

本書で「ギョーカイ」の今後について言及がある部分は，第5章で，取材という仕事の性質を考えると記者クラブ的なものはなくならない，第6章で，「野武士」的な「職人」意識を持った人々によって構成されている「ギョーカイ」的な組織文化を肯定すべき，第7章では，ギョーカイが果たしてきた無形資産的インフォーマル組織機能自体は変革せざるを得ない部分も多いが，すべてが駆逐されてしまうとも考えられない，とあり，いずれもギョーカイ的なものは無くならないとしている。また，第1章では地理的近接性に伴うつきあいの重要性の指摘があり，第4章も人的ネットワークは音楽文化に不可欠としており，これらも，はっきりと将来を明示したものではないが，「ギョーカイ」的なあり方の存続を示唆しているとも読める。序章で言及した既存文献も踏まえると，非公式なつながりがメディア・コンテンツ産業以外でも広く見られることがあり，そのなかでも常に新しさが求められ変化が激しいメディア・コンテンツ産業では特に重要なのだ，と理解することもできる。今後も「ギョーカイ」的なものが無くなることはないというのは，かなりあり得ることだろう。

それでは，今後の非公式な人的ネットワークやその文化は，どのように変化していくのだろうか。この節では，上記のアクセルロッドの知見を踏まえて，今後の「ギョーカイ」のあり方について考察を行うが，特に日本のメディア・

コンテンツ産業に根源的な影響を及ぼしているインターネットを取り上げることとする。

インターネットは広く多様である。ほとんど人の目に触れないような個人のページから，世界中から何億人という人を集めるポータルサイトまで，その規模も多様である。運営も，個人はもちろんのこと，企業，NPO，政府，趣味などのグループ，学校，軍隊など，あらゆる国のあらゆる組織によって行われている。このような現在のインターネットの状況を一概に論じることは困難である。ここでは，ポータルサイトやニュースサイト，動画サイトなど，インターネットを大規模なメディアとして活用する企業と，そのようなサービスをプラットフォームとして利用している個人や個人レベルの小組織のふたつを対象に，インターネットにおける「ギョーカイ」意識の成立の可能性とあり方を考えよう。

企業組織からみるインターネットの「ギョーカイ」のあり方

日本のインターネット・サイトのページビューランキングを見ると，表終-2のようになる。

これを見ると，ポータルや，検索，動画，SNS，ショッピングサイトなどのプラットフォーム型のサイトがならび，ニュースや番組などのコンテンツを自ら制作して流通させる既存のメディアと同じビジネス・モデルのサイトは20位までに入っていないことがわかる（朝日新聞デジタルの23位が最高）。インターネットでは，さまざまなコンテンツや商品を集積して，課金や決済，広告などそれに付随したサービスを提供するプラットフォーム型であることが，メディアとして大きくなるためには必須なのである。この状況からは，以下のようなことが指摘できよう。

まず，このような大規模なインターネット・サイトで使用されている技術の汎用性の高さである。その技術は，実際にはさまざまな職種があるが，あらゆるサイトの運営やネットワーク構築や管理などの業務に生かすことができるものである。これは，既存のメディアにおいて，例えば新聞印刷やテレビ送信な

表終-2　日本のインターネット・サイトの月間ページビューランキング

順位	サイト名	月間ページビュー（単位，億）
1	Yahoo! JAPAN	614
2	Ameba	244
3	livedoor	120
4	FC2	100
5	楽天	45
6	google	40
7	niconico	36
8	amazon.co.jp	25
9	YouTube	24
10	NAVER まとめ	19

出所：東洋経済新報社（2013：90-91）に基づき筆者作成。

ど，流通に関連する技術が専用のものであったことと比べると，その特徴が際立つ。つまり，インターネットの技術に関わる人々は，さまざまな分野に転職することが可能なのである。また，新しく急激に成長しているインターネットにおいては，新規事業者の参入も容易であり数も多い一方で，退出も多い。こういった要因が，実際に勤続年数の違いに現れていると考えられる（表終-3）。

　次に，コンテンツを制作している人々の多様性である。サイトに実際にコンテンツを供給しているのは，動画サイトやSNSなどの場合，非常に多数の個人であったり，ニュースサイトなどではやはり多数の外部のコンテンツ制作企業である。例えば，日本で最大のニュースサイトであるYahoo!ニュースにニュースを配信している企業は187社にのぼり，大手新聞社や地上波キー局，スポーツ新聞，地方紙から，各専門分野の雑誌，特定の地域や題材に特化したニュースを配信するさまざまな新興のインターネット・ニュースサイトなど，その規模や分野も実に多様である。また，配信を行う企業の総数も，ページビューの増加とともに着実に増加を続けている。

　上記の2点のような企業による大規模なインターネット・サイトの状況においては，既存のメディア・コンテンツ産業のような「ギョーカイ」意識とは，

表終-3　メディア・コンテンツ産業主要企業の平均勤続年数

分野	企業（親会社，有価証券報告書提出の会社）	平均勤続年数	出所
ネット	ヤフー	5.1	a
	Ameba（サイバーエージェント）	3.6	a
	楽天	3.8	a
	niconico（ドワンゴ）	3.6	a
新聞	朝日新聞社	18.8	b
	読売新聞社	19.8	b
	毎日新聞社	19.6	b
地上波キー局	日本テレビ（日本テレビホールディングス）	21.5	a
	TBS（東京放送ホールディングス）	23.6	a
	フジテレビ（フジ・メディア・ホールディングス）	13.4	a
	テレビ朝日	15.3	a
	テレビ東京（テレビ東京ホールディングス）	18.6	a
広告	電通	13.1	a
	博報堂（博報堂DYホールディングス）	16.3	a

出所：a＝2013年度の有価証券報告書。厳密に言えば，業務を担当する会社と有価証券報告書を提出する親会社の平均勤続年数は同じではないだろう。
　　　b＝（赤嶺：2013）

違ったものになろう。

　第一に，アクセルロッドが協調関係の成立を考えるうえで最も重視した，つきあいの期間に関して，相手とのつきあいが長期間になるかどうかの予測が困難になることが挙げられる。既存のメディアの場合，いずれも勤続年数が長く，またテレビは60年，新聞は100年以上の組織としての歴史があることから，社員のキャリアパスもルーティーン化され，互いの将来に関する予想が比較的容易である。これに対して，インターネットに従事する人々は流動性が高く，転職先がメディア以外の企業となる場合も多い。また，長期間，同じ会社に勤務するとしても，インターネットの利用を主眼とした会社のうち，最も古いものでも設立されてから20年程度で，そのキャリアパスを予想することは難しい。さらに，ビジネスや技術の変化が激しく，会社が存続しつづけるか，また存続してもビジネス・モデルやビジネス領域を変更しないかについての予想が

困難である。このため，同じ相手と再び仕事をする可能性の予想は，一般的には既存のメディアよりも低くなるだろう。[1]

　第二に，業界の範囲，区切りがあいまいということが言える。先に述べたように，ICT，インターネットは，汎用性の高い技術であり，どの組織でも使っている。出版や新聞，テレビなどの既存のメディアは，そのメディアに関わっていることで業界の範囲が限定できるが，インターネットではそれが難しい。これは，つきあう人の限定が難しくなるということであり，やはり協調関係を弱める方向に働くだろう。

　第三に，インターネットに関与する企業の多様性である。上記のように同じニュースサイトでも，規模も歴史も，対象とする分野も国籍も異なっている。この状況は，多様なバックグラウンドの人々が集まった黎明期のテレビと似ているように見えるかもしれないが，テレビの場合はそれらの多様な人々がテレビ局という企業に入社し社員という同じ立場となり（後年は番組制作会社という立場も生まれたが），一緒に同じ番組や，さらに大きな視点から言えばそれらの番組やその編成を通じてひとつのチャンネルを作っていたという部分が大きく異なる。インターネットのプラットフォームにコンテンツや商品を提供しても，プラットフォームはそれを基本的に無条件に，機械的に受け入れ掲載するだけであり，提供企業との関係は人と人が密接にやり取りするものではなく，また提供企業間でもやりとりする機会はほとんどない。インターネットのプラットフォームでは，ひとつのものを一緒に作り上げるということはなく，各自がそれぞれに多様性のままに業務を行い，それをそのまま見せているのである。このように密接なつきあいがないという状態は，協調関係を弱めるのである。

個人レベルでのインターネットにおける「ギョーカイ」のあり方

　次に，個人もしくは数人程度の小規模なグループで運営されるインターネットのメディアについて考えてみよう。

　インターネットは当初から，単なるコンピュータのネットワークではなく，人と人とのつながりのために用いられてきた。インターネットのはじまりは，

終章　インターネットの時代に「ギョーカイ」は成立するのか

高価だったコンピュータを有効活用するために，規格の異なる4つの大学のコンピュータを接続したARPAnetであるが，そのごく黎明期の状況について浜野は以下のように記している。

　　メディア・テクノロジーが普及していく過程で，開発者が当初想定した通りに使われるということはほとんどない。ARPAnetも，その例に漏れなかった。
　　ARPAnetは研究資産の共有を図るために造られたものであったが，利用者次第にコンピューターを遠隔操作するよりも，メッセージのやりとり，いわゆる「電子メール」を使うようになった。初めの内は共同研究の打ち合わせに使われていたが，次第に個人的な内容が増えていった。
　　さらに，大勢の利用者に同一メッセージを自動的に送りつけるメーリング・リストという技術が発明されると，ARPAnetの性格はさらに変容していった。最初の大きなメーリング・リストがSF愛好者のための「SF LOVERS」だった。（浜野　1997：132-133）

このようなインターネットの使い方の傾向については，現在の人々も共感するところだろう。かつてはメールやWebページなどを通じて，近年はブログやSNSなどのさまざまなサービスを通じて，距離や所属などを超えて，それまでつながっていなかった人々と，さほどの負担もなく頻繁なやり取りが可能になるという状況は，新しい協調行動を生み出し，帰属意識を伴う人的なネットワークを容易に成立させてきた。そして，そういった人々が集う題材は，無限である。遠藤薫ら（遠藤編著 2008）が収集したネット上のコミュニティの例は，YouTubeに投稿されたビデオをきっかけとするもの，地域を拠り所にするもの，精神疾患を患う人々，特定の掲示板に集う人々，音楽，バイク便など実にさまざまであるが，同時にそれらがインターネットの人的ネットワークのほんの極一部に過ぎないこともまた自明であろう。
　このようなインターネット上のさまざまなトピックの（ごく）一部として，

メディア・コンテンツ産業の分野に関連したものがあり，当然ながら，その周囲に人的ネットワークが見られる。テレビや CD などの既存のメディアを主な活動の場とするタレントやアーティストは，ブログやツィッターを使い，頻繁にファンとやり取りするようになった。また，それらのファン同士のコミュニティも，大きなものから非常に細分化したものまで，非常に多く見られる。動画サイトでは，個人が制作した音楽や動画などのコンテンツや，それを改変した一連のコンテンツ，生放送などを題材に，人々のネットワークが形成されている。同じように一部の Web 上のマンガやイラスト，オンライン・ゲームなどにも，ファンや制作者，プレイヤーのネットワークが見られる。上記のインターネット・メディアのプラットフォーム化が，既存メディアのタレントやアーティストを含めて，個人的なネットワークの可能性を大きく広げたことは確かである。このようなネットワークでは，制作者がファンになり，ファンが制作者になるといった転換が容易に起こりやすく，またファンとの距離が近いことから，制作者とファンが区別されにくい。さらに，オフ会と呼ばれる，実際に人々が自主的に集う会合や，アーティスト側が主催するライブなどの現実のイベントをインターネットでのやり取りと組み合わせることによってネットワークが強められる。

このようにインターネットには，低コストで頻繁なやり取りを可能にして，つきあいを強める効果がある一方で，以下のようにつきあいを弱める要素も存在する。まず，つきあい自体が短く終わる可能性が高いことがある。掲示板，ブログや SNS の閲覧はもちろんのこと，メーリング・リストのようなプッシュ型のサービスであってもメールソフトのフィルターを使用したり，アドレスの使用を止めることで，つきあいを止めたいと思えばすぐに止めることができる。次に，流動性が高いことから，メンバーを限定することが難しいという点も，つきあいを弱めるだろう。さらに，アクセルロッドは協調関係を形成するために個体識別ができることの重要性を指摘している（Axelrod 1984 = 1998：108-109）が，匿名やなりすましがあるインターネット上では，個体識別の精度に問題がある場合がある。このような要因から，つきあいが長期間続くと予想

できメンバー意識を持ちうる現実のメディア・コミュニケーション産業の仕事上のつきあいと比較して，つきあいとそれに伴う協調関係は弱くなることもあろう。

インターネットにおける「ギョーカイ」のあり方，その結論

　結局，インターネットにおける「ギョーカイ」，すなわち非公式な人的ネットワークのあり方は以下のようにまとめることができよう。企業に関して見れば，インターネットは，既存のメディア・コンテンツ産業よりも働いている人の流動性を大幅に高め，新規の事業者を呼び込んで事業者の規模や分野の多様性を高める。また，業務のなかでも同業者同士のつきあいを必要としない場合も多いため，「ギョーカイ」のつながりや意識は，既存のメディアよりも弱いものとなろう。インターネットの普及とともに新たに出現した個人レベルの多様かつ莫大な協調関係は，短期間しか存続しないものから長期間存続するもの，ゆるやかなものからメンバー意識が強いもの，小規模なものから大規模なものまで，さまざまなものが見られ，一定の方向性があるとは言えない。さらに，コンテンツ制作者とファンの区別の少なさ，流動性は，職種のアイデンティティやそれに伴う同業者のつながりを弱める方向に働き，相対的に明確な境界とメンバー意識を持ちうる既存の「ギョーカイ」意識とは，異なるものであると言える。

　ここまで考えると，既存のメディアで見られる相対的に明確な所属意識や文化などは，コンテンツの制作や流通に関連した業務に携わる組織や人が限定されており，長期間その業務が続くという環境ゆえに生まれたものであったということが，逆に明確になってくる。

4　今後の「ギョーカイ」

　ここまで，アクセルロッドのつきあい方に関する知見に基づいて，インターネットの協調関係の考察を行い，インターネットでは既存のメディア・コンテ

ンツ産業とは異なるつきあいとネットワークが形成されるとした。これに，これまでの各分野の「ギョーカイ」のあり方も踏まえると，本書全体としての結論は以下のようになろう。

すなわち，非公式なネットワークである「ギョーカイ」の具体的なあり方は，既存のメディア・コンテンツ産業の各分野，さらにインターネットのそれぞれで異なっているということである。このような違いを作り出しているのは，1節で整理したように，ビジネス・モデルの持続可能性などによる将来のつきあいの期間に関する予測の違いや，業務や制作のあり方に伴うつきあう人々の限定の程度（どの程度オープンであるのか）の違い，実際に業務を行う環境などによるつきあいの頻度の違い，などである。このように，「ギョーカイ」の具体的なあり方は，各分野のビジネス・モデルとそれに伴う業務に深く関わって形成されてきたものであり，たとえ，その事業が縮小しようとも，それぞれの分野での業務のあり方が変わらず存続し続ける限り，それに対応した特有のネットワークのあり方も存続し続ける。例えば，既存のメディアがインターネット部門を設けたとしても，既存の業務を担当する部分は，そのままの非公式な人的ネットワークや文化を維持し続けるだろう。こういった形で，今後も「ギョーカイ」は存在し続けるのである。

各分野の違いを超えて，インターネットを含めたメディア・コンテンツ業界に共通する要素があるかどうかに関してはさらなる研究が必要であり，特に他の分野の産業の非公式なネットワークと比較する必要があろう。しかし，本書の各章を見ても，コンテンツという常に新規性が求められる情報を制作するという業務の性質から，より活発に新しい人材や情報の組み合わせの探究や，情報のやり取りが行われ，他の分野よりも非公式の人的ネットワークが活発で重要であるように感じられる。今後，メディア・コンテンツ業界の各分野を超えた，より一般化した研究や，他国の状況との比較などの研究が望まれるところである。

注

(1) 一方で，シリコンバレーのようにICT業界の変化の激しさと流動性の高さゆえに，逆に非公式の人的ネットワークが重要になる場合（Saxenian 1996＝2009）もあろうが，これは地域という境界がはっきりしているためである。日本においては，シリコンバレーのような際立ったICTの集積地は存在しない。

文献

赤峰みどり，2013，『東洋経済 ONLINE「平均勤続年数ランキング」トップ300 長く働き続けられる会社はどこだ？』(http://toyokeizai.net/articles/-/14322, May 10, 2014)

Axelrod, Robert., 1984, *The Evolution of Cooperation*, Basic Books.（＝1998，松田裕之訳『つきあい方の科学——バクテリアから国際関係まで』ミネルヴァ書房．）

遠藤薫編著，2008，『ネットメディアと＜コミュニティ＞形成』東京電機大学出版局．

浜野保樹，1997，『極端に短いインターネットの歴史』晶文社．

Saxenian, AnnaLee, 1996, *Regional Advantage : Culture and Competition in Silicon Valley and Route 128*, Harvard University Press.（＝2009，山形浩生・柏木亮二訳『現代の二都物語——なぜシリコンバレーは復活し，ボストン・ルート128は沈んだか』日経BP社．）

東洋経済新報社，2013，「ネット閲覧が生むマネー PV争奪戦」『週刊東洋経済』2013年11月16日号：88-99．

人名索引

あ行

相澤秀禎　219, 247
赤塚不二夫　19
秋元康　248
阿久悠　230
アクセルロッド，R.　22, 301, 302, 304, 305, 307, 308, 311, 314, 315
生明俊雄　154
アドルノ，T.　2, 9, 206
網谷順一　193
石森（石ノ森）章太郎　19
居作昌果　213
稲葉三千男　199
井上順　219
井上ひさし　248
井原髙忠　217, 219, 225, 226, 229, 245, 247
岩瀬達哉　200
岩田豊秋　181
インボデン，D. C.　185
上杉隆　200
梅棹忠夫　15, 21, 209, 210, 223, 227, 235
梅屋庄吉　96, 115, 116
枝正義郎　111, 114, 115, 146
榎本武揚　177
大隈重信　178
大宅壮一　214
大山勝美　213, 214
岡田太郎　216
小口忠　112
小山内薫　141, 142
小野秀雄　187-189
小野吉郎　186
尾上松之介　111

か行

帰山教正　141
かまやつひろし　219
河浦謙一　89, 93
陸羯南　177
国木田哲夫（独歩）　177, 178, 187
黒岩涙香　188
黒柳徹子　245
ケージ，J.　151
コース，R. H.　13
コールマン，J.　152
小坂一也　219
五社英雄　216
小西亮　111, 114
小林喜三郎　112, 115, 117, 146
小林信彦　223
コンドリー，I.　10
今野勉　213, 214, 222

さ行

酒井寅吉　179, 183
堺正章　219
サクセニアン，A.　11
佐藤郁哉　29
柴山哲也　198
椙山浩一　216, 219
セーブル，C. F.　13
関口宏　250
関根達發　112, 146

た行

高田昌幸　199
タックマン，G.　197
田中純一郎　20, 86
田辺昭知　219

319

千葉吉蔵　111, 114, 115, 146
手塚治虫　19
寺田ヒロオ　19
田英夫　222
とんねるず　232, 262-264, 267

　　　　　な 行

ニーガス, K.　10, 155, 156, 169, 207, 208
西村博之　168

　　　　　は 行

萩元晴彦　221
花岡信昭　177, 200
馬場康夫　262
浜口雄幸　193
林利隆　181
半澤誠司　29, 55
ピーターソン, R.　9, 10, 21, 208, 214, 242
ピオリ, M. J.　13
藤子不二雄　19
ブルデュー, P.　10, 15, 152, 197
フロリダ, R.　3
ペアレス, J.　165
ベッカー, H.　9, 10, 152
堀威夫　219, 247

ホルクハイマー, M.　2, 9, 206

　　　　　ま 行

牧野省三　112, 119, 145, 146
増淵敏之　12
松本福次郎　193
村木良彦　221
本山彦一　187
モロッチ, H.　198

　　　　　や 行

山縣有朋　181
山下勝　9
山田仁一郎　9
横田永之助　93, 95
吉田秀雄　255-257, 270
吉野二郎　112, 146

　　　　　ら 行

リュミエール兄弟　88
レスター, M.　198

　　　　　わ 行

渡邊晋　218, 219, 225, 226, 228, 247
渡邊（曲直瀬）美佐　218, 246

事項索引

あ行

アウトソーシング　154, 286
『朝日新聞』　174, 186, 200
アドベンチャーゲーム　66
アマチュア　5
暗黙知　38, 39, 282
一億総白痴化　214, 245
『11PM』　217, 244
インディ　157, 158, 160, 162, 168
インディーズ　4
ヴァイタスコープ　88, 94
ウォッチドッグ機能　177
A&R　20, 153–160, 162, 302, 307
AE　255
AMV　166–169
SNS　285, 291
エム・パテー　95, 96, 112, 113, 115, 116, 142
『大阪朝日新聞』　188, 189
『大阪毎日新聞』　187–189
『お笑いスター誕生！！』　232

か行

外交研究会　177, 178
怪盗ジゴマ　143
外務省　177, 178
学校　113
ガバナンス　236, 239
監督　110, 140
議会出入記者団　178
記者クラブ統合　192
『キネマ旬報』　144, 147
脚本　110
キャリア　85, 86, 111–113, 144, 311
宮中某重大事件　181
業界専門誌　268
業界団体　257, 258
共同新聞倶楽部　178, 201
共同通信社　197
ギョーカイ　1, 4–8, 11–15, 17, 18, 21, 22
ギョーカイ用語　215
『巨泉・前武ゲバゲバ90分！』　217, 244
近接性　40, 54, 55, 57
金融同志会　183, 184
クール・ジャパン　3
釧路司法記者会　186
宮内省　180
クラブ　157–164
クリエイター　261, 262, 267, 279, 281, 284
クリエイティブ・クラス　3, 12
グローバル化　283, 285, 286, 290
警視庁　190, 193
広告代理店　254, 265
後輩　114
『紅白歌のベストテン』　225
国税庁記者クラブ　200
5社協定　218, 245
今後のICT分野における国民の権利保障等の在り方を考えるフォーラム　175
コンシューマーくずれ　65
コンプライアンス　236, 239, 248, 249, 271, 272, 283, 287, 289, 290

さ行

財政倶楽部　193
坂下倶楽部　180, 181
撮影　89, 111–113, 115, 140, 142
作家性　15
雑誌　94, 116, 141, 142, 144, 147, 253–255, 257, 261, 264, 266, 267, 269, 282, 292
『ザ・ヒットパレード』　219
サラダボウル　215, 236

三角会　182
『産経新聞』　177
サンミュージック　219, 246
GRP（Gross Rating Point：延べ視聴率）
　　271
『時事新報』　182
自主的な組織　174, 185, 187, 195, 196
下請　278
視聴者参加型番組　229-231
しっぺ返し　305, 307
シネマトグラフ　88, 95
ジャーナリズム　94, 282, 292, 293
社会関係資本　152
社風　271
囚人のジレンマ・ゲーム　301-305
常設映画館　20, 87, 95-97, 110, 114, 305
松竹　85, 87, 118, 140, 142, 145, 146
シリコンバレー　11, 12
知る権利　177
『新公論』　181
新制度派経済学　13
『新聞及新聞記者』　182, 191
『新聞研究所報』　184, 191, 193, 194
新聞通信記者団総聯盟　192-194, 199
『新聞之新聞』　186
『新聞之日本』　194
新聞聯合社　193
親睦団体　174, 185-189, 195, 196
人脈　161-163
垂直統合　4, 146
スクープ　303
『スター誕生！』　229-231
スタジオゼロ　48-50, 53, 56
ストリート・プロモーション　158, 159
ストリート・マーケティング　158, 159
製作委員会　17
生産の文化　207
先輩　114
創造産業　2, 3
組織化費用　13

た　行

タイアップ　17
大衆消費著作物産業　2
大本営報道　185
田辺エージェンシー　219, 247
多品種少量生産　14, 15, 18
タレント　261, 262, 264, 266-268, 276-278,
　　284, 289
地理的近接性　38, 55, 57, 59
TBS闘争　221-223
帝国議会　177, 178
通信省　182
ディレクター　156, 157, 263, 267, 276
テレビマンユニオン　222, 247
電気紙芝居　219
転職　110
電通　255, 257, 266, 267, 270
電波三法　211
動画　165-168, 284, 291
同気倶楽部　193
『東京朝日新聞』　179, 180, 183
『東京日日新聞』　183, 187, 188
道具係　110
同志記者倶楽部　178
同人上がり　65
東宝　146
同盟記者倶楽部　178
徒弟制　36, 57
取引費用　13, 16

な　行

中抜き　165, 166
ナベプロ戦争　225, 228, 229, 231
成田事件　222
ニコニコ動画　166-168
廿一日会　193, 194, 201
日活　87, 114, 117-119, 140, 143, 146
『日本』　177
日本銀行　183
日本新聞記者聯盟　185

事項索引

日本新聞協会　175, 185-187, 200
日本電報通信社（電通）　193, 194
ニュースサイト　309, 310, 312
『二六新報』　190
人月　69
ノベルゲーム　63

　　　　　は 行

俳優　110, 112, 113, 116, 140, 142
ハガキ職人　233
『8時だョ！全員集合』　213, 243
東日本漫画研究会　42
引き抜き　111, 112, 115, 140, 142
ビジネス・モデル　20, 86, 87, 145, 146, 305, 311, 316
日比谷記者会　193
福宝堂　95, 96, 111, 112, 115, 117
プラットフォーム　309, 312, 314
フランクフルト学派　2, 9
フリー　266, 267, 279, 291
ブログ　291
プロダクション制　36, 48, 50, 52, 53, 56-59
Pro Tools　165
文化産業　2
弁士　89, 110, 112, 113
ホイチョイ・プロダクション（ズ）　7, 262
放送作家　232, 233, 248
放送人の会　250
『報知新聞』　177, 188, 191
『北海道新聞』　199
ホリプロ　219, 246

　　　　　ま 行

マーケティング　255, 257, 258, 274, 278, 285, 286
『毎日新聞』　198, 200
『毎夕新聞』　190
マッシュアップ　166-169
MAD　166-169
丸の内倶楽部　190, 191
『マンモスタワー』　213
『光子の窓』　217, 244
民間情報教育局（CIE）　185, 186
武蔵野倶楽部　191
メジャー　4, 154-157
メディア・コンテンツ産業の段階発展理論　4

　　　　　や 行

『やまと新聞』　188
YouTube　166, 283, 284, 291
横田商会　95, 97, 111, 112, 115-117
吉澤商店　88, 89, 95, 97, 111-117
『読売新聞』　180, 191, 200
『萬朝報』　187, 188, 191

　　　　　ら 行

流動性　11, 12, 14, 16, 17
ルート128　11
レイヤー（層）　4
レベルデザイン　70
連合国軍総司令部（GHQ）　185, 256

　　　　　わ 行

『私は貝になりたい』　213
渡辺プロダクション　218, 224, 225, 246

《執筆者紹介》（執筆順，＊は編著者）

＊樺島榮一郎（かばしま・えいいちろう）序章・第3章・終章
　　　1970年　静岡県生まれ
　　　2006年　東京大学大学院人文社会系研究科社会文化研究専攻社会情報学専門分野博士課程単位取得満期退学
　　　現　在　青山学院大学地球社会共生学部准教授
　　　主　著　『著作権の法と経済学』（共著）勁草書房，2004年。
　　　　　　　『コンテンツ産業論』（共著）東京大学出版会，2009年。

玉川博章（たまがわ・ひろあき）第1章
　　　1978年　千葉県生まれ
　　　2007年　九州大学大学院比較社会文化学府博士後期課程単位取得退学
　　　現　在　日本大学法学部非常勤講師
　　　主　著　『雑誌メディアの文化史──変貌する戦後パラダイム』（共著）森話社，2012年。
　　　　　　　『オタク的想像力のリミット』（共著）筑摩書房，2014年。

小山友介（こやま・ゆうすけ）第2章
　　　1973年　大阪府生まれ
　　　2001年　京都大学大学院経済学研究科博士後期課程修了，博士（経済学）
　　　現　在　芝浦工業大学システム理工学部准教授
　　　主　著　『コンテンツ産業論』（共著）東京大学出版会，2009年。
　　　　　　　『デジタルゲームの教科書』（共著）ソフトバンククリエイティブ，2010年。

七邊信重（ひちべ・のぶしげ）第2章
　　　1976年　東京都生まれ
　　　2006年　早稲田大学大学院文学研究科博士課程修了，博士（学術）
　　　現　在　一般社団法人マルチメディア振興センター研究員
　　　主　著　『デジタルゲームの教科書』（共著）ソフトバンククリエイティブ，2010年。
　　　　　　　「ゲーム産業成長の鍵としての自主制作文化」東京工業大学博士論文，2013年。

中村　仁（なかむら・じん）第2章
　　　1976年　東京都生まれ
　　　2004年　京都大学大学院法学研究科修士課程修了，博士（学術）
　　　現　在　日本経済大学経営学部講師
　　　主　著　「日本型クリエイティブ産業の研究──日本型コンテンツ・ファッション産業の比較によるユーザ主導型消費と産業構造の分析」東京工業大学博士論文，2014年。
　　　　　　　「戦後復興から渋谷地域の商業集積の背景と実態に関する考察」『社会・経済システム』33号，2014年。

木本玲一（きもと・れいいち）第4章

- 1975年　横浜生まれ
- 2005年　東京工業大学大学院社会理工学研究科価値システム専攻博士後期課程修了（学術博士）
- 現　在　相模女子大学人間社会学部准教授
- 主　著　『グローバリゼーションと音楽文化――日本のラップ・ミュージック』勁草書房，2009年。
  『米軍基地文化』（共著）新曜社，2014年。

森　暢平（もり・ようへい）第5章

- 1964年　埼玉県生まれ
- 2000年　国際大学大学院国際関係学研究科修士課程修了，修士（国際関係学）
- 現　在　成城大学文芸学部マスコミュニケーション学科准教授
- 主　著　『天皇家の財布』新潮社，2003年。
  『戦後史のなかの象徴天皇制』（共著）吉田書店，2013年。

阿部勘一（あべ・かんいち）第6章

- 1971年　秋田県生まれ
- 2001年　東京大学大学院総合文化研究科博士後期課程単位取得退学
- 現　在　成城大学経済学部准教授
- 主　著　『拡散する音楽文化をどうとらえるか』（共著）勁草書房，2008年。
  『フラットカルチャー――現代日本の社会学』（共著）せりか書房，2010年。

井出智明（いで・ともあき）第7章

- 1962年　長野県生まれ
- 1988年　東京大学大学院工学系研究科都市工学専攻修了，工学修士
- 現　在　株式会社電通電通総研究主幹
- 主　著　「アカデミアとマスコミの距離感」『東京大学大学院情報学環紀要』2009年。
  「ジャーナリズム・マーケティング」『東京大学大学院情報学環紀要』2010年。

コミュニケーション・ダイナミクス③
メディア・コンテンツ産業のコミュニケーション研究
――同業者間の情報共有のために――

2015年4月30日　初版第1刷発行　　　　〈検印省略〉

定価はカバーに
表示しています

編著者	樺 島 榮一郎
発行者	杉 田 啓 三
印刷者	林 　 初 彦

発行所　株式会社　ミネルヴァ書房

607-8494 京都市山科区日ノ岡堤谷町1
電話代表　(075)581-5191
振替口座　01020-0-8076

© 樺島榮一郎ほか, 2015　　　　太洋社・兼文堂

ISBN978-4-623-07259-0
Printed in Japan

コミュニケーション・ダイナミクス（全3巻）

体裁：Ａ5版・上製・各巻平均300頁

① 地域づくりのコミュニケーション研究
　　―まちの価値を創造するために―
　　田中秀幸　編著

② 高齢者介護のコミュニケーション研究
　　―専門家と非専門家の協働のために―
　　石崎雅人　編著

③ メディア・コンテンツ産業のコミュニケーション研究
　　―同業者間の情報共有のために―
　　樺島榮一郎　編著

――――――――― ミネルヴァ書房 ―――――――――

http://www.minervashobo.co.jp